Infoline

NELE HAASEN

MENTORING

PERSÖNLICHE
KARRIEREFÖRDERUNG
ALS
ERFOLGSKONZEPT

WILHELM HEYNE VERLAG
MÜNCHEN

HEYNE INFOLINE
22/410

Umwelthinweis:
Dieses Buch wurde auf chlor- und
säurefreiem Papier gedruckt.

Redaktion: Birgit Groll

Originalausgabe 03/2001
Wilhelm Heyne Verlag GmbH & Co. KG, München
http://www.heyne.de
Printed in Germany 2001
Umschlaggestaltung: Hauptmann und Kampa Werbeagentur, CH-Zug
Herstellung: Helga Schörnig
Satz: Schaber Satz- und Datentechnik, Wels
Druck und Verarbeitung: Presse-Druck, Augsburg

ISBN 3-453-18069-0

Inhalt

Einführung 7

1. Was ist Mentoring? 15

Teil I: **Mentoring-Projekte aus der Praxis**

2. Informelles Mentoring 27
3. Mentoring für Führungsnachwuchs 39
4. Mentoring für künftige Managerinnen 69
5. Offene Mentoring-Programme 126
6. Mentoring für Mitglieder 157
7. Mentoring an Universitäten 177

Teil II: **Mentoring nutzen und organisieren**

8. Mentee sein – Wie Sie Ihre Chancen nutzen 207
9. Chancen und Voraussetzungen für Sie
   als Mentorin oder Mentor 228
10. Mentoring-Gespräche gestalten 242
11. Mentoring-Programme organisieren 268
12. Training und Supervision in Mentoring-Programmen . . 300
13. Schlussbemerkung 308

Anhang

Serviceteil: Adressen und Ansprechpartner 311
Literatur 325
Register 329
Training und Beratung mit Nele Haasen 334

Einführung

Mentoring ist ein winner-game, von dem alle profitieren können, die sich daran beteiligen. Es wird seit Jahrhunderten von Menschen praktiziert. In den letzten Jahren wird es wieder entdeckt, und von immer mehr Menschen, besonders von immer mehr Frauen, bewusst eingesetzt.

Das Prinzip ist einfach: Eine erfahrene, meist ältere Person (Mentor oder Mentorin) unterstützt eine Jüngere (Mentee) dabei, ihre Persönlichkeit weiter zu entwickeln und ihre beruflichen Kompetenzen auszubauen. Dabei geht es vor allem um die Weitergabe von Lebens- und Berufserfahrung. Das kann das taktische Vorgehen in Besprechungen sein oder das gezielte Entwickeln von persönlichen Fähigkeiten, um bestimmte berufliche Ziele zu erreichen.

Warum ist es ein winner-game? Dass der oder die Mentee profitiert, liegt auf der Hand. Aber auch Mentoren haben Vorteile von ihrem Engagement: Erfahrungen weiterzugeben macht Sinn und Spaß. Es hat etwas zutiefst Befriedigendes, wenn Jüngere aus den eigenen Erfahrungen Nutzen ziehen und man zu ihrem Erfolg beigetragen hat. Mentoren berichten außerdem durchwegs, dass sie durch die Fragen ihrer Mentees ihr eigenes Verhalten und Denken verstärkt reflektierten und neue Erkenntnisse über sich gewannen.

Im Mentoring führen Mentor oder Mentorin und Mentee über einen längeren Zeitraum hinweg regelmäßige Gespräche. Sie treffen sich alle vier bis sechs Wochen für etwa zwei Stunden und besprechen, was der oder dem Mentee wichtig ist und wo er an der Perspektive eines Älteren interessiert ist: Aktuelles aus dem Beruf, Karriereschritte, Fragen zum eigenen Verhalten, zur Mitarbeiterführung, zu Bewerbungen ... Von keiner Lernbeziehung profitierten Sie als Mentee mehr, als vom persönlichen

Zweiergespräch und vom direkten Austausch mit jemandem, der Ihnen wohlwollend gesonnen ist und Sie voranbringen möchte.

▓ *Einführung in Netzwerke*

Mentoring bietet aber noch mehr: Mentoren führen ihre Mentees auch in ihre Kreise und Netzwerke ein – was wichtig ist für alle, die ihre Ideen erfolgreich umsetzen und beruflich vorankommen wollen. Die richtigen Leute zu kennen, Türen geöffnet zu bekommen, jemanden anrufen zu können, der einem aufgrund der Empfehlung des Mentors zuhört, ist oft schon die halbe Miete.

Umgekehrt erweitern auch Mentoren und Mentorinnen ihre Kontakte: indem sie an den Netzwerken ihrer Mentees teilhaben und indem sie, in organisierten Mentoring-Programmen, auf andere Mentoren treffen, die für sie selbst anregende neue Begegnungen sein können.

▓ *Mentoring bietet Mentees, Mentoren und Mentorinnen die Möglichkeit:*

- der Wissensvermittlung;
- der Entwicklung der Persönlichkeit;
- des Erfahrungsaustauschs;
- der Selbst-Reflexion und der Erweiterung der eigenen Fähigkeiten;
- der Einsicht in den beruflichen Alltag einer anderen Person;
- der gegenseitigen Kontaktvermittlung.

▓ *Mentoring – ein uraltes Prinzip*

Der Begriff Mentoring leitet sich vom griechischen Namen Mentor ab. In Homers ›Odyssee‹ ist Mentor ein Freund des Odysseus, der dessen Sohn Telemach betreut, während Odysseus in der Ferne weilt. Der Name wurde zum Synonym für einen väterlichen Freund und Berater.

Das System der gegenseitigen Unterstützung unter Männern hat sich informell über Jahrhunderte erhalten und drückt sich in Begriffen wie ›old-boys-network‹ aus. Seit einiger Zeit hält es auch in Frauenkreise Einzug. Auch ihnen bietet die Antike ein Vorbild: Als Telemach nämlich auf die Suche nach seinem Vater Odysseus ging, wurde er von der Göttin Athene begleitet, die die Gestalt des Mentor angenommen hatte. Heute müssen (und sollten) sich Frauen, die sich als Mentorinnen betätigen, allerdings nicht mehr verstecken.

▨ *Von den USA via Nordeuropa nach Deutschland*

In den USA rollte die Mentoring-Welle bereits in den 70er Jahren. Einen Mentor zu haben, ist dort üblich und viele Unternehmen haben Mentoring als Instrument der Personalentwicklung etabliert.

In den 80ern kam es nach Europa und erreichte zunächst die skandinavischen Länder und England. Dort gehört Mentoring in vielen Unternehmen inzwischen zum »guten Ton«. Hier wird von Führungskräften oft bereits erwartet, dass sie sich in ihrer Laufbahn als Mentoren engagieren und damit qualifizieren.

In den letzten Jahren hat die Mentoring-Welle auch Deutschland erfasst. Inzwischen haben etliche Unternehmen, Institutionen, Verbände und Netzwerke Mentoring-Programme auf die Beine gestellt. Nebenher wächst das Bewusstsein, dass Mentoring nicht nur in einem organisierten Rahmen stattfinden muss: Jeder kann aus eigener Initiative eine informelle Mentoring-Beziehung mit einem älteren oder einem jüngeren Partner eingehen.

▨ *Was erfahren Sie in diesem Buch?*

Ziel dieses Buches ist, Ihnen zu zeigen, wie Sie von Mentoring profitieren können und in welch unterschiedlichen Bereichen Mentoring eingesetzt werden kann. Sie erfahren:

- Was ist Mentoring?
- Wie verläuft es in der Praxis? Dazu finden Sie zahlreiche Beispiele von selbst organisierten Mentoring-Beziehungen und formellen Mentoring-Programmen in Unternehmen und Organisationen. Außerdem berichten Mentees und Mentoren aus verschiedenen Bereichen von ihren Erfahrungen.
- Was bringt Ihnen Mentoring, was sind Ihre Rollen und Aufgaben als Mentees oder Mentoren?
- Wie organisieren Sie selbst Mentoring – privat oder in einem Unternehmen, einem Netzwerk, einer Organisation?
- An wen können Sie sich wenden, wenn Sie eine Mentoring-Beziehung haben möchten? Oder wenn Sie Beratung für den Aufbau eines Mentoring-Programms möchten?

▓ *Profitieren Sie von den Erfahrungen anderer!*

In Teil I des Buches bekommen Sie einen Einblick in die Praxis. Sie erfahren, wie Mentoring gegenwärtig für die verschiedensten Zielgruppen eingesetzt wird:

- Von Unternehmen und Verwaltungen, die ihre jungen Führungskräfte trainieren beziehungsweise qualifizierte Frauen darin unterstützen wollen, Führungspositionen zu übernehmen.
- Von Institutionen, die offene Mentoring-Programme besonders für junge Frauen anbieten.
- Von Berufsverbänden und Gewerkschaften, die jüngeren Mitgliedern die Erfahrungen älterer Mitglieder zugänglich machen wollen.
- Von Parteien oder Institutionen, die Frauen für Politik interessieren und auf Führungsrollen in diesem Bereich vorbereiten wollen.
- Von Universitäten, die Studenten und Studentinnen für bestimmte Studienrichtungen gewinnen oder ihnen Kontakte zum Berufsleben vermitteln wollen.

Die Berichte über eine Vielzahl solcher Projekte zeigen, wie Mentoring in der Praxis verläuft: Wie die Programme aufgebaut sind, wie Mentoren und Mentees ausgewählt werden, welche begleitenden Trainings und Workshops angeboten werden und welche Schwierigkeiten sich im Verlauf eines Programms ergeben können. Sie erfahren auch, wie Mentees und Mentoren das Mentoring erlebt haben: Worüber sie gesprochen haben und was sie voneinander lernen konnten.

Tipps und Hinweise für das eigene Mentoring

Wenn Sie selbst ein Mentoring-Programm organisieren oder sich als Mentor oder Mentee betätigen wollen, dann finden Sie in Teil II wichtige Informationen:

- Wie werden Sie Mentee oder Mentor/Mentorin? Welche Chancen und welche Aufgaben erwarten Sie?
- Wie gestalten Sie Ihre Mentoring-Gespräche? Wie können Sie das Gelingen der Gespräche unterstützen?
- Wie entwickeln Sie ein Mentoring-Konzept für eine Organisation? Welche Faktoren gibt es da zu beachten?
- Welche Trainings unterstützen ein Mentoring-Programm?
- Warum ist Supervision in diesem Zusammenhang sinnvoll?

Netzwerke und Ansprechpartner für Mentoring

Über Mentoring entstehen neue Netzwerke: Mentees finden zusammen, Mentorinnen und Mentoren lernen sich untereinander kennen. Auch all die Institutionen und Organisationen, die Mentoring umgesetzt haben, bilden inzwischen ein Netzwerk. Wer ein neues Projekt plant, lädt meist Teilnehmerinnen und Teilnehmer anderer Projekte ein, um von deren Erfahrungen zu profitieren.

Dieses Buch soll deshalb auch bewirken, die einzelnen Projekte miteinander bekannt zu machen. Man kann voneinander lernen oder Partner finden, die an gemeinsamen Cross-Mentoring-Modellen interessiert sind.

Im Serviceteil dieses Buches finden Sie Adressen und Ansprechpartner, die Ihnen für die Organisation eines Mentoring-Programms Tipps geben oder Sie als Beraterinnen und Trainerinnen professionell unterstützen können.

▓ *Männer und Frauen*

Die immer in Büchern auftauchende Frage, ob man die männliche Form verwendet, wenn man eigentlich Männer und Frauen meint, oder das große »Innen« an die männliche Form anhängt, habe ich durch das Prinzip »variatio« beantwortet. Mal spreche ich von dem Mentor, mal von der Mentorin, mal von dem Mentee, mal von der Mentee. Wenn es der Kontext nicht anders nahe legt, sind immer beide Geschlechter gemeint.

▓ *Machen Sie es nach!*

Ich hoffe, dass dieses Buch viele Leserinnen und Leser anregt, selbst Mentoring umzusetzen: als Mentee, als Mentor und Mentorin oder als Organisator oder Organisatorin eines formellen Programms. Der persönliche Nutzen in allen drei Positionen ist sehr hoch!

▓ *Mentoring aus der Innensicht*

Die Idee zu diesem Buch entstand während der Organisation eines Mentoring-Programms bei den Münchner Bücherfrauen e.V. Ich war eine der acht Organisatorinnen und habe viel über die Details, aus denen ein solches Programm besteht, gelernt.

Außerdem habe ich selbst als Mentee erfahren, welchen Nutzen Mentoring bringt. In den Gesprächen mit meinem Mentor habe ich viel gelernt und mich und meine Umwelt aus neuen Perspektiven gesehen. Und ich habe erfahren, dass es einem Mentor Spaß machen kann, die Entwicklung einer anderen Person zu begleiten.

Inzwischen berate und trainiere ich in Mentoring-Programmen, wodurch ich weitere Kenntnisse über Erfahrungen und Organisation solcher Programme sammeln konnte.

◼ Danksagung

Mein großer Dank gilt allen Mentorinnen, Mentoren und Mentees, die ich für dieses Buch interviewen konnte. Sie haben mit großer Offenheit, oft sehr begeistert, aber auch kritisch reflektierend von ihren Erfahrungen berichtet, um die Idee des Mentoring weiterzutragen und anderen ihre Eindrücke aus der Praxis zugänglich zu machen. Herzlichen Dank!

Dank gebührt auch allen Expertinnen, Organisatoren und Organisatorinnen von Mentoring-Programmen, die mir ausführlich Auskunft über ihre Projekte und Arbeit gaben. Viele haben mir darüber hinaus weitere Anregungen für meine Recherche gegeben. Das hat das Buch sehr bereichert.

Vielen Dank an Stephanie Ehrenschwendner vom Heyne Verlag, die sich für die Idee dieses Buches begeisterte und an Birgit Groll, die es klug und einfühlsam redigierte.

Sehr herzlich bedanke ich mich bei Gisela Haasen, Isabel Nitzsche und Sonja Martin für viele anregende Tipps, den kooperativen Austausch über das Thema und das konstruktive Gegenlesen des Manuskripts. Das war ein großer Gewinn für das Buch!

Ganz besonders bedanke ich mich bei Ravi Welch, meinem Mentor seit einigen Jahren, dem ich dieses Buch widme.

1 Was ist Mentoring?

Im Mentoring zeigt sich eine positive Einstellung zu Lernen und Entwicklung: Eine erfahrene, kompetente und erfolgreiche Person gibt ihre Erfahrungen an eine jüngere weiter und hilft ihr, ihr eigenes Potenzial zu entwickeln. Dazu gehört auch, dass diese aus Fehlern lernt und Schwierigkeiten bewältigt. Mentoring bedeutet nicht, dass ein Mentor einem alle Steine aus dem Weg räumt. Aber es ermöglicht, dass man nicht so leicht ins Stolpern kommt und wenn, dann möglichst wenig Blessuren davonträgt. Damit entspricht Mentoring dem Wesen der gesellschaftlichen Kultur, die darauf basiert, dass Erfahrungen und Wissen weitergegeben, aber nicht ausschließt, dass immer neue Erfahrungen und neues Wissen erworben werden.

Was ist Mentoring? – Eine Definition

Mentoring ist die Eins-zu-Eins-Beziehung zwischen einem Berater oder einer Beraterin (Mentor/Mentorin) und einem/einer Ratsuchenden (Mentee). Beide führen über einen längeren Zeitraum regelmäßig Gespräche. Darin können Fragen aus dem Alltag ebenso besprochen werden wie allgemeinere Themen. Das Ziel ist die Weiterentwicklung der Persönlichkeit und der Fähigkeiten der oder des Mentee und die Förderung seiner oder ihrer beruflichen Karriere.

Mentoring ist damit eine berufliche, aber auch eine persönliche Beziehung zwischen zwei Menschen. Deshalb ist gegenseitiges Wohlwollen und Respekt für die Person des anderen Voraussetzung für das Gelingen. Die Gespräche können nur in einer Atmosphäre des Vertrauens stattfinden, in der beide Seiten sicher sein können, dass persönliche Dinge nicht an Dritte weitererzählt werden. Die Gespräche sollten in einem geschützten Rahmen stattfinden, in dem Lernen, Fehler machen und über eigene Schwächen reden, akzeptiert werden und ein echtes Interesse besteht, die Person des Mentee voranzubringen. Findet diese Beziehung in einem beruflichen Kontext statt, sollte das deshalb außerhalb der Vorgesetzten-Mitarbeiter-Beziehung geschehen.

Was beinhaltet Mentoring?

- Beratung in konkreten Situationen, bei aktuellen Fragen und Schwierigkeiten des Mentee;
- Feedback geben zu Verhaltensweisen des Mentee;
- Karriereplanung und Besprechung möglicher Hindernisse;
- Gemeinsame Erarbeitung von beruflichen Strategien;
- Einführung in Netzwerke und Vermitteln von Kontakten;
- Wiedergabe der eigenen Erfahrungen des Mentors;
- Teilnahme am beruflichen Alltag des Mentors, etwa durch Begleitung auf Termine;
- Einführung in informelles Wissen über eine Organisation oder Abläufe im Berufsleben.

Mentoring boomt – der Beitrag des Deutschen Jugendinstituts in München

Dass Mentoring in Deutschland immer größere Verbreitung findet, geht auch auf den Einsatz der Forschungsgruppe »Mentoring für Frauen« in der Abteilung »Geschlechterforschung und Frauenpolitik« am Deutschen Jugendinstitut in München zurück. Dort haben die drei Expertinnen Simone Schönfeld, Nadja

Tschirner und Irene Hofmann-Lun von 1996 bis 2000 in einem Forschungsprojekt »Mentoring für Frauen in Europa« verschiedene Mentoring-Programme in Deutschland, Finnland und Schweden untersucht. Neben einem Bericht über dessen Ergebnisse gaben sie 1997 eine Broschüre »Mentoring für Frauen« heraus, die inzwischen ins Englische, Französische, Italienische, Spanische und Griechische übersetzt wurde. Als Referentinnen informierten sie in den letzten Jahren etliche interessierte Organisationen über Mentoring. Nach und nach merkt man, so Simone Schönfeld, dass die Informationen greifen: »Seit 1999 ist es ganz extrem. Da boomt es richtig. Das ist ein Prozess: Die Broschüre wird angefordert, die Leute speisen das ins Unternehmen ein, wir bekommen Anfragen nach Hilfestellung und Information und dann dauert es zum Teil ein Jahr, bis intern die Entscheider überzeugt sind. Je mehr Programme entstehen, desto mehr können sich andere Organisatoren darauf berufen. Dadurch steigt die Nachfrage und gerade seit letztem Jahr wurden wir von enorm vielen Organisationen zu Vorträgen eingeladen, die Mentoring realisierten und jetzt selbst wieder Informationsverbreitung machen.« Simone Schönfeld und Nadja Tschirner trugen das Konzept des Mentoring auch in viele Unternehmen hinein, die dann Programme für Frauen umsetzten. »Inzwischen ist es so, dass Unternehmen, die ein Konzept zur Gleichstellung machen, an Mentoring fast nicht mehr vorbeikommen«, meint Simone Schönfeld. Die Broschüre des Deutschen Jugendinstituts kann von jedem Interessenten dort kostenlos angefordert werden.

An wen richtet sich Mentoring?

Theoretisch richtet sich Mentoring an jeden und jede. An alle, die bereit sind, Unterstützung zu geben beziehungsweise anzu-nehmen und sich selbst zu reflektieren. Meist spielt sich Mentoring in einem beruflichen Kontext ab. Eine Mentoring-Beziehung kann sich aber auch in einem privaten Rahmen ergeben.

▪ *Mentoring – etwas für Aktive*

Mentoring ist etwas für Leute, die aktiv sind. Als Mentee sollten Sie den Ehrgeiz haben, beruflich und persönlich voranzukommen. Sie sollten in der Lage sein, Ziele in Ihrem Leben zu stecken und nach Wegen zu suchen, wie Sie diese erreichen können.

Das bedeutet nicht, dass Sie die große Karriere anstreben müssen. Unter Karriere verstehe ich in diesem Buch die beruflichen Ziele, die sich ein Einzelner selbst steckt und die mit einer erfolgreichen beruflichen und persönlichen Weiterentwicklung verbunden sind. Das kann die Teilzeitarbeit neben der Betreuung zweier Kinder ebenso sein wie die Führungsposition im internationalen Unternehmen. Ein Beispiel: Eine Frau mit zwei Kindern, die nach der Kinderpause wieder beruflich einsteigen wollte, suchte und fand im Mentoring-Projekt der Münchner Bücherfrauen eine Mentorin, die mit ihr die anstehenden Schritte durchsprach und sie auf diesem Weg eine Zeit lang begleitete.

Aber berufliche Karriere ist nicht das einzige Lebensziel, bei dem Mentoring hilft. Eine Frau suchte beispielsweise per Internet eine Mentorin, die sie in ihrer künstlerischen Entwicklung voranbringen und dabei unterstützen könnte, einen Ausstellungsort für ihre Bilder zu finden. Ihr Geld verdient sie in einem anderen Beruf.

Eine Mentoring-Beziehung lebt sehr stark vom Engagement der Mentee. Wer erwartet, dass ein Mentor von sich aus bei ihm an der Tür klopft, wird nie einen finden. Die Mentee ergreift die Initiative, steckt sich ihre Ziele selbst und behält die Verantwortung für ihre Entscheidungen und ihren Lebensweg. Die Mentorin steuert ihrerseits Erfahrungen, Tipps, Wissen und Kontakte bei. Das wird sie aber nur machen, wenn ihre Anregungen auf fruchtbaren Boden fallen und sie merkt, dass die

Mentee davon auch etwas umsetzt. Wer hofft, dass Mentoren einem sagen, wo es langgeht, einem Jobs beschaffen, Probleme lösen oder sonstige Schwierigkeiten aus dem Weg räumen, wird vom Mentoring enttäuscht werden. Von solchen Mentees würden sich Mentoren schnell ausgenutzt fühlen und das Interesse verlieren. Mentoring hat nichts mit »Vettern- oder Cliquenwirtschaft« zu tun, wo Leute nur gefördert werden, weil man sie eben gut kennt oder weil sie einem bestimmten Kreis angehören.

Dennoch ist Mentoring etwas Besonderes: Es ist eine exklusive Beziehung zwischen zwei Menschen. Und es profitieren vor allem die, deren Lebenshaltung von Engagement und positiver Grundeinstellung geprägt ist.

◼ *Zielgruppen institutioneller Mentoring-Programme*

Mentoring kann sich in persönlichen, also informellen Beziehungen abspielen oder innerhalb von institutionalisierten Mentoring-Programmen. Seit einigen Jahren werden Mentoring-Programme von Unternehmen, Verwaltungen, Verbänden und Netzwerken für spezielle Zielgruppen entwickelt. Diese Programme können Sie nur wahrnehmen, wenn Sie in der betreffenden Organisation arbeiten, studieren oder deren Mitglied sind. Solche Programme richten sich beispielsweise an:

- Führungskräftenachwuchs in Unternehmen, einige auch speziell an weiblichen Führungskräftenachwuchs. Sie werden in ihren Führungsqualitäten gestärkt.
- Mitglieder von Berufsverbänden, Gewerkschaften oder Parteien; diese Programme richten sich im Wesentlichen an Frauen. Sie bekommen Orientierung innerhalb der Organisation und werden ermutigt, dort Ämter zu übernehmen. Oder sie können auf die Kompetenz älterer Mitglieder zurückgreifen, die sie in ihrer beruflichen Entwicklung unterstützen.
- Studentinnen und Studenten, organisiert von Universitäten. Die Mentoring-Programme vermitteln Kontakte zur Berufs-

welt; spezielle Programme richten sich an Mädchen, um sie für naturwissenschaftlich-technische Studiengänge zu interessieren.

Aber es gibt auch offene Mentoring-Programme, für die sich jeder bewerben kann. Solche Programme richten sich an:

- Berufstätige Frauen, die sich unabhängig von ihrem Unternehmen einen Mentor oder eine Mentorin wünschen.
- Absolventinnen von Universitäten, die im Übergang ins Berufsleben sind.
- Arbeitslose Mädchen und Jungen.
- Frauen, die in die Politik einsteigen wollen.
- Existenzgründer und Existenzgründerinnen.

Arten von Mentoring

Mentoring-Programme richten sich nicht nur an verschiedene Zielgruppen, sondern haben auch verschiedene Zielsetzungen. In einem unternehmensinternen Mentoring beispielsweise, das sich an künftige Führungskräfte richtet, ist das Ziel die Vermittlung von Führungskompetenzen und die Planung der Karriere. In einem externen Programm an einer Universität ist das angestrebte Ergebnis mit der beruflichen Orientierung der Mentees viel weiter gefasst. Die Zielsetzungen von Mentoring-Programmen hängen also auch davon ab, was für eine Art von Mentoring angeboten wird. Man unterscheidet folgende Arten von Mentoring:

Informelles Mentoring
Mentor und Mentee bauen auf eigene Initiative eine Mentoring-Beziehung auf, ohne Vermittlung oder Organisation einer Institution. Dauer und Intensität des Mentoring beruhen ausschließlich auf den Vereinbarungen zwischen den beiden. (Beispiele finden Sie in Kapitel 2.)

Formelles Mentoring

Die Mentoring-Beziehung wird von einer Institution, einem Netzwerk oder einem Unternehmen in einem formellen Programm vermittelt. Die Dauer und das Rahmenprogramm ergeben sich aus diesem Programm. In formellen Programmen unterscheidet man wiederum:

Internes Mentoring

Die Mentoring-Beziehung findet innerhalb eines Unternehmens oder einer Institution statt. Mentor und Mentee sind beide in diesem angestellt, befinden sich aber nicht in einer direkten abhängigen Arbeitsbeziehung. Ein Vorgesetzter kann nicht gleichzeitig Mentor sein. Eine Faustregel ist, dass der Mentor oder die Mentorin zwei Hierarchiestufen über der Mentee angesiedelt ist. Sie können aus dem gleichen Arbeitsbereich kommen, zum Beispiel beide aus dem Controlling, oder aus verschiedenen Bereichen, etwa die Mentee aus der Presseabteilung und der Mentor aus dem Vertrieb. (Beispiele für interne Mentoring-Programme finden Sie in den Kapiteln 3 und 4.)

Besonderheiten interner Mentoring-Programme:

- Die Mentoren können den Mentees spezielle unternehmensinterne Strukturen und Spielregeln erläutern.
- Mentoren können unter Umständen direkten Einfluss auf die Karriere der Mentees nehmen.
- Die Mentee lernt innerhalb des Unternehmens andere Bereiche kennen, unter Umständen kann sie in eine andere Aufgabe wechseln.
- Das Vertrauensverhältnis ist unter Umständen durch den gemeinsamen Unternehmenskontext eingeschränkt.
- Die Treffen zwischen Mentoren und Mentees sind räumlich unkompliziert zu organisieren.
- Vorgesetzte können den Mentor als Konkurrenz erleben, wenn sie nicht ausreichend informiert werden.

▨ *Externes Mentoring*

Mentor und Mentee arbeiten nicht im selben Unternehmen. Eine externe Einrichtung bringt beide zusammen, organisiert das Mentoring und ein dazugehörendes Rahmenprogramm. Ein externes Mentoring-Programm kann zum Beispiel von einer Institution, einem Berufsverband oder an einer Universität organisiert werden. (Beispiele für externes Mentoring finden Sie in den Kapiteln 4 bis 7.)

Besonderheiten externer Mentoring-Programme sind:

- Mentor und Mentee können sich offener miteinander austauschen, da sie nicht durch ein gemeinsames Unternehmen verbunden sind.
- Mentoren bringen sich unter Umständen noch mehr ein, da ihre Teilnahme restlos freiwillig ist und nicht indirekt vom Unternehmen erwartet wird.
- Für die Mentee ergeben sich unter Umständen in einem anderen Unternehmen Karriereperspektiven.
- Die Mentee bekommt neue Inputs, die nichts mit ihrem Unternehmen zu tun haben.
- Die Auswahl an Mentoren ist für die Mentees wahrscheinlich größer.
- Erfahrungsgemäß werden mehr Workshops und Trainings rund um das Mentoring angeboten und wahrgenommen.
- Kleine und mittelständische Unternehmen, die kein internes Mentoring organisieren wollen, können sich an externen Programmen beteiligen.

▨ *Cross-Mentoring*

Verschiedene Unternehmen schließen sich zusammen und organisieren gemeinsam ein Mentoring-Programm. Eine Mentee erhält immer einen Mentor aus einem anderen Unternehmen. So erhalten Mentees Einblick in eine andere Unternehmenskultur. Außerdem sind die Gespräche unter Umständen unbefangener, als wenn sie mit einem Mentor aus dem gleichen Unternehmen geführt werden. (Ein Beispiel eines Cross-Mentoring finden Sie in Kapitel 4.)

Warum ist Mentoring in den USA so erfolgreich?

Vorreiter im Mentoring sind die USA. Etwa jedes dritte Unternehmen in den USA setzt Mentoring ein, schätzt Christopher Conway in der Ashridge-Studie zu Mentoring. Gordon F. Shea hat in den USA mehrere Bücher zum Thema Mentoring veröffentlicht und berät Unternehmen unter anderem bei der Einführung von Mentoring. In einem Interview mit der Autorin erklärte Shea, warum Mentoring dort mehr und mehr genutzt wird: »Man kann sich Mentoring in den Vereinigten Staaten wie eine kulturelle Welle vorstellen, die sich erst weit entfernt am Horizont bildete und dann an Kraft, Masse, Energie und Größe gewann, je mehr sie sich der Küste näherte.« Mehrere Gründe bewirkten seiner Ansicht nach das Anwachsen dieser Welle (Übersetzung aus dem Englischen durch die Autorin):

1. Frauen, die an der »gläsernen Decke« (siehe Seite 70) scheiterten, bildeten Netzwerke und unterstützten sich gegenseitig, auch durch Mentoring. Sie bewirkten die Organisation vieler formeller Mentoring-Programme.
2. Mentoring-Programme für Minderheiten, die aus rassistischen Gründen benachteiligt waren und in Unternehmen und Organisationen integriert werden sollten, erweiterten das Spektrum der Mentoring-Programme.
3. Erfahrungen mit der Entlassungswelle in den 80er Jahren zeigten, dass mit älteren Mitarbeitern auch viel Insiderwissen über das Unternehmen und dessen Arbeitsbereich verloren ging. Viele Mentoring-Programme sollten dem entgegen wirken.

4. Dem Aderlass an Beschäftigten folgte der Aderlass an Führungskräften. Dadurch wandelte sich auch die Rolle von Führungskräften. Statt dem »Boss« war der »Job-Coach und Mentor« gefragt, mit den Fähigkeiten zu reorganisieren, konsolidieren und motivieren.

5. Das schnelle Tempo der technologischen Veränderungen machte es notwendig, die Fähigkeiten der Beschäftigten sowie die Unternehmensstrukturen schneller den technischen Entwicklungen anzupassen. Mentoring wurde eingesetzt, um Mitarbeitern solide Unterstützung im Wandel zu geben und Angst und Unsicherheit vor organisatorischen Änderungen abzubauen. Mitarbeiter konnten in einem Bereich Mentee, in einem anderen Mentor sein. Der Bedarf an in Mentoring trainierten und erfahrenen Mitarbeitern stieg.

6. Mitte der 80er Jahre bis Mitte der 90er Jahre wandelte sich der Begriff des Mentoring. Lebenslanges Lernen und Mentoring wurden als selbstverständlich in einer immer komplexer werdenden Arbeitswelt angesehen. Zufriedenheit am Arbeitsplatz bekam einen höheren Wert, zu dem Mentoring beitragen konnte. Mentoring wurde als die Förderung der Fähigkeiten, nicht der Karriere betrachtet, wozu von Seiten des Mentors mehr Kompetenz erwartet wurde.

7. Heute wird Mentoring in den USA als Partnerschaft gesehen. Mentees sind unter Umständen besser ausgebildet als ihre Mentoren, profitieren aber von deren Insiderwissen, Erfahrungen und der Begleitung ihres Mentors. Mentees werden als gleichwertig gesehen und als verantwortlich für die Umsetzung des im Mentoring Erfahrenen. Viele Menschen können Mentoring jetzt besser akzeptieren und wahrnehmen, da es als Beziehung unter Gleichen angesehen wird.

Teil Teil Teil Teil
Teil Teil Teil Teil
Teil Teil Teil Teil
Teil Teil Teil Teil

TEIL *1*

Teil Teil Teil Teil
Teil Teil Teil Teil
Teil Teil Teil Teil
Teil Teil Teil Teil
Teil Teil Teil Teil
Teil Teil Teil Teil
Teil Teil Teil Teil
Teil Teil Teil Teil
Teil Teil Teil Teil
Teil Teil Teil Teil
Teil Teil Teil Teil
Teil Teil Teil Teil
Teil Teil Teil Teil
Teil Teil Teil Teil
Teil Teil Teil Teil
Teil Teil Teil Teil

Mentoring-Projekte
aus der Praxis

Teil Teil Teil Teil
Teil Teil Teil Teil
Teil Teil Teil Teil
Teil Teil Teil Teil
Teil Teil Teil Teil
Teil Teil Teil Teil
Teil Teil Teil Teil
Teil Teil Teil Teil
Teil Teil Teil Teil
Teil Teil Teil Teil
Teil Teil Teil Teil
Teil Teil Teil Teil
Teil Teil Teil Teil
Teil Teil Teil Teil
Teil Teil Teil Teil

2 Informelles Mentoring

Informelles Mentoring gibt es schon lange: Chefs entdeckten jüngere, talentierte Mitarbeiter und unterstützten sie in ihrer Karriere. Professoren berieten und begleiteten Nachwuchswissenschaftler in ihrer angehenden Hochschulkarriere. Das waren Formen von informellem Mentoring, wenn auch selten so genannt. Aber das Prinzip ist immer das Gleiche: Eine erfahrene ältere Person führt regelmäßige Gespräche mit einer jüngeren, die sie für förderungswürdig hält.

Dieses informelle Mentoring hängt allein von der Initiative und dem Engagement der beiden Beteiligten ab. Solange sie Interesse an der Mentoring-Beziehung haben und sie als etwas Fruchtbares, Sinnvolles empfinden, solange bleibt sie bestehen. Informelles Mentoring beginnt und endet spontan und zufällig. Nur in den wenigsten Fällen werden dazu konkrete Vereinbarungen getroffen. Ob ein konkretes Ziel ins Auge genommen wird, etwa die Regelung einer Nachfolge oder das Erreichen bestimmter Fähigkeiten, oder ob sich der Inhalt der Mentoring-Gespräche aus dem Alltag der beiden ergibt, bleibt ihnen selbst überlassen.

Vorteile von informellen Mentoring-Beziehungen

Zusätzlich zu den Vorteilen, die sich aus Mentoring-Beziehungen allgemein ergeben, haben informelle Mentoring-Beziehungen ganz spezielle Vorzüge:

- Die Mentoring-Beziehung steht meist außerhalb hierarchischer Bezüge. Sie bietet daher die Chance zu einem Vertrauensverhältnis, in dem offen über persönliche Fragen oder Konflikte gesprochen werden kann.

- Umgekehrt haben Mentoren, bei allem Wohlwollen, dennoch meist eine größere Distanz zur Mentee als deren Freunde oder Verwandte. Sie haben kein bestimmtes, seit langem geprägtes Bild von ihren Mentees, sondern erleben sie unvoreingenommen von außen. Ihr Feedback ist eine wichtige Ergänzung und kann ganz neue Aspekte aufzeigen. Das ermöglicht unter Umständen auch den Mentees, aus alten Rollen auszusteigen und mit Unterstützung ihrer Mentoren Neues auszuprobieren.

Grenzen von informellem Mentoring

Keine Seite sollte sich ausgenützt fühlen: Mentoring beruht auf dem freien Willen, eine solche Beziehung einzugehen. Mentoring ist daher nichts, was Sie mal machen, um jemandem einen Gefallen zu tun: Etwa wenn Eltern Sie bitten, ihren Sohn als Mentor zu begleiten. Finden Sie besagten Sohn nicht förderungswürdig oder unsympathisch, wird Ihnen bald der Wille fehlen, Ihr Engagement intensiv zu betreiben. Bitten Dritte Sie, Mentor oder Mentorin für jemanden zu sein, dann behalten Sie sich vor, auch nein zu sagen. Umgekehrt können Sie auch ablehnen, Mentee zu werden, wenn ein Mentor aus Eitelkeit oder anderen hintergründigen Interessen (Macht, Sex) eine Mentoring-Beziehung anstrebt. Wenn Ihnen das Vertrauen fehlt oder Sie die fachliche oder persönliche Kompetenz des Mentors für fraglich halten, macht Mentoring keinen Sinn.

Idealisierung und Überforderung

Mentoren werden von ihren Mentees leicht idealisiert: Sie sind erfolgreich, sitzen auf den Chefsesseln, haben Macht und Einfluss. Besonders in selbst gewählten, informellen Beziehungen kann das Charisma solcher Personen Jüngere in deren Bann ziehen. Dabei übersehen sie aber oft die Schattenseiten ihrer idealisierten Vorbilder. Vergessen Sie deshalb als Mentee nie, dass Ihr Mentor oder Ihre Mentorin auch »nur« ein Mensch ist, mit Fehlern und vielleicht mancherlei ungelösten inneren Problemen. Wenn Sie sich das immer wieder bewusst machen und auch die Schattenseiten Ihres Mentors erkennen und akzeptieren, mag Ihnen das spätes Erwachen und Enttäuschungen ersparen.

 ## Mentoring in der Praxis

Wie sehen solche informellen Mentoring-Beziehungen in der Praxis aus? Im Folgenden finden Sie einige Beispiele, in welchem Zusammenhang sich solche Beziehungen ergaben, wie sie von den Beteiligten gestaltet wurden und welchen Nutzen diese daraus zogen. Natürlich gibt es noch mehr Gelegenheiten, informell auf Mentoren oder Mentees zu treffen und eine Mentoring-Beziehung zu vereinbaren. Die Beispiele sollen Ihnen Anregungen geben, in Ihrer eigenen Umgebung die Augen offen zu halten und Chancen wahrzunehmen.

Ausbildung, Studium, Weiterbildung sind Gelegenheiten für Mentees, ihre Talente und Fähigkeiten zu zeigen, beziehungsweise umgekehrt für Mentoren auf talentierte junge Leute zu treffen, die man voranbringen möchte. Wenn Sie die Chance haben, eine Mentoring-Beziehung in diesem Umfeld einzugehen, dann nutzen Sie sie! Ein Beispiel, in dem das glückte, ist das von Fiona Amann.

Praxisbeispiel
Studienleiter wird Mentor

Mit der Trennung von ihrem Mann begann für Fiona Amann ein neuer Lebensabschnitt: Sie zog mit ihren drei kleinen Kindern aus und überlegte, wie sie jetzt ihr eigenes Geld verdienen sollte.

Das Studium hatte sie nach der Geburt des ersten Kindes abgebrochen, später in der kleinen Firma ihres Mannes die komplette kaufmännische Leitung unbezahlt übernommen. Sie hatte nie eine Ausbildung absolviert und musste von Grund auf neu anfangen.

Werbetexterin war ihr Wunschberuf. Also erkundigte sie sich nach den Möglichkeiten eines Fernstudiums, das sie von ihrem Heimatort aus, nahe bei Nürnberg, absolvieren konnte. Schließlich fand sie in Hamburg einen Anbieter, der ihr, damals wichtig für sie, günstige Zahlungsmodalitäten vorschlug.

Sie begann das Fernstudium, lernte intensiv, füllte ihre Lösungshefte aus – und wunderte sich über die ausführlichen Kommentare, die als Korrektur zurückkamen. Darüber kam sie mit dem Studienleiter per E-Mail in Kontakt. Er gab ihr Tipps, beriet sie bei ihrer Lektüre und unterstützte sie darin, die 15-monatige Ausbildung in nur neun Monaten zu absolvieren.

Kontakt per Telefon und E-Mail

Sie telefonierten und bekamen auch einen persönlichen Draht zueinander: »Er fragte mich nach der Herkunft meines Namens. Fiona ist ein gälischer urschottischer Name und da er selbst ein Ferienhaus in Irland hatte, war gleich eine Verbindung zwischen uns da«, erzählt Fiona Amann. Für den Studienleiter sei das sicherlich zunächst auch ein »verbaler Flirt« gewesen, meint sie. »Aber davon hatte ich nach meiner Ehe die Schnauze voll und das habe ich ihm auch definitiv vermittelt.«

Ihre gradlinige Art hat ihm wohl gefallen. Außerdem, sagt Fiona Amann, fördere er an dem Institut generell gerne Talente und habe den Ehrgeiz, die Besten unter seinen Schülerinnen und Schülern in den Agenturen unterzubringen oder in die Selbstständigkeit zu begleiten. »Er hat dann aufgehört, den Gockel zu spielen. Plötzlich hat er via E-Mail zugegeben, dass er bereits über 60 Jahre alt ist, vorher klang das immer nach knapp über 40. Er hat mich weiter unterstützt und es wurde eine freundschaftliche Beziehung«, bewertet Fiona Amann das Verhältnis heute.

▓ Finanzielle Anerkennung

Ihr Mentor hat – neben seiner Funktion als Studienleiter – selbst eine Werbeagentur und gab ihr bereits während des Studiums Aufträge, für die er sie bezahlte. »Endlich, nach all den Jahren unbezahlter Arbeit, eine finanzielle Anerkennung für die Leistung zu bekommen, war riesig«, erinnert sie sich. Nachdem sie ihr Diplom mit Note Eins absolviert hatte, vermittelte der Studienleiter sie an eine Mannheimer Werbeagentur, für die sie von zu Hause aus texten konnte. Sie zog zusätzlich, unter anderem mithilfe ihres Mentors, eigene Kunden an Land und arbeitete an Projekten ihres Mentors mit, um Erfahrungen zu sammeln. Wiederum über ihren Mentor fand sie zum FFW, dem Fachverband freier Werbetexter, für den sie immer mehr Organisationsarbeit übernahm. So baut sie derzeit eine Datenbank für die Mitglieder auf und managt die Außenkontakte des FFW.

▓ Eigenständigkeit bewahrt

Trotz der Einflussnahme ihres Mentors hat Fiona nicht das Gefühl, fremdbestimmt zu werden. Wenn sie etwas nicht wolle, würde sie es auch nicht machen, meint sie: »Seine Marionette bin ich sicher nicht. Meine Meinung habe ich schon immer gesagt.« Sie hätten durchaus auch mal Konflikte, und hätten sich offen ihre Meinung gesagt. Aber das hat weder der beruflichen Zusammenarbeit geschadet, noch der Freundschaft Abbruch getan. »Inzwischen kennt jeder die Macken des anderen gut und wir respektieren sie«, meint sie.

Mentoring in Fiona Amanns Fall ist sicherlich mehr auf die berufliche Entwicklung bezogen als auf die Entwicklung ihrer Persönlichkeit. Mit Mitte Dreißig hatte sie bereits jede Menge Lebenserfahrung, war resolut und entschlossen, auf eigenen Beinen zu stehen. »Vor allem seine Unterstützung dabei, dass ich endlich mein eigenes Geld verdient habe, war groß. Das hat dann sicherlich auch meinem Selbstbewusstsein gut getan, obwohl das nie schlecht war.« Inzwischen investiert sie in ein Haus mit Büroräumen, die 18-jährige Tochter ist schon ausgezogen, die beiden anderen Kinder mit neun und 15 Jahren sind »aus dem Gröbsten raus. Die brauchen mich nicht mehr sonderlich und ich war nie eine Glucke«, meint sie. »Jetzt genieße ich es, endlich Zeit zu haben und mich selbst managen zu können.« Wobei sie auf die Unterstützung ihres Mentors, der ein Freund wurde, sicherlich auch in Zukunft zählen kann.

Vermittlung über das Expertinnen-Beratungsnetz

Expertinnen-Beratungsnetze für Frauen gibt es in München, Hamburg, Berlin, Dresden und Köln. Sie vermitteln Kontakte zu Expertinnen, mit denen man anstehende berufliche Fragen besprechen kann. Das Expertinnen-Beratungsnetz in München baut gerade als weitere Dienstleistung die Vermittlung von Mentorinnen auf (siehe auch Seite 133). Das liegt nahe, denn aus manchen Beratungsgesprächen gingen bereits längerfristige Beziehungen hervor, die Mentoring-Beziehungen waren, ohne dass es die Beteiligten so definierten oder es ihnen bewusst war.

Praxisbeispiel
Von der Beraterin zur Mentorin

Ein Beispiel dafür ist die Mentoring-Beziehung von Birgit Riethmüller und Ingrid Böhringer.

Ingrid Böhringer arbeitete als Personalreferentin bei Siemens und war dort als Führungskraft im Bereich Informationstechnologie und Organisationsentwicklung tätig. Seit 1996 ist sie im Vorruhestand, aber keineswegs bereit, sich zur Ruhe zu setzen. Schon in ihrer beruflichen Tätigkeit hatte sie sich dafür eingesetzt, junge Mitarbeiter und Mitarbeiterinnen sowie angehende weibliche Führungskräfte in gezielten, auf die jeweilige Person abgestimmten Schritten zu fördern. Da sie viele Mitarbeiterinnen aus einer früheren Tätigkeit für Siemens als Auszubildende kannte, ergaben sich daraus häufig persönliche Kontakte und eine persönliche Betreuung.

Ende der 80er, Anfang der 90er Jahre sei Frauenförderung bei Siemens ein großes Thema gewesen, erzählt Ingrid Böhringer. Man habe damals viel machen können. In den 13 Jahren ihrer Tätigkeit dort begleitete und unterstützte sie viele Frauen in ihrer persönlichen Karriereplanung durch auf sie abgestimmte Maßnahmen.

▨ Ehrenamtliche Beraterin

In dieser Richtung wollte sie sich auch im Ruhestand betätigen. Als sie im Frühjahr 1997 vom Expertinnen- Beratungsnetz hörte, führte sie dort bereits eine Woche später ihr erstes Beratungsgespräch. Inzwischen hat sich daraus eine »geregelte Vierteltagsbeschäftigung« ergeben, ehrenamtlich, versteht sich. Ingrid Böhringers Schwerpunkt ist die Entwicklungs- und Laufbahnplanung, die persönliche berufliche Beratung unter besonderer Berücksichtigung der individuellen Voraussetzungen und Möglichkeiten der Ratsuchenden und das gemeinsame Erarbeiten von Persönlichkeitsprofilen. Außerdem berät sie Wiedereinsteigerinnen bei der Berufsorientierung.

▨ Von der Beratung zum informellen Mentoring

1998 vermittelte ihr das Expertinnen-Beratungsnetz Birgit Riethmüller zu einem Beratungsgespräch. Die damals 31-jährige Betriebswirtin hatte in London und den USA Berufserfahrungen gesammelt und arbeitete seit einem Jahr in einer leitenden Position in einer Unternehmensberatung. Doch sie merkte, dass die Situation dort für sie nicht stimmte. Sie spielte mit dem Gedanken, sich selbstständig zu machen und interkulturelle Trainings anzubieten – ein Gebiet, in dem sie sich aufgrund ihrer Auslandserfahrung gut auskannte. Weil sie die Erfolgschancen ihrer Pläne von einer berufserfahrenen Frau einschätzen lassen wollte, wandte sie sich an das Expertinnen-Beratungsnetz.

Nach einem ersten intensiven Beratungsgespräch mit Ingrid Böhringer, in dem beide merkten, dass sie auf einer Wellenlänge waren, trafen sie sich zu mehreren Gesprächen: »Sie hat mir

Feedback zu meinen Ideen gegeben, mir intensive Fragen gestellt und mir geholfen, meine Gedanken zu ordnen. So bin ich darauf gekommen, dass ich noch mehr Grundlagen und ein klareres Konzept brauche, um mich selbstständig zu machen.« Birgit Riethmüller machte Weiterbildungen in Moderation und Konfliktmanagement, gewann erste Trainingserfahrungen als Sprachtrainerin für Deutsch als Fremdsprache in Unternehmen und merkte durch den Kontakt zu Sprachschulen, dass ihr Produkt, das interkulturelle Training, von diesen für wenig Geld bereits angeboten wird. Aber die Idee, als Trainerin zu arbeiten, verfolgte sie weiter. Wenn sie sie auch zugunsten weiterer Berufserfahrung erst einmal zurückgestellt hat.

Inzwischen arbeitet sie als Projektleiterin Marktforschung in einem großen Unternehmen und absolviert nebenbei weiterhin Fortbildungen.

Der Kontakt zu Ingrid Böhringer bestand während dieser Zeit fort, war mal mehr, mal weniger intensiv, aber er riss nie ab. Sie habe großen Respekt für die Professionalität Ingrid Böhringers auf der einen Seite und für ihre Warmherzigkeit auf der anderen, meint Birgit Riethmüller. Das Feedback von Ingrid Böhringer, deren Erfahrungen, wie es bei ihr selbst gelaufen sei, haben ihr geholfen, manche Situationen besser einschätzen zu können. Die Treffen hatten dann auch eher den Charakter eines partnerschaftlichen Austausches, wenn auch Ingrid Böhringer mehr Erfahrungen einbringen konnte.

Mentoring wurde die Beziehung nie ausdrücklich genannt – auch wenn beide heute sagen, dass sie eine Form des informellen Mentoring ist. Es gab keine Vereinbarungen über Dauer und Spielregeln. Es war klar, meint Birgit Riethmüller, dass beide die Beziehung auch jederzeit beenden können. Jetzt denken sie darüber nach, ob eine Vereinbarung über Spielregeln nötig ist, oder ob das informelle Mentoring-Verhältnis einfach so weiterläuft.

Und Birgit Riethmüller überlegt, sich eine weitere Mentorin zu organisieren. Ebenfalls über das Expertinnen-Beratungsnetz bekam sie telefonischen Kontakt zu einer Frau, die auch in der Marktforschung arbeitete und jetzt als freiberufliche Trainerin tätig ist. Fachlich eine ideale Mentorin, findet Birgit Riethmüller. Sie ist fest entschlossen, sie um weitere Gespräche zu bitten und bei gegenseitigem Interesse ganz ausdrücklich Mentoring zu vereinbaren.

▨ *Kontakt zu jungen Leuten*

Auch für Ingrid Böhringer ist Birgit Riethmüller nicht die einzige Mentee. Sie unterstützt noch zwei weitere Frauen. Eine von ihnen lebt in Regensburg und Ingrid Böhringer fährt immer wieder mal dort hin, um sie zu treffen. Als Belastung empfindet sie das nicht: »Das sind persönliche Kontakte, bei denen die gemeinsame Wellenlänge stimmt. Ich bekomme auch viel zurück.« Zum Beispiel die Bestätigung, etwas Sinnvolles zu tun und die eigene Erfahrung weitergeben zu können. Zu merken, dass andere sich das nicht nur anhören, sondern es weiterverarbeiten und Konsequenzen für sich ziehen, hat etwas Befriedigendes.

Und der Kontakt zu jungen Frauen macht ihr Spaß, auch weil sie selbst keine Kinder hat. Sie ist neugierig darauf, auf was für Menschen sie trifft: »Meine Freunde sind alle in meinem Alter. Ich nutze die Gelegenheit, als Beraterin auch junge Frauen zu treffen, um ihre Lebenssituation, ihre Interessen und ihre Erfahrungen kennen zu lernen.« Motivierend ist für sie auch, Frauen zu unterstützen, die dann möglicherweise ihrerseits beruflich erfolgreich sind und wiederum anderen Frauen dazu verhelfen, ihren eigenen Weg zu gehen. Umgekehrt erwartet sie von ihren Mentees »das Bemühen, an sich zu arbeiten, auch in persönlicher Hinsicht«. Sie müssen aktiv sein und dürfen nicht darauf warten, dass sie angerufen und beraten werden. Es sollte ein Wechselspiel von Geben und Nehmen sein.

Wichtig ist aber auch, sich immer wieder abzugrenzen und sich nicht in das Leben der Mentees zu verstricken. Sie führe prinzipiell keine Gespräche bei sich zu Hause, meint Ingrid Böhringer. »Ich bewahre ganz bewusst Distanz.« Dazu gehört auch, vorsichtig mit persönlichen Themen umzugehen und die Entscheidungen der Mentees und Ratsuchenden zu akzeptieren, auch wenn sie sie mal nicht gut fände. Mehr als die eigene Meinung sagen, kann man nicht, findet sie, aber auch bei unterschiedlichen Ansichten kann die Mentoring-Beziehung natürlich fortbestehen. Gegenseitiger Respekt und Toleranz sind die Voraussetzungen.

Gezielte Suche nach einem Mentor

Sie können auch ganz gezielt auf die Suche nach einem Mentor oder einer Mentorin gehen. In Teil II finden Sie Tipps und Hinweise, die Ihnen die Suche erleichtern (siehe Seite 208). Mit etwas Hartnäckigkeit haben Sie gute Chancen.

Praxisbeispiel
Mentor nach Maß

Wie etwa Ilse Martin, Gründerin und Geschäftsführerin des Managerinnen Kollegs in Köln. Als sie 1987 ihr Institut gründete, sei sie ein »No name« gewesen, wie sie sagt. Von ihrer Idee war sie überzeugt, aber wie könnte sie sie anderen vermitteln und Kunden werben? Schnell kam ihr der Gedanke, dass sie einen Mentor bräuchte, der sie und ihre Idee unterstützte und über die notwendigen Kontakte verfügte. Also setzte sie sich in Ruhe hin und erstellte ein Profil ihres künftigen Mentors. Ein Mann sollte es sein, da ihr klar war, dass sie wohl kaum eine Frau finden würde, die über genügend Einfluss verfügte. Neben den Insider-Kontakten zählte aber beispielsweise auch eine ähnliche Gedankenwelt, damit eine Zusammenarbeit menschlich klappen könnte.

Das Profil des Mentors hatte Ilse Martin immer zur Hand, wenn sie in der Zeitung über einflussreiche Persönlichkeiten las. Schließlich hatte sie zwei Männer im Visier, die sie für geeignete Mentoren hielt. Sie versuchte per Anruf, Brief und Fax Kontakt mit ihnen aufzunehmen – alles vergeblich. Über die Vorzimmer und die schützenden Sekretärinnen kam sie nicht hinaus. Also machte sie in ihrem Freundes- und Bekanntenkreis publik, dass sie gerne Kontakt zu einem der beiden haben würde: »An jedem Biertisch habe ich das quasi verbreitet«, meint sie heute schmunzelnd.

Mit Erfolg. Irgendwann sagte eine Bekannte: »Der ist doch in meinem Tennisclub.« Sie stellte den Kontakt her und Ilse Martin konnte den Mentor persönlich treffen, ihm von ihrer Idee erzählen und ihn davon überzeugen, dass er sie unterstützte. In der Aufbauphase des Instituts vermittelte er ihr wichtige Kontakte, gab ihr Feedback, beantwortete Fragen und coachte sie. Damals war noch nicht absehbar, dass sie sich etliche Jahre danach würde revanchieren können. Ihr Mentor verlor später seine hohe Position, als das Unternehmen, in dem er arbeitete, aufgekauft wurde. Mit Unterstützung von Ilse Martin fand er kurz darauf wieder eine passende Stelle.

Informelles Mentoring im Unternehmen

Informelle Mentoring-Beziehungen können auch innerhalb eines Unternehmens geknüpft werden. Solche Beziehungen mögen den »Ruch« der Begünstigung haben. Wer sich bewusst wird, dass er gefördert wird, weil er Talent und Fähigkeiten hat, braucht sich allerdings nicht »begünstigt« fühlen, denn seine Gegenleistung in Form von hohem Engagement und eigener Initiative steht dagegen. Meist wird das Mentoring aber von anderen gar nicht wahrgenommen.

Wie können sich solche Entwicklungen ergeben? Sie können, wie im letzten Beispiel, einfach auf jemanden zugehen und ihn oder sie fragen. Das braucht eine Portion Mut und liegt nicht jedem. Oft ergeben sich solche Beziehungen nach einiger Zeit, wenn bereits beratende Gespräche stattgefunden haben. Dann kann das Thema Mentoring thematisiert werden.

Eine weitere Möglichkeit, innerhalb eines Unternehmens zu einem Mentor zu kommen, ist die Vermittlung über Dritte. Der Vorgesetzte kann beispielsweise eine andere Führungskraft bitten, Mentor für eine talentierte Mitarbeiterin zu sein. Für den Mentor ergeben sich unter Umständen ganz neue

Perspektiven bezüglich seines Unternehmens, wie das folgende Beispiel zeigt.

Praxisbeispiel
Mentor auf Empfehlung

Vom »Vorvorgesetzten« einer neuen Mitarbeiterin aus einem anderen Bereich wurde eine Führungskraft bei der Lufthansa AG angesprochen, ob er nicht Mentor einer jungen Frau werden wolle, die dort neu eingestellt worden war. Diesem informellen Mentoring stimmte er zu und traf sich in etwa vierteljährlichen Abständen über eineinhalb Jahre hinweg mit ihr zu Gesprächen. Ziel war, ihr die Einarbeitung zu erleichtern, sie mit Strukturen innerhalb der Lufthansa vertraut zu machen, sie bei ihren Gehaltsvorstellungen zu beraten und Fragen aus dem beruflichen Alltag zu klären.

Im Unternehmen war das Mentoring nicht weiter bekannt, es sei eher eine »Privatveranstaltung« gewesen, so der Mentor. Er habe sich in der Rolle des »unsichtbaren Beraters« gesehen. Gegenüber anderen Führungskräften habe er sich nicht für seine Mentee eingesetzt. Worüber er sich im Nachhinein ärgert: »Es war unglaublich, was da abging. Das kriegt man sonst nicht mit.« Heute denkt er, er hätte es den betreffenden Vorgesetzten schwerer machen sollen, sich »so dämlich« zu verhalten. Die Mentee verließ einige Zeit später das Unternehmen wieder, um sich selbstständig zu machen – und ihr Mentor riet ihr zu. Er hielt das für eine gute Lösung in ihrem Interesse: »Ich verstehe Mentoring als persönlichen Service für die Mentee, das muss in ihrem Sinne verlaufen, nicht im Sinne des Unternehmens«, ist seine Einstellung zu Mentoring. »Aus Unternehmenssicht konnte man damals nur mit dem Kopf gegen die Wand schlagen, wie es da zuging.«

3 Mentoring für Führungsnachwuchs

In den letzten Jahren entdeckten zahlreiche Unternehmen Mentoring, um junge Führungskräfte zu fördern, aufzubauen und in ihrer Weiterentwicklung zu unterstützen. Der »eklatante Mangel an berufserfahrenen Jungtalenten hat dazu geführt, dass sich die Unternehmen auf eigene Humanressourcen besinnen«, schreibt Christa van Winsen in ihrem Buch »High Potentials. Wie komme ich in die Führungsauswahl?« Und neben anderen Qualifizierungsmaßnahmen setzen sie auch verstärkt Mentoring ein.

Auch eine sich verändernde Einstellung zum Führungsstil und zu den Qualitäten einer Führungskraft macht Mentoring als Instrument der Personalentwicklung interessant. Kooperative Führung ist gefragt. Das Führen im Team, kommunikative Fähigkeiten, soziale Kompetenzen im Umgang mit anderen spielen dabei eine Rolle. Emotionale Intelligenz ist der Überbegriff. Mentoring hat also den besonderen Vorteil, dass es inhaltliche und fachliche Wissensvermittlung mit dem Training sozialer Kompetenzen vereint:

- Die erfahrene Führungskraft trainiert ihre Beratungskompetenz und wird im Idealfall noch von außen darin geschult. Dazu gehören aktives Zuhören und Anteilnahme ebenso wie das Eingehen auf eine andere Person.
- Der oder die Mentee kann aus der Nähe beobachten, wie ihr Mentor mit Mitarbeitern, Kollegen und Kunden umgeht, sie motiviert, für Projekte gewinnt oder überzeugt.

Außerdem sensibilisieren Mentoring-Programme Führungskräfte für die Belange der Mentees. Deshalb werden sie derzeit besonders häufig im Bereich der Gleichstellung von weiblichen Führungskräften eingesetzt. Mentoren, in höheren Positionen immer noch überwiegend Männer, werden durch die Gespräche mit den Besonderheiten eines weiblichen Karriereweges – mögliche Barrieren, mangelndes Insiderwissen oder Fragen der Vereinbarkeit von Beruf und Familie – konfrontiert. (Über Mentoring-Programme für Frauen informiert das Kapitel 4.)

▓ *Mentoring in Unternehmen und Verwaltungen*

Das alles sind Gründe, aus denen sich Unternehmen für internes Mentoring entscheiden, um Führungskräfte zu trainieren. Übrigens nicht nur Unternehmen. Auch in Verwaltungen und Behörden hat Mentoring als Bestandteil von Programmen zur Führungskräfteentwicklung Einzug gehalten.

▓ *Begleiterscheinung oder eigenes Programm?*

Zur Förderung des Führungskräftenachwuchs werden verschiedene Formen des Mentoring praktiziert. Mal ist es Begleiterscheinung im Rahmen anderer Fördermaßnahmen, mal ein explizites eigenes Programm:

- In manchen Qualifizierungsprogrammen werden Mentoren als Ansprechpartner und Begleiter den Nachwuchskräften an die Seite gestellt. Es werden aber keine Vorgaben gemacht, wie das Mentoring laufen soll. Für die Beteiligten besteht die Möglichkeit, daraus eine kontinuierliche Mentoring-Beziehung zu machen: Oder aber sie treffen sich lediglich ab und zu für ein Gespräch über offene Fragen.
- In anderen Programmen ist Mentoring ein eigener, strukturierter Bestandteil innerhalb von Führungskräftenachwuchs-Programmen. Mentoring wird erklärt, Mentoren und Mentees in Workshops mit Rollen und Möglichkeiten des Mentoring vertraut gemacht. Wie es dann tatsächlich genutzt wird, liegt bei den Mentoring-Tandems.

Mentoring, Shadowing und Patenschaften

- **Mentoring** ist, wie eingangs erläutert, die kontinuierliche regelmäßige Eins-zu-Eins-Gesprächs-Beziehung zwischen Mentor und Mentee mit dem Ziel der Karriere- und Persönlichkeitsentwicklung des Mentee.
- **Shadowing** ist die Begleitung eines Managers durch eine Nachwuchskraft auf Termine, Besprechungen, Sitzungen mit der Möglichkeit, anschließend das Beobachtete gemeinsam zu besprechen. Solche Programme dauern meistens ein oder mehrere Wochen. Sie sollen den Nachwuchsmanager in Kontakt mit Personen aus oberen Hierarchiestufen bringen und vermitteln, wie dort gearbeitet und verhandelt wird.
- **Patenschaft** kann ein Synonym für Mentoring sein. Meist ist der Pate aber mehr ein Ansprechpartner für neue Mitarbeiter, mit dem sie Fragen zur Einarbeitung klären können und der ihnen Kontakte im Unternehmen herstellen kann. Länger andauernde Gesprächskontakte mit dem Ziel der Persönlichkeitsentwicklung sind damit meist nicht gemeint.

Vorteile von internem Mentoring

Welche Vorteile haben Unternehmen und Verwaltungen, wenn sie Mentoring als Mittel der Entwicklung von künftigen Führungskräften einsetzen?

- **Knowledge-Management:** Fachliches, internes Wissen wird relativ schnell und aktuell weitergegeben.
- **On-The-Job-Training:** Neue Erkenntnisse können vom Mentee am Arbeitsplatz sofort umgesetzt und die Umsetzung anschließend mit dem Mentor wieder besprochen werden. Der Lerneffekt ist kontinuierlich und direkt auf die Arbeit bezogen.

- **Orientierung:** Neue oder junge Mitarbeiter werden schneller in formelle und informelle Strukturen eines Unternehmens eingeführt.
- **Netzwerke:** Jüngere Mitarbeiter werden in beruflich wichtige interne und externe Netzwerke eingeführt.
- **Beitrag zur »lernenden Organisation«:** Mentees und Mentoren schulen ihre sozialen Kompetenzen und ihre Fähigkeiten als Führungskräfte. Mentoring kann damit beitragen, dass ein Unternehmen sich zu einer »lernenden Organisation« entwickelt.
- **Erweiterung der Führungsrolle:** Führungskräfte können in ihrer Rolle als Mentoren einen wichtigen Beitrag zur Weiterentwicklung von ihnen nicht direkt unterstelltem Management-Nachwuchs leisten.
- **Verbesserte Kommunikation:** Mentoring fördert die Kommunikation und den Austausch zwischen verschiedenen Hierarchiestufen im Unternehmen.
- **Motivation:** Mentees und eventuell auch Mentoren werden durch die persönliche, individuelle Maßnahme für ihre Arbeit motiviert.
- **Exponiertheit:** Junge Führungskräfte werden als Mentees im Unternehmen sichtbar.
- **Geringe Kosten:** Mentoring ist eine kostengünstige Variante der Personalentwicklung. Selbst unter Hinzuziehung von externen Beratern bei der Umsetzung eines Pilotprojekts, lässt es sich später von eigenen Mitarbeitern in Eigenregie fortführen.

Mehr Mitwirkende an der Personalentwicklung

Beim Mentoring ist es nicht nur die Personalabteilung, die sich Fördermaßnahmen für Potenzialträger ausdenkt. Nimmt ein Mentor die Beziehung ernst und engagiert sich, dann will er auch Erfolg sehen: nämlich dass die oder der Mentee in eine Führungsposition aufsteigt. Er kann ihn direkt weiterempfehlen oder er kann sich dafür einsetzen, dass ihm noch bestimmte zusätzliche Qualifizierungen zugute kommen. Er kann dafür sorgen, dass der Mentee an bestimmten Projekten teilnimmt oder einen Auslandsaufenthalt anregen. Es besteht also die Wahrscheinlichkeit, dass er sich einmischt und dass Personalabteilung, Mentor, Mentee und der oder die Vorgesetzte der Mentee in einen Dialog treten.

Die Mentoring-Beraterin Gabriele Hofmeister-Schönfelder meint dazu: »Die Entwicklung der Mentee bleibt nicht in der Personalabteilung hängen, sondern wird ins Unternehmen hinein getragen. Das ist auch ein Interesse des Unternehmens an diesem Programm.« Bei kaum einem anderen Instrument der Personalentwicklung besteht so unmittelbarer Kontakt zwischen verschiedenen Beteiligten im Unternehmen.

Beispiele aus der Praxis

Im Folgenden finden Sie Beispiele aus der Praxis, wie internes Mentoring in verschiedenen Unternehmen für unterschiedliche Zielgruppen eingesetzt wird.

- **Mentoring für Management-Nachwuchs**:
    - → Vorstände betätigen sich als Mentoren;
    - → Begleitung durch Fachmentoren;
    - → Mentoring als Bestandteil in Förderkreisen;
    - → Mentoring als Begleitung für Fach- und Führungskräfte;
    - → Mentoring als eigener Baustein in einem Qualifizierungsprogramm für Führungsnachwuchs.
- **Spezielle Mentoring-Programme**:
    - → als Wissenstransfer von hochspezialisierten Kräften;
    - → für Mitarbeiter, die ins Ausland gehen;
    - → Mentoring für die Chefs.

Adressen und Ansprechpartner für diese Programme finden Sie im Serviceteil.

Mentoring für Management-Nachwuchs

Viele, meist große Unternehmen, haben spezielle Programme für ihren künftigen Management-Nachwuchs. Sie richten sich an zukünftige Fach- und Führungskräfte, in der Regel Hochschulabgänger, die innerhalb eines bestimmten Zeitraums, meist über eineinhalb oder zwei Jahre, mehrere Stationen im Unternehmen durchlaufen. Dadurch bekommen sie Einblick in die Arbeit verschiedener Abteilungen, in Unternehmenszusammenhänge, knüpfen Kontakte und sammeln Erfahrungen und Wissen.

Diese Zeit gilt allgemein als Lernphase, in der sich die Trainees in verschiedenen Unternehmensbereichen einarbeiten. Umgekehrt können sie herausfinden, in welchem Bereich sie später arbeiten möchten.

Die Unterstützung durch Mentoren ist hier nahe liegend: Da sich die Nachwuchskräfte in dem Unternehmen erst einmal orientieren, Strukturen verstehen, in Netzwerke eingeführt werden, informelle Spielregeln begreifen müssen, wird dieses Wissen am besten durch langjährige erfahrene Mitarbeiter weitergegeben. Mentoring-Programme, wie im Folgenden beschrieben, gibt es in einigen Unternehmen. Hier sind Beispiele ausgewählt, an denen der Einsatz von Mentoring in diesem Bereich deutlich wird.

Praxisbeispiel
Vorstände als Mentoren

Die mg technologies ag, die ehemalige Frankfurter Metallgesellschaft, hat 1996 das Managementnachwuchs-Programm »performance« eingerichtet. Jährlich werden etwa sechs bis zehn junge Leute als mögliche künftige Führungskräfte eingestellt. Sie können sich für einen von fünf Schwerpunkten bewerben, wie Controlling, Kommunikation, Recht, Personal, Unternehmensentwicklung und Finanzen. In diesem Bereich arbeiten sie dann ein Jahr. Während dieser Zeit wird ihnen ein

Mentor zur Seite gestellt – der immer ein Mitglied des Vorstands ist: Er kommt entweder aus dem Vorstand des Mutterkonzerns – Vorstandsvorsitzender Dr. Kajo Neukirchen betätigt sich selbst als Mentor – oder aus den Vorständen von Tochtergesellschaften.

Ziel des Mentoring ist es, den Entwicklungsprozess der performance-Teilnehmer zu fördern und ihre Orientierung im Unternehmen zu unterstützen. Außerdem soll ein direkter Kontakt zwischen Vorstand und Nachwuchskräften entstehen.

Katja Baldauf, verantwortlich für »performance«, stellt im Matching die Mentoring-Paare zusammen und steht im Austausch mit Mentees und Mentoren über deren Erfahrungen. Themen der Mentoring-Gespräche seien oft die Projekte der Mentees, die sie innerhalb des Jahres bearbeiten, sowie anstehende Karriereschritte auf dem Weg nach oben. »Es gibt Mentoren, die sich sehr für ihre Mentees einsetzen, auch mal bei Kollegen anrufen und Dinge in Bewegung setzten«, ist Katja Baldaufs Erfahrung.

Innerhalb des einjährigen Programms besuchen die künftigen Manager außerdem Workshops und Seminare zu Themen wie Projektmanagement, Persönlichkeits- und Teamentwicklung oder strategisches Management. Das gesamte Programm, vom selbst gewählten Schwerpunkt bis zu einzelnen Stationen im Unternehmen und deren Dauer, wird im Gespräch gemeinsam mit den Teilnehmern entwickelt.

Praxisbeispiel
Fachmentoren

Zwischen Mentoren, die für die fachliche Betreuung der Mentees zuständig sind und der Personalabteilung, die die persönliche Betreuung der Trainees übernimmt, unterscheidet die debitel AG. Seit 1998 gibt es das System des fachlichen Mentoring für Trainees.

Während der 18 Monate, in denen die Trainees verschiedene Stationen im Unternehmen durchlaufen, sind die fachlichen Mentoren ihre Ansprechpartner für inhaltliche Fragen, die sie zu ihrer Arbeit oder zu den Projekten haben, die sie während dieser Zeit erarbeiten. Die Mentoren sind allerdings nicht nur wohlwollende oder neutrale Begleiter, sondern auch diejenigen, die die Projekte beurteilen.

Bessere Einarbeitung und Orientierung sind die Ziele des Mentoring. Die Trainees haben in dem Fachmentor einen Ansprechpartner, der sie mit anderen bekannt machen und ihnen Strukturen erklären kann. In manchen Bereichen verbringen sie nur einige Wochen, in anderen ein paar Monate, sodass die Vorgesetzten häufig wechseln. Die Fachmentoren dagegen bleiben immer die gleichen und sollen Kontinuität in den häufigen Wechsel bringen. Ziel für das Unternehmen ist, dass die Fachmentoren schließlich beurteilen können, ob der oder die Mentee nach Beendigung des Trainee-Programms in die eigene oder eine andere Abteilung passt. Mentoren nehmen in diesem Programm also sowohl die Interessen des Unternehmens wahr als auch die des Mentee.

Grundsätzlich werden die Trainees von der Personalabteilung betreut. Barbara Griese ist zuständig für die Weiterbildung in der Personalentwicklung und Potenzialanalyse für Führungskräfte und für das Traineeprogramm. Sie betreut zusammen mit ihrem Vorgesetzten die Mentees bei einem monatlichen Jour fixe: An jedem vierten Freitag im Monat kommen sie mit den Trainees zusammen und besprechen deren Fragen und Themen.

Förderung von Führungskräftenachwuchs

Förderkreise mit Mentorenbegleitung

Einige große Unternehmen haben seit mehreren Jahren für ihren hochqualifizierten Führungsnachwuchs Förderkreise eingerichtet. Sie bieten den ausgewählten Teilnehmern die Möglichkeit zu regelmäßigen gemeinsamen Treffen und speziellen

Entwicklungsmaßnahmen ihrer Führungskompetenz und -persönlichkeit.

In den großen Unternehmen gibt es meist nicht nur einen, sondern mehrere Förderkreise auf verschiedenen Ebenen: Sie können vertikal untergliedert sein und sich an Potenzialträger richten, die für das Topmanagement in Betracht kommen. Andere wenden sich an Nachwuchskräfte für untere Führungsebenen. Förderkreise können auch horizontal untergliedert sein und in den regionalen Niederlassungen oder Tochterunternehmen der Großkonzerne den Führungsnachwuchs sammeln.

▓ *Qualifizierung in Förderkreisen*

Mentoring ist eine von mehreren Maßnahmen, die Potenzialträgern in diesen Förderkreisen angeboten wird. Nicht bei allen Unternehmen, die Förderkreise haben, existieren auch Mentoring-Programme. Die geläufigsten Instrumente in Förderkreisen sind Führungskräftetrainings, Seminare zur Persönlichkeitsentwicklung, Coaching, Projektarbeit, Einsätze als stellvertretende Führungskräfte oder Vertretungen. Durch die gemeinsamen Veranstaltungen werden die Mitglieder der Förderkreise untereinander vernetzt, was letztlich auch die Unternehmenskommunikation verbessert.

▓ *Vorteile für Unternehmen*

Die Unternehmen haben von Förderkreisen folgende Vorteile:

- Führungspositionen können aus diesem Pool besetzt und müssen nicht von außen geholt werden.
- Die Nachwuchskräfte können in den Förderkreisen gezielt auf bestimmte Positionen vorbereitet werden.
- Sie motivieren junge hochtalentierte Führungskräfte, indem sie ihnen besondere Entwicklungsmöglichkeiten bieten. Damit zollen sie ihnen Anerkennung für ihre Kompetenz und bieten ihnen eine Perspektive auf künftige Führungspositionen.

- Die Nachwuchskräfte werden aufgrund der deutlichen Perspektiven auf Führungspositionen enger an das Unternehmen gebunden.

Unternehmen wie die Volkswagen AG, die DaimlerChrysler AG oder die Deutsche Bank AG haben solche Förderkreise installiert. Christa van Winsen geht auf einige von ihnen in ihrem Buch »High Potentials« ein. Im Folgenden wird das Förderkreis-Programm der Deutschen Telekom AG beschrieben, in dem Mentoring als begleitende Maßnahme eingesetzt wird.

Praxisbeispiel
Mentor als »Sparringpartner«

Ziel der Deutschen Telekom AG ist es, durch die Förderkreise das Potenzial aus den eigenen Reihen deutlicher ans Licht zu bringen. Es gebe genug eigenen Nachwuchs im Unternehmen, meint Leo Wennmacher, der die Förderkreise maßgeblich entwickelte. Sie sollen eine Art Katalysatorwirkung haben: Qualifizierter Nachwuchs wird sichtbar und kann in einem schnelleren Tempo weiterentwickelt und gefördert werden. Die einzelnen Bausteine und Instrumente zur Personalentwicklung können direkt aufeinander aufbauen und werden miteinander vernetzt. Welche Maßnahmen ein High Potential durchläuft, kann so besser aufeinander abgestimmt werden.

Es gibt mehrere Förderkreise bei der Telekom: Ein Förderkreis auf dem Toplevel richtet sich an Personen, die bereits einige Führungserfahrung gesammelt haben und für eine Topposition im Unternehmen infrage kommen. Förderkreise auf zwei weiteren Ebenen richten sich an jüngere Führungskräfte. Wer in einen Förderkreis aufgenommen werden will, durchläuft ein aufwendiges Auswahlverfahren, in dem sein Potenzial ermittelt wird. Die Teilnahme ist freiwillig.

Mentoring ist fester Bestandteil dieser Förderkreise. Jeder Teilnehmer kann sich einen Mentor aussuchen, der ihn über die zwei Jahre, in denen er Mitglied im Förderkreis ist, begleitet. Die

Mentoren wirken von Anfang an an der Weiterentwicklung ihrer Mentees mit: Zu Beginn eines Förderkreises werden für den Teilnehmer persönliche Entwicklungsziele festgelegt. Sie ergeben sich anhand der Informationen, die in einer Potenzialanalyse gewonnen wurden. Für jedes Mitglied wird dann ein spezieller Mix an Maßnahmen zur Entwicklung der Potenziale festgelegt.

Mentor und Mentee treffen sich neben den Veranstaltungen des Förderkreises zu regelmäßigen Zweiergesprächen. Aufgabe der Mentoren ist es, Türen zu öffnen, andere Bereiche zugänglich machen und eine Art »Sparringpartner« für den Mentee zu sein, mit dem er seine Pläne und Projekte im Voraus besprechen kann, ehe er sie umsetzt.

Noch mehr als einzelne Mentoring-Programme kann ein Förderkreis plus Mentoring den oder die Mentee im Unternehmen bekannt machen. »Mentees werden exponiert und wie durch eine Art ›Schaufenster‹ wahrgenommen«, so Wennmacher. Durch ihre Mentoren werden sie bekannt und bekommen neue Kontakte. Die Förderkreise sind im Intranet für alle Mitarbeiter beschrieben. Die Mitglieder selbst können sich über das Intranet mithilfe eines Schlüsselwortes untereinander verständigen.

Natürlich bieten die Förderkreise keine Garantie für eine umgehende Beförderung. Immer wieder käme es vor, meint Leo Wennmacher, dass Leute mit der Erwartung Mitglied werden, dass ihnen anschließend die Personalabteilung fünf Jobangebote macht. So ist es aber nicht. Gefördert wird immer noch nach Leistung. Mitarbeiter, die nicht Mitglied eines Förderkreises sind, sollen nicht demotiviert werden. Führungspositionen werden auch außerhalb der Förderkreise besetzt. Konkurrenz belebt bekanntlich das Geschäft.

Praxisbeispiel
Mentoring für Fach- und Führungskräfte

Mentoring muss nicht nur für die so genannten High Potentials eingesetzt werden. Es kann auch zur Förderung von Fach- und Führungskräften auf verschiedenen Ebenen verwendet werden.

Die Allianz Gruppe beispielsweise setzt in diesem Sinne seit etwa fünf Jahren auf Mentoring:

1. **Mentoring für High Potentials:** Künftige Führungskräfte, die für die höchsten Ebenen infrage kommen, werden zunächst als Assistenten eines Vorstands-, beziehungsweise Geschäftsleitungsmitglieds eingesetzt. Dieser Vorstand wird dann sein Mentor, wenn der High Potential quer durch das Unternehmen geschickt wird, um möglichst viele Erfahrungen zu sammeln. Der Mentee hat die Möglichkeit, sich immer wieder an das Vorstandsmitglied zu wenden und seine Eindrücke und Fragen mit ihm zu besprechen.

   Wie intensiv sich die Mentoring-Beziehung gestaltet, hängt von den beiden ab. Der Mentee hatte keine Möglichkeit, seinen Mentor persönlich auszuwählen. Ob die Chemie stimmt und sich ein Vertrauensverhältnis entwickelt, kommt auf den Einzelfall an.

   Im Jahr durchlaufen bei der Allianz in München etwa 20 High Potentials dieses Programm, das auch bei verschiedenen Töchtern der Allianz praktiziert wird.

2. **Mentoring für ehemalige Auszubildende:** Azubis, die sowohl während ihrer Ausbildungszeit als auch bei den Abschlussprüfungen und im unternehmensinternen Auswahlverfahren ihr hohes Potenzial gezeigt haben, werden von der Allianz durch ein spezielles Programm weiter gefördert. Sie werden ein bis zwei Jahre, je nach individueller Situation, ganz aus ihren Funktionen herausgenommen und in unterschiedlichen Bereichen eingesetzt: In Projektarbeiten, verschiedenen Abteilungen, auch im Ausland, je nach individueller Zielsetzung.

   Während dieser Zeit haben sie einen Mentor als kontinuierlichen Begleiter. Er rekrutiert sich aus der Personalabteilung oder aus der Ebene der Abteilungsleiter und war meistens schon als Beobachter beim Auswahlverfahren dabei. Wie Mentor und Mentee ihre Beziehung gestalten, hängt von den Einzelpersönlichkeiten ab. Im Schnitt nehmen allein in München etwa zehn bis fünfzehn Ex-Azubis pro Jahr an diesem Programm teil.

3. **Mentoring für Sachbearbeiter:** Auch Sachbearbeiter, die in Personalentwicklungs-Seminaren ein hohes Potenzial zeigen, werden unter anderem durch einen Mentor gefördert. Dieser kommt in der Regel aus der Abteilungsleiterebene. Er nimmt Anteil an der weiteren Entwicklung des Sachbearbeiters, steht für diesen als Ansprechpartner bereit und hält mit der Personalabteilung Kontakt über absolvierte oder anliegende Schritte.

Solche Mentoring-Beziehungen werden mit unterschiedlicher Intensität gehandhabt. Viele bestünden aber jahrelang, so die Erfahrung von Johanna Aichmüller, die für die Weiterqualifizierung und Ausbildung der Münchner Allianz Gesellschaften verantwortlich ist. In München wird dieses Programm jährlich etwa 60 Sachbearbeitern angeboten.

Praxisbeispiel
Skills-Mentoring

Auch bei IBM Global Services wird Mentoring eingesetzt, um verschiedene Zielgruppen zu fördern. Nicht nur neu eingestellte Mitarbeiter (New Hired-Mentoring) und künftige Führungskräfte (Career-Mentoring) erhalten Mentoren. Im so genannten Skills-Mentoring können Mitarbeiter, die sich bestimmtes Wissen aneignen wollen, einen Mentor wählen. Ab einer bestimmten Hierarchieebene ist die Karriere bei IBM GS an eine so genannte Zertifizierung gebunden. Wer aufsteigen will, muss beispielsweise eine Zertifizierung als IT-Architekt, IT-Spezialist, Projektleiter oder Consultant vorweisen können. Während dieser Lernphase, meist ein bis zwei Jahre, kann einen ein Mentor aus dem jeweiligen Bereich unterstützen, man kann ihm Fragen zum Lernstoff stellen und diesen so mit der Praxis verankern.

Von einem Mentoring Advisor werden Mentees und Mentoren bei IBM GS in das Mentoring eingeführt. Sie schließen eine

Vereinbarung über Ziele und Checkpunkte und füllen am Ende Evaluierungsbögen aus, die vom Advisor ausgewertet werden. Seit 1997 gibt es die drei erwähnten Mentoring-Formen bei IBM Global Services, bis Ende 2000 sollen sie auf das gesamte Unternehmen ausgeweitet worden sein.

Praxisbeispiel
Mentoring als eigener Baustein

Die Landespolizei Niedersachsen wandte sich 1998 mit der Anfrage an das niedersächsische Innenministerium, ein geplantes Mentoring-Programm zu finanzieren. Das Ministerium gab nicht nur Zustimmung und Geld für das Projekt der Landespolizei (über das Sie auf Seite 114 Näheres nachlesen können). Es griff parallel dazu die Idee auf und baute Mentoring in ein Programm zur Qualifizierung junger Nachwuchskräfte ein, das gerade neu entwickelt wurde.

Seit 1998 werden im Innenministerium Niedersachsens nach einem Einstellungsstopp wieder junge Führungskräfte eingestellt. In Zusammenarbeit mit dem Studieninstitut des Landes Niedersachsen arbeitet das Innenministerium für sie eine neue Qualifizierungsreihe aus. Verschiedene Bausteine betreffen die Fortbildung in Betriebswirtschaft, Europarecht und Organisation der Landesverwaltung, andere Themen sind Führung, Management oder Kommunikation.

▨ Der Baustein Mentoring

Weiterer Baustein des Programms ist das Mentoring: Drei Jahre lang werden die Nachwuchskräfte von einem erfahrenen Mentor in regelmäßigen Treffen und Gesprächen begleitet. 1999 startete die erste Gruppe von 14 Mentees: Elf Frauen und fünf Männer werden von vier Mentorinnen und acht Mentoren betreut. Zwei der zwölf Mentoren kümmern sich also um je zwei Mentees. Der hohe Frauenanteil ergab sich zufällig, die Aufnahme in das Führungskräftenachwuchs-Programm erfolgte nach Qualifikation. In der zweiten Runde des Mentoring-Programms, die Anfang 2000 startete, sind neun der Mentees Frauen und sieben Männer. Sie werden von 16 Mentoren begleitet, unter denen zwei Frauen sind. Die Mentoren, erfahrene Führungskräfte der jeweiligen Behörde, dürfen nicht die Vorgesetzten der Mentees sein.

Das Mentoring soll den jungen Führungskräften die Einarbeitung in die Verwaltung optimal ermöglichen. Da sie in den ersten Jahren verschiedene Dienstposten einnehmen, um ein breites Spektrum der Verwaltung kennen zu lernen, wechseln damit zwangsläufig ihre Vorgesetzten häufig. Der Mentor oder die Mentorin soll als Gegenpol dazu Kontinuität bieten und ein vertrauenswürdiger Ansprechpartner sein. Der Mentor hat, wie in allen Mentoring-Programmen, keine Weisungsbefugnis, sondern ist Partner im Erfahrungsaustausch, für Diskussionen oder kann als »Kontaktbörse« wirken.

Qualifizierung der Führungskräfte

Mentoring soll im Programm des niedersächsischen Innenministeriums auch der Qualifizierung von höheren Führungskräften dienen. »Mentoring weist eine neue zusätzliche Rolle für den Manager der Zukunft auf. Es stellt eine Bereicherung der Führungskompetenzen dar, weil eine intensive Auseinandersetzung mit dem eigenen Führungsverhalten stattfindet«, heißt es im Mentoring-Konzept des Innenministeriums.

Workshop für Mentoren

Seit der zweiten Runde des Mentoring wird ein spezielles Mentoren-Grundlagen-Training angeboten. Es soll die Mentoren darin unterstützen, das Mentoring für sich optimal zu gestalten und ihre Beratungskompetenzen stärken. Das Seminar wurde im Rahmen des Fortbildungsprogramms vom Studieninstitut des Landes Niedersachsen konzipiert und wird von der Supervisorin Christiane Rumpeltes geleitet.

Dem Mentoring misst Christiane Rumpeltes, die auch für andere Unternehmen und Verwaltungen Mentoren coacht, einen sehr hohen Wert zu: »Es ist ein sehr verantwortungsvolles Instrument der Personalentwicklung. Aber Mentor und Mentorin müssen sich dessen bewusst sein und ihre Arbeitsbeziehung reflektieren.« Dem dient ein zweitägiger Workshop, den sie in drei Schwerpunkte untergliedert hat:

1. **Reflexion der Rolle:** Mentor sein ist eine andere Rolle als Vorgesetzter sein. Aufgrund seiner größeren Erfahrung und anderen Aufgabe übernimmt der Mentor eine führende Rolle im Mentoring. Er ist derjenige, der überlegt, wie er den Mentoring-Prozess über drei Jahre hinweg gestalten und fruchtbar machen kann. Und er ist Berater bei möglichen Konflikten, die der oder die Mentee im Laufe der Zeit in ihrem beruflichen Umfeld hat.

2. **Strategie/Struktur/Kultur:** Mentor und Mentee sollten Spielregeln und Vereinbarungen darüber treffen, wie sie das Mentoring gestalten wollen. Jedes Tandem entwickelt so seine spezielle »Mentoring-Kultur«, die bestimmt, wie verbindlich und intensiv das Mentoring gehandhabt wird. Auch mögliche Abhängigkeiten, die im Mentoring entstehen können, die Gestaltung der Arbeitsbeziehung sowie deren Beendung nach drei Jahren, oder welche (un)bewussten Wünsche Mentoren und Mentees in die Mentoring-Beziehung hineintragen, sind Themen dieses Teils des Mentoren-Trainings.

3. **Coaching:** Ziel dieses dritten Teils ist es, den Mentoren bewusst zu machen, dass sie in der Ausübung dieser Rolle für sich sorgen können: Indem sie sich einen regelmäßigen Erfahrungsaustausch organisieren oder Coaching wahrnehmen. Ihnen soll bewusst werden, dass die Reflexion der eigenen Rolle Bestandteil ihrer Führungsrolle ist (oder sein sollte) und dass es Mittel und Wege gibt, sich für diese Reflexion Unterstützung von außen zu holen.

»Eine gute Führungskraft muss ihre Rolle ständig reflektieren«, sagt Christiane Rumpeltes, die in Unternehmen und Behörden auch Führungskräftetrainings abhält. Diese Reflexion der verschiedenen Rollen als Mentor, Vorgesetzter und Führungskraft ist deshalb auch das, was die Mentoren für ihren eigenen beruflichen Weg aus dem Training mitnehmen können.

Ein anspruchsvoller Workshop, darüber ist sich Christiane Rumpeltes im Klaren. Der erste Teil, in dem die Mentoren ihre Rolle reflektieren, wird ihrer Erfahrung nach meist gut angenommen. Die anderen beiden Bausteine sind für die Teilnehmer in der Regel neue Erfahrungen, weil es um die Neuorganisation einer weiteren Arbeitsbeziehung geht, für die verbindliche Strukturen erst entwickelt werden müssen. »Es braucht Zeit, bis das angenommen und umgesetzt wird«, weiß Christiane Rumpeltes.

Da ein einmaliges Training den Reflexionsprozess nur anregen kann, haben die Mentoren darüber hinaus Gelegenheit, die Themen in jährlichen Prozessbegleitungstagen »Mentoring« zu vertiefen.

Zur Halbzeit des Mentoring-Programmes findet eine Zwischenbilanz für Mentees und Mentoren statt. Darin können sie ihre Erfahrungen über das Mentoring austauschen und eigene berufliche Fragen oder Probleme unter der professionellen Begleitung von Christiane Rumpeltes bearbeiten.

▪ *Ergebnisse für die Verwaltung*

Da das Mentoring-Programm relativ jung ist, gibt es noch kein endgültiges Fazit. Am Ende der ersten Runde, also 2002, soll es evaluiert werden. »Das Programm scheint akzeptiert zu werden«, meint Udo Winzek-Ohlsen vorsichtig, der im Innenministerium dafür verantwortlich ist. »Es gab keinen Aufschrei, keinen deutlichen Widerstand bei den Vorgesetzten der Mentees.« Und: »Die Ergebnisse hängen sehr stark von der Erwartungshaltung der Mentees und Mentoren ab. Manche nehmen das sehr ernst und haben einen intensiven Austausch. Andere haben eine eher lose Verbindung.«

**Mentoring in der Praxis:
Befragung von Mentees**

Von den 16 Mentees der zweiten Runde beteiligten sich neun an einer freiwilligen anonymen Frageaktion für dieses Buch – was selbstverständlich nur als Eindruck vom Programm, nicht als Auswertung verstanden werden kann. Von den meisten Teilnehmern wurde das Programm überwiegend positiv bewertet. Nur zwei betrachteten Mentoring skeptisch: Einer hielt es für »nicht nötig, auch wenn es im Einzelfall hilfreich sein kann. Aufgaben des Mentors wären an sich Aufgaben des Vorgesetzten.« Ein anderer meinte, dass »einige der gesetzten Ziele wie etwa Karriereförderung oftmals zu hoch gegriffen sind«. Es sei Glückssache, ob der Mentor helfen könne. Fragen zur Organisation und Struktur des Innenministeriums müssten auch von Kollegen zu beantworten sein. Positive Stimmen zu dem Programm urteilten: »In jedem Fall sinnvoll – Voraussetzung ist allerdings, dass der Mentor seinen Job ernst nimmt.« »Wirkungsvoll – aber bitte nicht überbewerten.« »Auf jeden Fall wirkungsvoll.« »Wirkungsvoll, Voraussetzung: der Mentor meldet sich freiwillig.«

Welchen Nutzen zogen die neun Teilnehmer aus dem Programm?

• **Themen aus dem beruflichen Alltag:** Hier lauteten die Beurteilungen: »Fachlich viel gelernt.« – »Aktuelle Situation besprochen, wie ich eine Besprechung organisiere, wen ich über was informiere. Ich bin an Gespräche anders herangegangen.« – »Berufliche Alltagsfragen mit Vorgesetzten und Kollegen eingebracht.« – »Tägliche Arbeitsbelastung und deren Bewältigung besprochen. Wie kann Zeiteinteilung bei Stoßgeschäft funktionieren.«

• **Informelle Regeln/Netzwerk:** »Strukturen und Regeln werden schneller deutlich.« – »Informationsbeschaffung und interne Netzwerke besprochen.« – »Ich wurde von meinem Mentor dazu angehalten, mir mein eigenes Netzwerk zu schaffen, das ist mir bisher nur bedingt gelungen.« – »Wissen über Organisation erweitert.« – »Unterstützte mich bei anderen in einem Anliegen.« – »Wir besprachen, wen mein Mentor mir vorstellen und wo er mich einführen kann.« – »Bedeutung von Netzwerken und Seilschaften erkannt.« – »Behördenbesichtigung, Strukturen kennen gelernt.«

- **Weitere Kompetenzen:** »Konfliktgespräche besprochen.« – »Die Art meines Mentors, mit Kollegen umzugehen, hat mich beeindruckt, insofern ist er ein Vorbild, an dem ich mich orientieren kann.« – »Gelernt, Situationen vorweg oder im Nachhinein stärker zu reflektieren.« – »Die Gespräche stellten eine Absicherung für mich dar, in Bereichen, in denen ich hinsichtlich meines Verhaltens unsicher war.« – »Ansprechpartner neben dem eigenen Vorgesetzten.«

Bemängelt wurde von einigen Teilnehmern, dass Karriereberatung kaum stattgefunden habe. In zwei Fällen war der Mentor zugleich auch der Vorgesetzte, was von den betreffenden Mentees nicht als expliziter Nachteil, aber als Einschränkung empfunden wurde:»Einige Themen brachte ich daher nicht zur Sprache – wäre der Zusammenarbeit nicht zuträglich.«

Eine Begleitung auf Meetings fand in drei Fällen statt. In zweien davon war allerdings der Mentor der Vorgesetzte und der oder die Mentee hätte ihn sowieso auf diesen Termin begleitet. In einem Fall konnte eine Mentee ihren Mentor auf eine Sitzung begleiten und sich informieren, wie das Tagesgeschäft in anderen Behörden aussieht.

Die Chemie muss stimmen

Die Auswertung dieser Antworten bestätigen die Erfahrung aus anderen Programmen: Der Erfolg des Mentoring hängt weitgehend von den Beteiligten selbst ab. Wenn die Chemie stimmt, Mentor und Mentee darin einen Sinn sehen und sich engagieren, dann kann der Erfahrungsaustausch viel bringen. Umgekehrt versandet die Aktion und bleibt ergebnislos.

Wichtig ist aber, welche und wie viele Informationen die Teilnehmer vorab über die Möglichkeiten bekommen, die Mentoring bietet. Notwendige Voraussetzung ist weiterhin, dass mit der Einführung solcher Mentoring-Programme ein neues Bewusstsein bei den Führungskräften entsteht und im Rahmen einer »sich wandelnden Verwaltungskultur« eine Akzeptanz für dieses Personalentwicklungsinstrument gefördert wird, so Udo Winzek-Ohlsen.

Unterschiede zwischen Unternehmen und Verwaltungen

Vor allem beim Thema Karriereförderung gibt es Unterschiede zwischen Mentoring-Programmen in Verwaltungen beziehungsweise Behörden und in Unternehmen. In Behörden sind Karriereschritte sehr viel stärker durch Regelungen und Vorgaben der Hierarchie gesteuert als in Unternehmen. In der Wirtschaft sind schnelle Karriereverläufe durchaus üblich, in der Verwaltung eher die Ausnahme. Auch das Engagement der Mentoren in der Verwaltung schätzt Udo Winzek-Ohlsen anders ein: Der Erfolg der Mentee ist in Unternehmen auch ein eigener Erfolg und hat eine Bedeutung für das Image der Mentoren. Das muss sich in der Verwaltung seiner Erfahrung nach erst langsam entwickeln.

Mentoring in der Praxis – Aus der Sicht von Mentoren

Im Landkreis Goslar wurde im Rahmen des EU-geförderten Mentoring-Programms des Stephansstift in Hannover (siehe Seite 98) ein halbjähriges Mentoring-Programm für 15 angehende Führungskräfte angeboten. Es richtete sich sowohl an Männer als auch an Frauen. Wolfgang Weber, Kreisamtsrat und Leiter des Rechnungsprüfungsamtes des Landkreises Goslar, und Michael Deike, stellvertretender Amtsleiter Finanzwesen, nahmen als Mentoren an diesem Programm im Landkreis Goslar teil.

**■ Was war Ihre Motivation, als Mentoren
an dem Programm teilzunehmen?**

Wolfgang Weber: »Die Mentees wurden gefragt, wen sie als Mentor haben wollten und einer hat mich genannt. Dass da jemand war, der von mir lernen wollte, hat mich bewogen mitzumachen.«

Michael Deike: »Während der Ausbildungszeit habe ich mich oft geärgert, dass bestimmte Dinge zu kurz kamen. Die Personalentwicklung war nicht so ausgeprägt, es kümmerte sich niemand darum. Erst danach wurde das systematisch aufgebaut. Ich habe deshalb sofort zugesagt, als ich gefragt wurde. Ich dachte mir auch, dass mir die Workshops und Seminare was bringen.«

**■ Über welche Themen habe Sie mit Ihren Mentees
gesprochen?**

Wolfgang Weber: »Ich kannte meinen Mentee bereits aus früheren Zeiten, er hatte während seiner Ausbildung eine Zeit lang bei mir gearbeitet. Mittlerweile bekleidet er eine Führungsposition im Straßenverkehrsamt, die ich selbst vor Jahren innehatte – und deren Aufgabenstellung und Probleme mir natürlich noch gut bekannt sind.

Wir haben viel über Führung gesprochen, wie der Job eines Vorgesetzten ausgefüllt werden kann. Es war interessant, wie wenig sich in den Jahren verändert hat. Wichtig war mir, dass mein Mentee sich nicht genötigt fühlte, in meine Fußstapfen treten zu müssen. Natürlich besteht eine gewisse Verführung, ihn zu beeinflussen. Ich kenne ja die Abteilung und ihre Mitarbeiter mit all ihren Besonderheiten noch gut. Aber ich habe mir auch immer wieder auf die Zunge gebissen und manche Bemerkungen verkniffen, vor allem, wenn es um die Mitarbeiter ging. Er muss seine eigenen Erfahrungen mit den Leuten machen.

Thema war außerdem das Projekt meines Mentees. Er hatte sich vorgenommen, die Mitarbeitergespräche in seinem Bereich zu institutionalisieren. Es war dafür gut, dass wir nicht in einem hierarchischen Bezug zueinander stehen. Man berät als Mentor schon viel freier und losgelöst von anderen Überlegungen. Wenn man Vorgesetzter ist, überlegt man natürlich: Was hat das Projekt für Auswirkungen auf meine Arbeit, was kommt da an Arbeitsaufwand auf mich zu?«

Michael Deike: »Ich kannte meine Mentee bereits. Sie ist eine erfahrene Mitarbeiterin, die schon selbst weiß, wo es langgeht. Wir sprachen über ihren Berufsalltag und das Projekt, das sie auszuführen hatte. Ihre Karriereplanung war weniger das Thema, da hatte sie bereits ziemlich klare Vorstellungen. Sie strebt eine Führungsposition an. Wir sprachen aber darüber, wie man eine Führungsposition mit Teilzeitarbeit vereinbaren kann. Ich habe sie darin bestärkt, dass das möglich ist, dass man das in Unternehmen sehen kann. Die Umsetzung braucht aber noch viel Überzeugungsarbeit.

Bezüglich des Netzwerks konnte ich nicht viel für sie tun, da sie länger beim Landkreis arbeitet als ich und bekannt ist in der Behörde. Man kennt sich hier sowieso, der Netzwerkgedanke stand nicht im Vordergrund.«

■ Wie zeitaufwendig war das Mentoring für Sie?

Wolfgang Weber: »Wir haben uns in dem halben Jahr insgesamt dreimal zu einem ›eigentlichen‹ Mentoring-Gespräch getroffen und dann intensiv etwa zwei Stunden lang miteinander geredet. Ansonsten waren die Begegnungen spontan. Man trifft sich in der Verwaltung, bei rund 600 Mitarbeitern kennt jeder jeden. Wir sind nach Sitzungen Kaffee trinken gegangen oder haben telefoniert. Ich habe meinem Mentee gesagt, dass ich jederzeit ansprechbar bin und er steuern soll, wie oft wir uns sehen.

Der Kontakt besteht auch jetzt noch fort. Ich will weiterhin als Ansprechpartner zur Verfügung stehen, wenn es Probleme oder Fragen für meinen Mentee gibt. Mentoring ist eine langfristige Angelegenheit. Das hört ja nicht plötzlich wieder auf.

Für den Rest meiner beruflichen Laufbahn wird er mein Schützling bleiben. Deshalb halte ich auch nur eine begrenzte Anzahl von Mentees pro Mentor für verkraftbar. Wenn in ein paar Jahren wieder Führungskräfte im Landkreis Goslar qualifiziert werden sollen, kann ich mir vorstellen, wieder Mentor zu werden. Mentoring ist eine gute Sache, aber man muss Zeit investieren.«

Michael Deike: »Wir haben uns fünf- oder sechsmal in dem halben Jahr getroffen, zwischendurch auch miteinander telefoniert. Ich habe es nicht als zeitaufwendig empfunden. Die zusätzliche Belastung war viel geringer als erwartet. Ich habe mir meine Arbeit so organisiert, dass ich Freiräume dafür habe. Der Kontakt zur Mentee besteht übrigens immer noch.«

▨ *Haben Sie selbst etwas dazugelernt?*

Wolfgang Weber: »Aktives Zuhören war keine neue Erkenntnis oder Kompetenz, aber das Mentoring war eine gute Übung dafür. Neu waren für mich Kenntnisse über das Coaching, die in Workshops im Stephansstift vermittelt wurden. Die waren interessant und hilfreich. Außerdem traf man dort die anderen Mentoren und konnte sich austauschen. Erst saß man da und fragte sich, was das Ganze bringen soll. Aber durch geschickte Moderation kamen dann doch immer wieder Fragen auf, die interessant waren. Ein häufig diskutiertes Thema war, wie sehr einzelne Mentees mit ihren Projekten ins Rampenlicht treten dürfen. Meine Ansicht ist: Wer sich ein besonderes Projekt sucht, mit dem er dann auch später stärker wahrgenommen wird, der soll dann auch den Erfolg ernten dürfen. Andere Mentoren fanden, das Projekt sollte eher Übungscharakter haben und alle Mentees in gleicher Weise präsentiert werden. Trotzdem können sich immer einige besser präsentieren als andere.«

Michael Deike: »Interessant waren die Workshops, in denen die Managementtechniken, kollegiale Führungsmethoden und Coaching Themen waren. Wie kann man Mitarbeiter motivieren, wie kann man partnerschaftlich führen? Vieles davon konnte ich dann im Mentoring umsetzen und ausprobieren. Die Gespräche haben sicherlich auch mein Bewusstsein für Frauenthemen geschärft. In meiner Abteilung habe ich anschließend selbst so eine Art Mentoring für Frauen gemacht, die nach fünf beziehungsweise zehn Jahren Familienpause wieder in den Beruf eingestiegen sind. Ich habe mir mehr Zeit genommen für Gespräche und sie bei der Einarbeitung unterstützt. Ohne das Mentoring und die Workshops hätte ich sicher insgesamt den einen oder anderen Fehler mehr gemacht.

Als Sprecher der Mentoren dieses Programms kann ich sagen, dass es auch bei den anderen Tandems durchwegs positiv verlaufen ist. Wir hatten sogar manchmal den Eindruck, dass es den Mentoren mehr gebracht hat als den Mentees.«

Spezielle Mentoring-Programme

Einige Unternehmen haben spezielle Mentoring-Programme eingerichtet, die sie bei besonderen Zielsetzungen und bei der Betreuung bestimmter Zielgruppen unterstützen sollen. Dabei geht es in erster Linie nicht um die Persönlichkeitsentwicklung des Mentee.

Oft wäre der Begriff Patenschaft angebrachter. Der Mentor unterstützt den oder die Mentee in einer bestimmten Angelegenheit, die im Interesse des Unternehmens liegt und auch, aber nicht vorrangig, im Interesse des Mitarbeiters.

Bei diesen Mentoring-Programmen stehen folgende Zielgruppen im Vordergrund:

• Mitarbeiter, deren spezielles Wissen für das Unternehmen von großer Bedeutung ist und das nicht durch den Ruhestand dieser Mitarbeiter verloren gehen soll, übermitteln ihr Wissen in einer systematisch geplanten Mentoring-Beziehung an einen jüngeren Kollegen.

- Mitarbeiter, die für einige Zeit ins Ausland gegangen sind, sollen bei ihrer Rückkehr unterstützt und in das Unternehmen wieder eingegliedert werden.
- Topmanager werden durch jüngere Mentoren in die Nutzung des Internet eingeführt.

Praxisbeispiel
Wissenstransfer per Kompetenz-Tandems

Die Dornier GmbH, eine Tochtergesellschaft der EADS Deutschland in Friedrichshafen, stellt militärische und zivile Systeme her. Das Unternehmen gehört zu einer Branche, in der gute Kontakte zu Regierungskreisen, Kenntnisse, wie und mit wem man im In- und Ausland Geschäfte abwickelt, und das ganz spezielle Expertenwissen von immenser Bedeutung sind.

Die Dornier GmbH hat deshalb die Idee des Kompetenz-Tandems kreiert: In einem Pilotversuch gab 1999 ein älterer, besonders erfahrener Mitarbeiter sein exklusives Wissen, das der Firma nicht verloren gehen sollte, an eine jüngere Nachwuchs-Führungskraft weiter. Der Ablauf des Projekts wurde genau geplant: In vorher definierten einzelnen Schritten wurde das Know-how übermittelt.

Als großen Erfolg bewertet Personalleiter Michael Suchan das Pilotprojekt: »Die beiden bildeten ein tolles Team. Auch der Ältere hat viel vom jüngeren Mitarbeiter gelernt. Nicht nur hard facts wurden ausgetauscht, auch soft facts, wie soziale Kompetenzen, trainiert.« Die Zusammenarbeit habe beide Mitarbeiter motiviert: den Jüngeren, weil er sich exklusives Wissen aneignen konnte. Und auch den Älteren, dem es Spaß gemacht habe, sein Wissen strukturiert weiterzugeben: »Der hat Nächte damit verbracht, sein Wissen aufzubereiten und weiterzugeben. Und das mit Begeisterung«, meint Suchan.

Das Tandem wurde von einem externen Berater begleitet. »Das Projekt ist sehr fokussiert auf die beiden Personen, so etwas kann man nicht flächendeckend anbieten«, so Suchan.

»Das ist eine sehr aufwendige Variante und kann nur in speziellen Fällen organisiert werden.« Deshalb wird es ausschließlich in Bereichen installiert, in denen der Erfolg in hohem Maß vom Wissen der Führungskräfte abhängt. »Wo ein riesiges Problem entstünde, wenn diese Mitarbeiter plötzlich weg wären.«

Weil sich das erste Kompetenz-Tandem bewährte, hat Dornier inzwischen zwei weitere Tandems installiert. »Wir bauen das Stück für Stück auf und sehen, wie viel wir verkraften können«, ist Suchans behutsamer Plan. Diese beiden Tandems werden von einem internen Berater gecoacht. Wenn sich die Tandems auch in Zukunft als erfolgreich erweisen, will Suchan diese Art des Wissensmanagements weiter ausbauen. Das Interesse der Mitarbeiter daran bestünde durchaus.

Praxisbeispiel
Mentee im Ausland

Mitarbeiter ins Ausland zu schicken, ist für Unternehmen oft leichter planbar, als sie nach einem Auslandsaufenthalt wieder einzugliedern. Der Mitarbeiter muss sich erst neu im Unternehmen orientieren, unter Umständen neue Strukturen durchschauen und seine Netzwerke und »Verbündeten« reaktivieren. Der Prozess lässt sich erleichtern, wenn man in der Heimat auch während der Auslandszeit einen Ansprechpartner hat, der einen auf dem Laufenden hält, seine Interessen vertritt und dann bei der Wiedereingliederung hilft. Deshalb unterstützen manche Unternehmen diesen Eingliederungsprozess durch ein langfristiges Mentoring-Modell.

Die Robert Bosch GmbH beispielsweise legt großen Wert auf einen zeitlich begrenzten Auslandseinsatz ihrer Führungskräfte. Weltweit befanden sich im Jahr 2000 etwa 1400 so genannte Expatriots im Ausland im Einsatz. Davon kamen 800 aus Deutschland, erläutert Wolfgang Neumeier, Leiter des Referats Internationale Versetzungen in der Zentralabteilung Mitarbeiter. Wird der Auslandseinsatz einer Führungskraft geplant, dann kann sie sich einen Mentor aussuchen, der mindestens zwei Hierarchiestufen über ihr angesiedelt ist und möglichst selbst Auslandserfahrung hat. Der Mentor wird dann bereits in die Auswahl des Einsatzortes und der dortigen Funktion der Führungskraft miteinbezogen. Anschließend wirkt er daran mit, die Vertragsbedingungen für den betreffenden Mitarbeiter zu fixieren und hilft, dessen Auslandsgehalt zu berechnen. Neben dem Vorgesetzten des Mitarbeiters und der Personalabteilung stellt er quasi eine weitere Instanz dar, die zwischen Unternehmens- und Mitarbeiterinteressen vermitteln kann.

Ist der Mitarbeiter dann im Ausland, hält er mit seinem Mentor per Telefon oder E-Mail regelmäßig Kontakt und kann Themen besprechen, die er bei seinem dortigen Vorgesetzten nicht vorbringen will. Der Mentor hält sich auf dem Laufenden, wie sich der Mentee entwickelt, was er bearbeitet, erreicht und durchsetzt.

Seine Einschätzung des Mentee ist gewünscht bei der so genannten »Entwicklungs-Durchsprache«, die einmal im Jahr bei Bosch stattfindet. Dabei wird besprochen, welche Potenziale die Expatriots haben, wie sie sich entwickeln und wie und wo sie künftig eingesetzt werden können. Dazu gibt natürlich der Vorgesetzte des Mentee im Ausland sein Urteil ab. Aber auch der Mentor redet dabei mit, der die Entwicklung quasi von außen verfolgt hat und vom Mentee weiß, wie dieser selbst seine Situation und Entwicklung einschätzt. Auch bei der jährlichen Einkommensanpassung wird der Mentor um seine Meinung befragt.

Die größte Rolle spielt der Mentor, wenn der oder die Mentee nach einigen Jahren aus dem Ausland zurückkehrt und wieder im Unternehmen eingegliedert werden soll. Während Mitarbeiter vor dem Auslandseinsatz durch ein umfangreiches Programm inhaltlich und sprachlich vorbereitet werden, sei es jedes Mal »der spannende Moment, wie die Wiedereingliederung erfolgt«, so Wolfgang Neumeier. Der Mentor habe dabei eine Art Vorrecht auf den Mentee. Wenn er ihn oder sie in seiner Abteilung haben wolle, dann habe er Vorrang. Ansonsten unterstützt er den Mentee dabei, im Unternehmen wieder eine adäquate Stellung zu finden und sich nach den Jahren im Ausland in die Strukturen und Abläufe einzuleben.

»Dieses Mentoring-Konzept hat sich sehr bewährt«, meint Wolfgang Neumeier. Der Ablauf ist in allen Ländern, in denen Bosch vertreten ist und Mitarbeiter ins jeweilige Ausland schickt, der gleiche. »Es gibt zwar keine Kriterien, anhand derer man den Erfolg des Mentoring messen kann. Aber es wird von allen Seiten, besonders auch von den Mitarbeitern, positiv bewertet, dass Entscheidungen auf mehrere Schultern verteilt sind.«

Die persönliche Entwicklung der Mentees wird in diesem Mentoring-Prozess absichtlich nicht hochgehängt, meint Wolfgang Neumeier: »Die Zeit im Ausland ist sowieso für die meisten Führungskräfte ein riesiger Entwicklungsprozess, in dem sie sehr viel lernen und den sie im Nachhinein oft als ihre wichtigste Etappe betrachten. Der Mentor ist der Begleiter in der Ferne, der je nach Wunsch der Mentees häufiger oder seltener konsultiert werden kann.«

Praxisbeispiel
Mentoring für die Chefs

Jack Welch, Boss von General Electric, erzählte in einem Interview in der Zeitschrift *Fortune* im Mai 2000, der Vorsitzende eines Versicherungsunternehmens habe immer wieder von seinem »Mentor« gesprochen. »Wofür brauchen Sie einen Mentor?«, habe er ihn gefragt. Die Antwort fand er so einleuchtend, dass er die Idee sofort bei GE umsetzte: Etwa 1000 älteren Führungskräften stellte man junge Mentoren an die Seite, von denen sie in die höheren Weihen des Internet eingeführt werden. Was für junge Leute selbstverständlich ist, die Arbeit mit und im Internet, ist für die Älteren oft noch ein Buch mit sieben Siegeln. Mentoring einmal anders herum: »Jung« lehrt »Alt«.

Mentoring in der Zukunft

Nach Erfahrung des amerikanischen Mentoring-Experten Gordon F. Shea, der Unternehmen bei der Einführung von Mentoring-Programmen berät, haben viele Firmen in den USA Mentoring längst in ihr soziales Gefüge integriert und zu einem festen Bestandteil ihrer Unternehmenskultur gemacht. Seiner Ansicht nach wird Mentoring dort auch in Zukunft für Firmen hohe Priorität haben. Das begründete er gegenüber der Autorin so:

1. Mentoring ist für Leute, die guten Kontakt zu sich und anderen haben, völlig natürlich und selbstverständlich.

2. Ein gut konzipiertes Programm in einem Unternehmen belastet weder die Teilnehmer noch das Management besonders.

3. Geübte Mentoren werden viele Gelegenheiten und Situationen erkennen, in denen sie über das Mentoring hinaus Mitarbeiter unterstützen können.

4. Geübte Mentees suchen von sich aus nach Mentoren, wo sie sie brauchen.

5. Die Wirkung des Mentoring endet für den Mentee nicht mit Abschluss der Mentoring-Beziehung. Manche Lernerfahrungen entfalten unter Umständen erst Jahre später ihre volle Wirkung.

6. Training innerhalb von Mentoring-Programmen unterstützt ganz allgemein Kooperation und Wissensaustausch im Unternehmen und trägt dazu bei, geistiges Kapital zu bewahren.

7. Mentoring unterstützt viele andere Aktivitäten, wie etwa Teambuilding, die Orientierung neuer Mitarbeiter, die Suche nach Mitarbeitern in einem knappen Arbeitsmarkt usw.

Jack Welch selbst hatte eine junge Mentorin, die anschließend die GE Corporate Website verantwortete. Mentorenamt mit Karrierepush. Der Nutzen für das Unternehmen liegt darin, dass beide Seiten profitieren: Die Älteren lernen, sich auf neuen Kommunikationswegen zu orientieren. Die Jüngeren erweitern ihr Netzwerk und können Anerkennung gewinnen, was unter Umständen ihre eigene Karriere beschleunigt.

4 Mentoring für künftige Managerinnen

Viele Unternehmen setzen Mentoring dazu ein, um die Gleichstellung von Frauen voranzubringen, besonders in Führungspositionen. Dass dort Frauen immer noch eine Ausnahmeerscheinung sind, ist seit Jahrzehnten Thema – und wird es wohl auch noch einige Zeit bleiben.

Die Zahlen (siehe Kasten unten) belegen, dass Frauen nicht gerade dabei sind, massenweise in die Führungsetagen zu wechseln – wie es manchem angesichts der hier vorgestellten Programme vielleicht erscheinen mag.

Trotz gleicher, oft nach Noten besserer Ausbildung gelingt es den Frauen erst ganz allmählich, den Weg nach oben zu machen.

Frauen auf dem Vormarsch?

Eine Vergleichsanalyse des Hoppenstedt Verlages von Anfang 2000 zeigte, dass der Anteil weiblicher Manager bei Großunternehmen in der Zeit von 1995 bis 1999 von 4,8 Prozent auf 6,4 Prozent gestiegen ist. Verbände und Behörden haben mit 12,5 Prozent den höchsten Frauenanteil in der Managerebene. Bei mittelständischen Unternehmen dagegen sank der Anteil von Managerinnen von 11 Prozent 1995 auf 10,8 Prozent 1999. Insgesamt, alle 150 000 bei Hoppenstedt registrierten deutschen Unternehmen, Verbände und Behörden zusammengenommen, stieg der Frauenanteil um geringfügige 1 Prozent, ganz genau von 8,17 Prozent 1995 auf 9,20 Prozent.

Warum sind so wenig Frauen in Führungspositionen?

Frauen haben ein anderes Karrieremuster als Männer – trotz aller rechtlichen Gleichstellung und zahlenmäßig gleicher Berufseinstiege sind sie in Führungspositionen nach wie vor unterrepräsentiert und bleiben irgendwo auf dem Weg dorthin stecken. Das hat verschiedene Gründe:

1. **Fehlende Netzwerke:** Frauen fehlt aufgrund ihrer meist zuarbeitenden Tätigkeiten oder ihrer Positionen in unteren Führungsebenen der Zugang zu entscheidenden Netzwerken, innerhalb derer höhere Posten besetzt werden. Seit einigen Jahren haben Frauen das erkannt und intensiv Frauennetzwerke auf die Beine gestellt. Dennoch fehlt ihnen meist noch der Link in männlich dominierte Netzwerke der Chefetagen.

2. **Die gläserne Decke:** Unter diesem Begriff werden unausgesprochene Rollenzuschreibungen, Werte, Rituale und Normen zusammengefasst, die als unsichtbare Barrieren verhindern, dass Frauen, quasi durch die gläserne Decke hindurch, in hohe Führungspositionen aufsteigen. Das können bewusste, aber unausgesprochene Vorurteile gegenüber Frauen sein, aber auch unbewusste Einstellungen gegenüber den Fähigkeiten oder Karrieremöglichkeiten von Frauen. Ausbleibende Karriereschritte werden an anderen, scheinbar offensichtlichen Fakten festgemacht, die aber tatsächlich von diesen unausgesprochenen, oft unbewussten Faktoren beeinflusst werden. Die Ebene, auf der weibliche Karrieren stecken bleiben, wird deshalb auch als »Lähmschicht« bezeichnet.

3. **Karriereverläufe:** Frauen sind oft in zuarbeitenden Positionen beschäftigt. Karrieren ergeben sich aber vor allem aus Positionen, die im Tagesgeschäft angesiedelt sind. Führungsnachwuchs wird im Unternehmen meist systematisch in wech-

selnden Aufgaben von unten aufgebaut, Verantwortung und Mitarbeiterzahl wächst von Stufe zu Stufe. Wer nicht in dieser Führungskräfteauswahl drin ist, hat geringere Chancen auf Aufstieg. Frauen streben diese Startposition weniger bewusst an als Männer, legen mehr Wert auf Inhalte und sind an Macht nicht so stark interessiert. Für sie sind interessante Inhalte und Macht eher Widersprüche.

4. **Kindererziehung:** Mütter kümmern sich mehr als Väter um die Kindererziehung. Die Familiengründung erweist sich deshalb für sie oft als berufliche Sackgasse. Wegen der Geburt ihres Kindes unterbrechen viele Frauen ihren Beruf für mehrere Jahre Erziehungszeit. Sie fällt meist genau in die berufliche Phase, in der entscheidende Weichen gestellt werden. Männer dagegen stehen meist ohne zeitliche Unterbrechung für ihren Beruf zur Verfügung, auch wenn sie eine Familie gründen.

5. **Gesellschaftliche Rollenverteilung:** Die gängige Rollenverteilung – Frau erzieht Kinder, Mann verdient das Geld – wird unterstützt von der Tatsache, dass Frauen häufig in schlecht bezahlten Berufen tätig sind, mit denen sie das Familieneinkommen nicht erwirtschaften können. Eine Rolle spielt auch, dass viele Frauen immer noch glauben, sie würden ihr Kind vernachlässigen, wenn sie es in den ersten Jahren nicht rund um die Uhr selbst betreuen. Umgekehrt sehen Frauen die Zeit mit Kindern eher als Männer als eine wertvolle Phase, die sie nicht missen wollen, und stecken freiwillig beruflich zurück.

6. **Fehlende Rahmenbedingungen:** Kindergartenplätze sind in der Regel Halbtagsplätze. Ganztagsbetreuung oder Hausaufgabenbetreuung nach der Schule ist in Deutschland noch nicht sehr verbreitet. Private Kinderbetreuung ist teuer, allerdings für Frauen in Führungspositionen immerhin erschwinglich. Nicht familienfreundlich ist auch, dass anspruchsvolle Führungspositionen nur selten in Teilzeitjobs ausgeübt werden können.

Einige Unternehmen erkennen diese schwierigere Ausgangsposition, die Frauen auf dem Weg in die Chefetagen haben. Beauftragte für Chancengleichheit oder Personalabteilungen suchen nach Wegen, die Frauen verstärkt in Führungspositionen bringen beziehungsweise eine Vereinbarkeit von Beruf und Familie ermöglichen. In dem Zusammenhang wurde Mentoring als spezielle Maßnahme zur Entwicklung von Frauen als Führungskräfte entdeckt.

Warum gerade Mentoring?

Es gibt mehrere Gründe, weshalb gerade Mentoring sehr geeignet ist, Gleichstellung von Frauen in Führungspositionen anzustreben:

■ Weg vom »defizitären Ansatz«

Viele Maßnahmen für Frauen wirken nach außen so, als »fehle« den Frauen etwas, weshalb sie noch nicht in Führungspositionen gelangt sind. Deshalb wurden in den letzten Jahren spezielle Frauen-Trainings angeboten, um angebliche Defizite auszugleichen. Oft werden sie von den Frauen aber nicht angenommen: Sie wollen nicht gefördert werden, weil sie Frauen sind, sondern weil sie gut sind.

Mentoring bietet da einen neuen Ansatz, so Nadja Tschirner vom Deutschen Jugendinstitut: »Die Kompetenz von Frauen wird sichtbar gemacht. Damit lassen sich auch die jungen Frauen gewinnen. Ihnen wird nicht mehr gesagt: ›Euch fehlt noch was, ihr müsst jetzt gefördert werden!‹ Sondern: ›Ihr seid gut und andere sollen das sehen‹. Das kommt gut an.«

Und wie Männer auch, müssen sie eben bestimmte Dinge lernen, wenn sie Führungskräfte werden wollen. Kommen Frauen dann in Führungspositionen, so wissen sie, dass sie diese Position erreicht haben, weil sie gut sind und nicht weil sie zufällig als »Quotenfrau« ausgewählt wurden.

▓ Männer werden einbezogen

Der zweite neue Aspekt am Mentoring ist, dass Männer mit einbezogen werden und Mentoring in Unternehmen kein exklusives Frauenprogramm ist. Mentoren in unternehmensinternen Programmen sind meist Männer – eben weil es in Führungspositionen noch nicht besonders viele Frauen gibt. Nadja Tschirner sieht das als weiteren großen Vorteil von Mentoring: »Zum ersten Mal greift ein Konzept zur Chancengleichheit von Frauen, bei dem Männer mitmachen können und das in einer positiven Rolle. Man kann sie dafür gewinnen, weil sie auch ein Stück weit geschmeichelt sind, dass sie daran beteiligt werden.«

▓ Mentoren lernen am Beispiel der Mentee

Umgekehrt können männliche Mentoren am Beispiel ihrer Mentees etwas über die Besonderheiten von weiblichen Karrieren lernen. Nun mögen Mentoren, die bereit sind, an Gleichstellungsprogrammen mitzuwirken, bereits aufgeschlossen sein. Aber auch sie werden in der direkten Begegnung unter Umständen mit eigenen unbewussten Einstellungen und Werten konfrontiert. Außerdem bekommen sie aus der Nähe mit, welchen Benachteiligungen Frauen möglicherweise begegnen.

Durch ihr Beispiel tragen Männer selbst den Gedanken der Chancengleichheit weiter. Männliche Führungskräfte, bei denen Appelle und Erklärungen aus Frauenmund auf taube Ohren stoßen mögen, können durch das Vorbild eines gleichrangigen Kollegen durchaus ins Nachdenken kommen oder zur Diskussion angeregt werden.

▓ Netzwerke von Männern für Frauen öffnen

Mentoring ist außerdem ein gutes Instrument, um männliche Netzwerke für Frauen zugänglich zu machen. Der Mentor kann seine Mentee mit Strukturen und Spielregeln vertraut machen und ihr Kontakte vermitteln. Einer einzelnen Frau, die man für gut hält, ist man eher bereit, Türen zu öffnen. Diese persönliche

Kontaktvermittlung ist auch für alle Seiten leichter akzeptabel: Frauen werden von Männern in deren Kreisen eher akzeptiert, wenn sie von anderen Männern dort eingeführt wurden.

Unmittelbare Karriereeffekte dürfen von Mentoring-Programmen nicht erwartet werden. Es mag durchaus vorkommen, dass Mentees den Bereich im Unternehmen wechseln oder über Vermittlung ihres Mentors eine höhere Position bekommen. Das sind Ausnahmefälle. Die Mentoring-Beraterin Christa van Winsen warnt vor zu viel Euphorie: »Bei Frauen sind oft sehr viele Hoffnungen mit solchen Programmen verbunden. Sie sind so oft an ihrem Vorgesetzten oder am Klima gescheitert und haben jetzt die Hoffnung, dass sich mit dem Mentor und dessen Macht und Einfluss alles ändert und sie endlich die Glasdecke durchstoßen. So ist es aber nicht. Der Aufstieg hängt auch vom Vorgesetzten und anderen Faktoren ab.« Ziel des Mentoring ist es, die Kompetenz und das Selbstbewusstsein von Frauen zu stärken, sie in Führungskreise einzuführen und im Unternehmen zu exponieren und sie so in die Lage zu versetzen, Führungspositionen auszufüllen und Chancen wahrzunehmen.

Vorteile für Unternehmen

Unternehmen erkennen immer mehr, dass Mentoring-Prozesse nicht nur positive Auswirkungen für die Mentees haben, sondern auch für das Unternehmen insgesamt von Vorteil sind. Neben den bereits erwähnten Vorteilen von Mentoring für Unternehmen ergeben sich noch folgende zusätzlichen Effekte:

- **Nutzung aller personellen Ressourcen im Unternehmen:** Führungspositionen können intern an versierte Frauen vergeben werden, Bewerber müssen nicht von außen gesucht werden.
- **Motivation für qualifizierte Frauen:** Erkennbare Perspektiven auf Führungsaufgaben spornen Mitarbeiterinnen zu mehr Leistung an.

- **Diversity in Führungsteams:** Frauen können neben ihren fachlichen Kompetenzen ihre meist ausgeprägten sozialen Kompetenzen und möglicherweise andere Blickwinkel aus der weiblichen Perspektive einbringen.
- **Imagegewinn:** Das Unternehmen gibt nach außen das Signal, »frauenfreundlich« zu sein. Das kann bewirken, dass sich mehr qualifizierte Frauen bewerben, die dort eine Karriereperspektive sehen. Das wiederum kann ein generell positiveres Image des Unternehmens schaffen.
- **Umfassendere Netzwerke im Unternehmen:** Netzwerke von Männern werden für Frauen zugänglich und durch sie bereichert. Das kommt auch dem Unternehmen zugute. Kommen Frauen in Führungspositionen, haben sie bereits Kontakte und Verbündete, auch unter den Männern.
- **Möglichkeit für flexible Wege:** Für den Einzelfall finden sich mithilfe eines einflussreichen Mentors eher Möglichkeiten und Wege, nicht nur die Karriere zu fördern, sondern auch zunächst vielleicht unkonventionell anmutende Lösungen für eine Vereinbarkeit von Beruf und Familie zu finden und im Unternehmen durchzusetzen.

Frauenförderung, Gleichstellung, Chancengleichheit, Diversity – meinen alle Begriffe dasselbe?

Von Frauenförderung zu sprechen ist »out«. Denn der Begriff wird oft dahingehend missverstanden, dass Frauen eine spezielle Förderung bräuchten, um Karriere zu machen. So, als seien sie nicht schon gut genug. Gut sind sie, aber es gilt, diese Kompetenz auch sichtbar zu machen – und Barrieren aus dem Weg zu schaffen, die nach wie vor verhindern, dass Frauen nicht eine ihrer Leistung und Kompetenz entsprechende Karriere machen.

Deshalb werden heute die Begriffe Gleichstellung oder Chancengleichheit verwendet. Sie zeigen, dass es um gleiche Chancen für Männer und Frauen geht, die eben nach wie vor nicht bestehen. Die Benachteiligung ist nur subtiler als früher.

Diversity ist noch umfassender und schließt die Gleichstellung von Frauen mit ein: Das englische Wort für »Vielfalt« meint, dass alle verschiedenen Gruppen in einer Organisation, also alle Nationalitäten, Hautfarben, Geschlechter, toleriert und gleich behandelt werden. Ihre oft unterschiedlichen Perspektiven tragen im Unternehmen zu Flexibilität, kreativen Lösungen, Toleranz und Weltoffenheit bei.

Natürlich herrscht nicht nur eitel Sonnenschein bei der Umsetzung von Mentoring-Programmen für weiblichen Führungsnachwuchs. Zwar stoßen sie bei vielen Männern auf positive Resonanz, vielfach aber auch auf Neid und Abwehr, wenn sich nun die männlichen Kollegen ihrerseits benachteiligt fühlen. Das mag im Einzelfall zutreffen, in der Gesamtschau nicht.

Welche Programme finden Sie hier?

In diesem Buch wird exemplarisch dargestellt, wie sich einzelne Frauen-Mentoring-Programme in den letzten Jahren entwickelt haben. Dabei wurden Unternehmen, Verwaltungen oder Behörden ausgewählt, anhand deren Mentoring-Programme folgende Fragen beleuchtet werden können:

- Welche Erfahrungen machen Unternehmen mit Pilotprojekten, wie entwickeln sie sie weiter?
- Wie setzen Unternehmen Mentoring auch als Qualifizierung für Mentoren um?
- Wie verbreiten Großunternehmen Mentoring in ihren Niederlassungen?
- Wie ist es für Mentees, zusätzlich zum Mentoring an einem Projekt zu arbeiten?
- Wie laufen Mentoring-Programme in Verwaltungen beziehungsweise Behörden?
- Welche Unterschiede gibt es zwischen internen und Cross-Mentoring-Programmen?

Außerdem wird anhand von Beispielen gezeigt, wie Mentoring-Prozesse in der Praxis von Mentees und Mentoren gestaltet werden und welche Erfahrungen sie dabei machen.

Ziel ist nicht, einen umfassenden Überblick über existierende Mentoring-Programme zu geben, sondern einige Programme ausführlicher zu beschreiben. Adressen und Ansprechpartner finden Sie im Serviceteil.

Interne Mentoring-Programme in Unternehmen

Praxisbeispiel *Weiterentwicklung von Pilotprojekten*

Das Pilotprojekt der Bosch GmbH startete bereits 1997 am Standort Reutlingen. Es entwickelte sich seitdem von einem sporadischen Mentoring, in dem Gespräche in großem zeitlichem Abstand geführt wurden, zu einem Programm, in dem die Mentoring-Gespräche in regelmäßigen Abständen abgehalten werden. Das Mentoring-Programm richtet sich an Frauen, die mittelfristig für Führungspositionen infrage kommen oder bereits Führungsaufgaben wahrnehmen.

Mentoring war keine neue Idee bei Bosch, sondern bereits ein Bestandteil der Personalpolitik. Alle Angestellten, die einen längeren Auslandsaufenthalt absolvieren, bekommen in Deutschland einen Mentor (siehe Seite 64). Außerdem werden schon seit längerem den Trainees Mentoren zur Seite gestellt.

▨ *Mentees und Mentoren*

Die Zielgruppe des Pilotprojekts wurde anhand des Einkommens definiert: Die erste außertarifliche Gruppe und die obersten zwei Tarifgruppen nach dem geltenden Tarifvertrag wurden angeschrieben, über das Projekt informiert und eingeladen, am Mentoring-Programm teilzunehmen. Die Teilnahme war freiwillig, nicht alle Frauen, die angeschrieben wurden, wollten sich beteiligen. Inzwischen haben rund 50 Frauen teilgenommen.

In der ersten Runde des Programms fand das Mentoring-Gespräch mit einer Führungskraft nur einmal im Jahr statt. Der Workshop mit den Mentees nach der ersten Mentoring-Runde ergab, dass dieser zeitliche Abstand dem Wunsch der Mentees entsprach, so Annette Rüde vom Projekt Frauenförderung in der Zentralabteilung Mitarbeiter der Bosch GmbH. Die Mentees wollten genügend Zeit haben, die Ergebnisse auch umzusetzen beziehungsweise vermittelte Kontakte zu nutzen.

Der relativ lange Zeitraum zwischen den Gesprächen wurde ausgeglichen durch die Unbegrenztheit des Projekts: Mentor und Mentee können ihren Kontakt so lange aufrechterhalten, wie sie wollen. Viele Mentoring-Beziehungen bestehen auch nach drei Jahren noch. »Viele Mentoren haben signalisiert, dass ihre Türen offen stehen und sie mit der Mentee auf Wunsch Gespräche führen würden«, meint Annette Rüde.

Das Matching der Paare ergab sich aus dem Anspruch, dass der oder die Mentor(in) mindestens zwei Hierarchiestufen höher gestellt sein sollte als die Mentee. Außerdem wurde versucht, fachliche Zusammenhänge und auch Wünsche der Mentees zu berücksichtigen.

Die Vorbereitung der Mentees bestand in einem ausführlichen Gespräch mit einem Mitarbeiter der Personalabteilung, in dem die Mentees über das Mentoring informiert und die Ziele und Erwartungen der Mentees besprochen wurden. Diese Gespräche, so Annette Rüde, hätten sich als sehr wichtig erwiesen, um den zukünftigen Mentees die Möglichkeiten des Mentoring deutlich zu machen. Zusätzlich wurde ihnen noch ein Gesprächsleitfaden an die Hand gegeben, um ihnen eine Orientierung zu geben, wie sie das Gespräch mit dem Mentor gestalten könnten.

Die Mentoren, unter ihnen auch zwei Frauen, wurden in einem Workshop auf das Mentoring vorbereitet. Der sei vor allem wichtig gewesen, damit ein einheitliches Verständnis darüber entstehen konnte, was man mit Mentoring bewirken könne und was nicht.

Dadurch wurde auch nach außen eine einheitliche inhaltliche Vermittlung des Projekts gewährleistet. Außerdem konnten die Mentoren gemeinsam erarbeiten, wie sie ihre Rolle definieren wollten.

■ Das Pilotprojekt

Das Reutlinger Pilotprojekt wurde von Anfang an von höchster Führungsebene am Standort unterstützt. Die oberste Geschäftsleitung in Reutlingen stehe Gleichstellungsprojekten sehr aufgeschlossen gegenüber, betont Annette Rüde, und habe sich selbst als Mentoren engagiert. Einige betreuten sogar mehrere Mentees und investierten damit viel Zeit und Engagement in das Projekt.

Dieser Unterstützung von ganz oben sei es wohl auch mit zu verdanken, so Annette Rüde, dass das Mentoring-Projekt auch von Vorgesetzten und Mitarbeitern positiv aufgenommen worden sei. Die Frauen selbst berichteten in ihrem Arbeitsumfeld über das Projekt, unterstützt von ihren Mentoren. Außerdem wurden Informationen über das Programm sowie der Gesprächsleitfaden in das firmeninterne Intranet gestellt, sodass jeder Mitarbeiter sich darüber informieren konnte.

■ Ergebnisse

Welche konkreten Ergebnisse das Mentoring hat, sei schwer objektivierbar, so Annette Rüde. Es habe aber niemanden gegeben, der sich negativ über das Mentoring-Programm geäußert habe.

Das Organisationsteam erhielt viel positive Rückmeldung von beiden Seiten. In einem Fragebogen wurden die Mentees über ihre Einschätzung des Mentoring-Projekts befragt und bewerteten es durch die Bank positiv und hilfreich.

■ *Fortsetzung mit überarbeitetem Konzept*

Aufgrund der positiven Resonanz und des allgemeinen Wunsches, das Mentoring-Programm fortzusetzen, wurde das Mentoring-Konzept überarbeitet und ausgeweitet.

Dieses Konzept wird den einzelnen Standorten des Unternehmens angeboten. Jedes Werk entscheidet selbst, ob es Mentoring für weiblichen Führungskräftenachwuchs einführen möchte oder nicht. In der inhaltlichen Ausgestaltung des Konzepts haben die Werke noch großen Gestaltungsspielraum, die Vorlage wird als Empfehlung gesehen, nicht als umzusetzendes Konzept. Auch über den Umfang eines Mentoring-Programms entscheiden die Werke selbst.

Neu an diesem Konzept ist vor allem, dass eine engere Mentoring-Beziehung zwischen Mentee und Mentor(in) empfohlen wird. Die Gespräche sollen etwa alle sechs bis acht Wochen stattfinden. Da die Mentees bereits selbst Führungskräfte sind, bedeutet das bei zwei Hierarchiestufen Abstand, dass, je nach Größe des Standorts, Abteilungsleiter und Werksleiter als Mentoren infrage kommen. Empfohlen wird den Werken, die Auswahl der Mentees nicht nur auf Angestellte zu beschränken, sondern zum Beispiel auch junge Meisterinnen einzubeziehen.

Praxisbeispiel
Mentoring als kontinuierlicher Verbesserungsprozess

Weil Mentoring noch ein relativ neues Instrument der Personalentwicklung ist, ist es notwendig, dass Unternehmen, die es umsetzen, den Prozess begleiten und kontinuierlich verbessern. Das bedeutet nicht, dass das Pilotprojekt nicht gut lief – aber alle Dinge, die man zum ersten Mal tut, bedürfen aller Erfahrung nach der Verbesserung.

Es dient der Akzeptanz des Mentoring im Unternehmen ebenso wie den Teilnehmern und Teilnehmerinnen am Programm, wenn das Organisationsteam Anregungen aufnimmt, und das Unternehmen Änderungen am Programm als positive Entwicklung ansieht. Bei der Deutschen Telekom AG wird das beispielhaft umgesetzt.

1998 stieg die Telekom in Sachen Mentoring ein und gehört inzwischen zu den Unternehmen, die sich am stärksten auf diesem Gebiet engagieren:

- Mit einem internen, bundesweit angelegten Mentoring-Programm, das als Pilotprojekt 1998 startete und 2001 in die dritte Runde gehen wird.
- Mit der Teilnahme an einem Cross-Mentoring-Programm, das 1998 begann und 2000 in die zweite Runde ging.
- Einige Niederlassungen, zum Beispiel Essen, Flensburg und München, haben regionale Mentoring-Programme in eigener Regie gestartet, manchmal auch unter der Bezeichnung Patenschaft. Die Niederlassung München will sich auch an einem geplanten regionalen Cross-Mentoring Münchner Unternehmen beteiligen.

1992 verabschiedete die Deutsche Telekom ihr Frauenförderkonzept. Der Frauenanteil in Führungspositionen lag damals bei knapp sechs Prozent, bis 1998 ist er nach Angaben des Unternehmens auf 17 Prozent gestiegen. Etwa ein Drittel der Beschäftigten des Unternehmens sind Frauen. Insgesamt setzen sich 31 hauptamtliche Gleichstellungsbeauftragte in den Organisationseinheiten des Unternehmen für die Belange von Frauen ein.

Das Pilotprojekt

Im Oktober 1998 startete das Pilotprojekt für internes Mentoring. Es war bundesweit angelegt, das heißt Frauen aus allen Telekom-Niederlassungen konnten daran teilnehmen. Zehn Mentoring-Tandems wurden gebildet, die sich zwei Jahre lang regelmäßig treffen sollen. 1999 startete eine weitere auf zwei Jahre angelegte Runde von zwölf Tandems. Mit diesen beiden

Gruppen wollte die Telekom Erfahrung mit Mentoring gewinnen, um anschließend zu entscheiden, ob Mentoring für Frauen erfolgreich ist und fortgesetzt wird. Die Chancen auf eine Fortführung stehen gut.

Nicht zuletzt deshalb, weil beide Runden genutzt wurden, um am Programm kontinuierlich zu feilen, es den Bedürfnissen von Mentees und Mentoren anzupassen und ihm im Unternehmen Akzeptanz zu verschaffen. Fünf Kernbereiche trugen dazu bei.

1. Mentees

In den ersten beiden Runden konnten sich die Mentees für das Programm bewerben oder wurden von ihren Vorgesetzten und den Geschäftsleitungen ihres Betriebes vorgeschlagen. Sie führten Interviews mit der Steuerungsgruppe und wurden nach Qualifikation, Motivation und Potenzial ausgewählt.

Neu in der zweiten Runde ist, dass die Zielgruppe erweitert wurde: Da bemängelt wurde, dass das Programm recht elitär wirke, kommt in der zweiten Runde ein Drittel der Frauen aus dem unteren Führungsbereich. Und nicht nur zukünftige Führungskräfte konnten sich für das Programm bewerben, sondern auch Expertinnen im fachlichen Bereich.

Auch das Auswahlverfahren wurde in der zweiten Runde wesentlich differenzierter: Alle Niederlassungen wurden angeschrieben. Die Frauen konnten sich von sich aus bewerben, aber auch von ihren Vorgesetzten vorgeschlagen werden. 46 Betriebe schickten eine Bewerbung für die zwölf Plätze. Vor Ort gab es sogar noch mehr Interessentinnen, aber die Regelung war, dass jeder Betrieb eine Frau auswählen und für das Programm anmelden konnte.

2. Mentoren

Bei der Auswahl der Mentoren musste nichts verändert werden. Die Mitarbeiterinnen der Projektsteuerungsgruppe sprachen Führungskräfte der Telekom an, um sie zu einer Teilnahme als

Mentoren und Mentorinnen zu gewinnen. »Diejenigen, die letztlich mitgemacht haben, waren schnell überzeugt«, meint Gunna Santjohanser, Gleichstellungsbeauftragte für Bayern und Baden-Württemberg und seit der zweiten Runde verantwortlich für das Mentoring-Programm. Die Mentees können Wünsche hinsichtlich ihrer Mentoren äußern, die dann gezielt angesprochen werden.

Die Mentoren der ersten Runde äußerten den Wunsch, Handwerkszeug an die Hand zu bekommen, mit dem sie die Stärken der Mentees besser erkennen und diese noch nachhaltiger unterstützen könnten. Das hat die Telekom als Anregung genommen, eine Potenzialanalyse in Auftrag zu geben, mit der die Mentees ihre Stärken feststellen können, ohne gleich ein Assessment-Center zu durchlaufen. Die Mentoren bekommen damit quasi eine »Unterlage« in die Hand, mit der sie ihre Mentee gezielter unterstützen können.

3. Einbeziehung der Vorgesetzten

Die jeweiligen Vorgesetzten der Mentees wurden in das Mentoring der ersten Runde kaum mit einbezogen. Im Verlauf stellte sich das dann als Mangel heraus: »Es gab Probleme, die Vorgesetzten waren nicht immer kooperativ«, erklärt Gunna Santjohanser. »Sie waren in dem Programm zu wenig im Blickfeld. Das haben wir als Versäumnis erkannt. Es ist sehr wichtig, dass auch der Vorgesetzte das Programm voll akzeptiert. Er soll die Mentee auch stützen, soll davon überzeugt sein, warum sie eigentlich Mentee ist und muss akzeptieren, dass sie öfter mal nicht da ist. Sie soll dadurch nicht zusätzlich Probleme bekommen.«

Deshalb wurden die Vorgesetzten in der zweiten Runde in die Auswahl der Mentees von Anfang an mit einbezogen und informiert. Sie werden zu den Auftakt-, Halbzeit- und Abschlussveranstaltungen eingeladen. »Auch wenn dann nicht alle kommen konnten, die Geste zählt«, ist Gunna Santjohansers Erfahrung.

4. Trainings und Supervision

Bei der ersten Runde wurde den Mentoren nach einiger Zeit ein Workshop angeboten, in dem sie im Interviewstil Fragen klären konnten. Dabei ging es hauptsächlich um Verfahrensfragen. Bei der Halbzeitauswertung kam dann heraus, dass noch viele tiefer gehende Fragen offen waren. »Das war zu verbessern«, meint Gunna Santjohanser. »Außerdem sollten auch die Mentoren ein Gruppengefühl bekommen.«

Bei der zweiten Runde wurde den Mentoren eine Gruppensupervision unter professioneller Leitung angeboten, was sehr gut aufgenommen wurde. Die Mentoren hätten miteinander ihre Rolle reflektiert und überlegt, welches Handwerkszeug sie noch gebrauchen könnten. Dabei standen vor allem Fragen zur Rolle und zur Abgrenzung im Vordergrund. Zweifel gab es etwa hinsichtlich der Grenze zwischen persönlichen Informationen und beruflichen Fragen, und wie weit man in persönliche Themen einsteigen könne und solle.

Bei Bedarf wird den Mentoren auch ein spezielles Coaching angeboten. Zweimal im Jahr ist ein Mentoren-Treffen vorgesehen, so viel würden sie schaffen, hatten die Mentoren signalisiert. Damit ist auch bei den Mentoren ein eigener Gruppenprozess entstanden.

Den Mentees wurden außer dem Einführungs-Workshop regelmäßige Supervisionstermine angeboten. Das gab Gelegenheit, mögliche Konflikte in der Beziehung zu erkennen und zu bearbeiten und auch an persönlichen Fragen weiterzuarbeiten, die durch das Mentoring angeregt wurden.

5. Einbeziehung der Personalentwicklung

Das Programm Mentoring für Frauen wurde in der Telekom von den Gleichstellungsbeauftragten initiiert. Eine Projektsteuerungsgruppe, mit externer Unterstützung durch das Managerinnen Kolleg Köln, koordiniert die Umsetzung. Da die Gleichstellungsbeauftragten fachlich nicht Teil der Personal-

entwicklung sind, gab es dort zunächst Informations- und Ab-
stimmungsbedarf.

Bedenken gegen ein reines Frauenprogramm hätten sich
gelegt, meint Gunna Santjohanser. Chancengleichheit sei ein
Teil der Unternehmensstrategie geworden. »Wir arbeiten mittlerweile sehr konstruktiv zusammen«, bewertet sie das heu-
tige Verhältnis.

 ## Mentoring in der Praxis –
Aus der Sicht einer Mentee

Kick für die Persönlichkeit

Jutta Bauer von der Telekom Nürnberg kam aus dem Urlaub zurück und war – für sie etwas überraschend – von ihrem Vorgesetzten für die erste Runde des Mentoring-Programms angemeldet worden. Zuvor hatte sie bei ihm Unzufriedenheit mit
ihrer beruflichen Situation und den Wunsch nach Veränderung
geäußert. Das Mentoring-Programm bot sich als gute Möglichkeit an, berufsbezogen etwas Neues zu lernen und das mit der
aktuellen Tätigkeit zu verbinden.

Ihr Mentor wurde der Niederlassungsleiter der Telekom
Nürnberg. In den folgenden Monaten begleitete sie ihn immer
wieder zu verschiedenen Meetings. Sie konnte sein Verhalten
beobachten und danach mit ihm darüber reden und ihre Eindrücke austauschen. Interessant fand sie, zu sehen, wie sich Informationen auf dem Weg von der obersten Ebene nach unten
verändern. Sie erkannte Zusammenhänge innerhalb der Niederlassung und hatte auf einmal einen ganz anderen Blick auf das
Unternehmen.

In dieser Zeit übernahm Jutta Bauer aufgrund einer Neuorganisation eine leitende Funktion im Marketingbereich. Auch da
unterstützten sie die Mentoring-Gespräche, in die sie aktuelle
Fragen einbringen konnte.

Ebenso hilfreich wie das Mentoring empfand sie die Gruppensupervision der Mentees. Bei diesen Terminen hatten die Mentees die Möglichkeit, Fragen oder Probleme mit einer professionellen Supervisorin zu lösen. »Durch die Themen und Erfahrungen der anderen Mentees kann man viel lernen«, meint Jutta Bauer. Psychologische Themen wie das »innere Team« oder ganz praktische Fragen, wie man sich in bestimmten Kreisen bewegt, trugen ihrer Einschätzung nach zu ihrer persönlichen Weiterentwicklung bei.

In persönlicher Hinsicht profitierte sie am meisten von dem Mentoring-Programm. Ihr ist aufgefallen, dass sich ihre Mitmenschen ihr gegenüber plötzlich anders verhielten, auch im privaten Kreis. Sie werde mehr respektiert und mehr gehört und merke selbst, dass sie deutlicher einen Führungsanspruch erhebe.

An Fasching, erzählt sie, war sie mit Freunden in einer Kneipe, als plötzlich Streit ausbrach. Sie griff ein und schlichtete: »Die Leute haben das ganz selbstverständlich akzeptiert. Das hätte ich früher nicht gemacht. Ich merke selbst, dass ich ein ganz anderes Auftreten habe.«

◾ Ergebnisse

Vier Mentees der ersten Runde können inzwischen konkrete Karriereschritte vorweisen: Eine von ihnen wechselte zu einer Tochtergesellschaft und übernahm dort eine Leitungsposition, drei wechselten die Bereiche. Alle hätten sich durch diesen Prozess persönlich verändert, findet Gunna Santjohanser.

Am Anfang wurde von vielen bemängelt, beim Mentoring zu sehr auf sich selbst gestellt zu sein. Im Nachhinein fanden sie es sehr gut, dass sie selbst die Themen für das Mentoring bestimmen und entscheiden mussten, was wichtig für sie ist. Die Erweiterung der persönlichen Kompetenzen, die neuen Netzwerke und der Austausch unterschiedlicher Erfahrungshorizonte wurden als positive Ergebnisse des Mentoring bewertet.

Mentoring in der Praxis – Aus der Sicht einer Mentee und ihres Mentors

Mentoring mit Karriereeffekt

Auch in München sollte sich ein Mentoring-Paar an dem internen Mentoring-Programm der Telekom AG beteiligen. Der Leiter der Kundenniederlassung München, Dr. Eberhard Beck, hatte sich als Mentor zur Verfügung gestellt.

Mentee – verzweifelt gesucht!

Aber es fand sich keine Mentee. Trotz eines Appells von der Gleichstellungsbeauftragten Gunna Santjohanser vor den Münchner Führungskräften, wurde keine Mentee vorgeschlagen. Schließlich ergriff Beck die Initiative und sprach einige seiner Mitarbeiterinnen an, unter anderem auch die damalige Leiterin der Öffentlichkeitsarbeit Gabriele Holzapfel. Sie war zunächst überrascht. Da sie in unmittelbarer Umgebung von Beck arbeitete, war sie selbst nicht auf den Gedanken gekommen, sich als Mentee zu bewerben. Unschlüssig war sie sich auch, wie das auf ihr Umfeld wirken und ob es nicht als Klüngelei ausgelegt würde. Doch sie sah auch die Chance, viel zu lernen und war von der Führungspersönlichkeit Becks überzeugt. Auch die Chemie zwischen beiden stimmte. Also nahm sie das Angebot an – ohne es bis heute bereut zu haben.

Karrieresprünge

Becks erklärtes Ziel war es, seine Mentee auf jeden Fall eine Karrierestufe höher zu bringen. Natürlich bestehe Mentoring aus verschiedenen Aspekten, meint Beck, aber letztlich sei das Ziel, Frauen in höhere Führungspositionen zu bekommen und das habe er explizit umsetzen wollen.

Gabriele Holzapfel hat nach einem guten Jahr sogar zwei Stufen geschafft: Im Zuge einer Umstrukturierung wurde sie zunächst Marketing-Managerin. Beck reichte das aber noch nicht –

und brachte sie durch seine Initiativen in die Situation, selbst das Karrieretempo drosseln zu müssen. »Die Supervision für die Mentees hat mir dabei geholfen«, meint Gabriele Holzapfel rückblickend. »Ich habe dieses Thema eingebracht und für mich geklärt. Dann bin ich zu Dr. Beck und wir haben ein offenes Gespräch darüber geführt.« Daraus ergab sich, dass Gabriele Holzapfel wieder an einen neuen Arbeitsplatz umzog und Leiterin der Stabstelle Becks wurde. Sie ist verantwortlich für die öffentliche und interne Kommunikation der Niederlassung und arbeitet an der Strategieplanung mit. Beck ist ihr unmittelbarer Vorgesetzter.

»Natürlich gibt das Anlass zu Gerede«, räumt Gabriele Holzapfel ein. »Nur die wenigsten Leute wissen, was Mentoring eigentlich ist.« Beck sieht das unproblematisch: »Sicher wurden wir am Anfang beäugt, aber wir haben den Weg bereitet. Inzwischen haben sich auch andere Führungskräfte bereit erklärt, Mentoren zu werden.« Trotzdem sei die Wirkung nach außen wichtig: »Es darf nicht der Eindruck entstehen, dass sich Mentoring nur lohnt, wenn es im direkten Umfeld des Leiters der Kundenniederlassung geschieht.«

Positiv für die Wirkung nach außen waren direkte Gespräche mit Kollegen, die von dem Mentoring betroffen waren. So sprach Beck den Marketingleiter, den damaligen Vorgesetzten von Gabriele Holzapfel, an. Natürlich hatte der nichts gegen das Mentoring einzuwenden. Dennoch ergab sich ein klärendes Gespräch über die generelle Zielsetzung von Mentoring und was in den Mentoring-Gesprächen besprochen werde. »Es darf nicht so wirken, als würde ich zu Dr. Beck gehen und ihm erzählen, was alles in der Marketing-Abteilung geschieht. So läuft es nicht und das muss allen Beteiligten klar sein«, meint Gabriele Holzapfel.

▨ *Kompetenzen erweitert*

Ihre Kompetenzen konnte Gabriele Holzapfel während des Mentoring noch erweitern. Anfangs traf sie sich zweimal im Monat mit Beck zu Gesprächen, meist auf ihre Initiative hin.

Außerdem nahm Beck sie auf Meetings mit: Ob es Treffen der regionalen oder bundesweiten Managementmeetings waren oder Kundenbesuche, sie konnte überall mitgehen. Auch bei heiklen Meetings, etwa einem Deeskalationsgespräch mit Großkunden, bei dem es darum ging, tief greifende Probleme zu klären, war sie dabei. »Zur gleichen Zeit habe ich Trainings in Verhandlungstechnik mitgemacht und dann gesehen, wie er das alles umsetzt. Das war sehr spannend«, erzählt Gabriele Holzapfel. Auch zu gesellschaftlichen Ereignissen, wie einem Thanksgiving Dinner der American Chamber of Commerce nahm Beck sie mit. Der amerikanische Botschafter war dort und der bayerische Wirtschaftsminister, an dessen Tisch sie dann auch gebeten wurden. »Das ist ein völlig anderes Parkett, das war interessant, die Unterschiede zu sehen«, erinnert sich Gabriele Holzapfel. Wichtig war auch, zu beobachten, wie man Kontakte knüpft, Visitenkarten austauscht, am nächsten Tag Mails schickt: »Dr. Beck beherrscht das Netzwerken sehr gut, da konnte ich mir viel abschauen.«

Aber der Austausch verlief auch umgekehrt. Über Gabriele Holzapfels Netzwerk wurde Beck Mitglied im Marketing Club München – und sorgte dann seinerseits dafür, dass die Telekom die Mitgliedschaft seiner Mentee bezahlte. Außerdem gab Holzapfel klares Feedback: Sowohl über Dinge, die sie gut fand, als auch, wenn sie Becks Verhalten oder Vorgehen kritisch sah. So zieht auch Beck für sich eine positive Bilanz des Mentoring, trotz des Zeitaufwands: »Natürlich ist das eine zeitliche Belastung, es sind zusätzliche Meetings und man muss es sich wirklich vornehmen. Aber die Zeit ist sinnvoll investiert.«

▓ *Vorgesetzter als Mentor?*

Jetzt sind beide in anderen Rollen als direkter Vorgesetzter und Mitarbeiterin. Wichtig sei es, diese Rollen immer wieder zu klären, meint Gabriele Holzapfel. Durch die enge Zusammenarbeit würden sie jetzt nicht mehr so viele Mentoring-Gespräche führen. Aber wenn, dann müsste das vorher angekündigt sein. »In meiner Rolle als Mentee kann ich Beck andere Dinge sagen als in meiner Rolle als Mitarbeiterin und manchmal stelle ich das auch explizit klar: ›Jetzt spreche ich als Mentee!‹« Beide wollen sich den Prozess anschauen. Ihre Mentoring-Beziehung dauert, da sie später als die anderen der ersten Runde starteten, noch bis Mai 2001. Erfolgreich war sie allemal. Und Gabriele Holzapfel ist mittlerweile eher in einer Position, in der sie selbst Mentorin sein könnte – wozu sie auch sofort bereit wäre.

Praxisbeispiel
Projektarbeit für Mentees

Manche Unternehmen lassen ihre Mentees während der Mentoring-Zeit noch an einem Projekt arbeiten. Die Projekte werden bei Abschluss des Mentoring präsentiert. So kann die Mentee innerhalb des Unternehmens stärker sichtbar werden, was ihre Chancen langfristig erhöht, bei der Besetzung von Führungspositionen berücksichtigt zu werden. Macht sie diese Projektarbeit außerhalb ihres eigentlichen Arbeitsbereichs, so hat sie die Gelegenheit, einen anderen Unternehmensbereich noch intensiver kennen zu lernen und dort auf ihre Kompetenz aufmerksam zu machen. Die Volkswagen AG ist eines der Unternehmen, in denen die Mentees Projekte während ihrer Mentoring-Zeit bearbeiten.

Im Jahr 2000 ist bei der Volkswagen AG die dritte Mentoring-Gruppe gestartet. Die vierte wird mit 18 Tandems Anfang 2001 beginnen. Im Herbst 2000 bestanden insgesamt 53 Mentoring-Beziehungen.

Die erste Gruppe startete bei VW im April 1998. Damals beteiligte sich der Wolfsburger Autokonzern an dem 1997 initiierten EU-Programm StepUpNOW, das vom Stephansstift in Hannover wissenschaftlich begleitet wurde (siehe Seite 98). Die anschließende zweite Gruppe führte der Konzern dann in Eigenregie aus. Inzwischen gibt es eine eigene Projektleitung, von der aus das Mentoring in den verschiedenen Werken koordiniert und in Zusammenarbeit mit den dortigen Führungskräften und Frauenbeauftragten realisiert wird: Martina Kreimeyer ist die zuständige Projektleiterin in der Wolfsburger Zentrale und Mitarbeiterin der Leiterin der Frauenförderung, Traudel Klitzke. Gleichstellung ist bei VW in das Zentrale Personalwesen/Konzern eingegliedert.

Mit Mentoring und Shadowing hatte VW bereits vorher Erfahrung gewonnen. 1996 hatte sich das Unternehmen an einem europäischen Cross-Mentoring beteiligt, an dem Partner aus Schweden, Italien und Großbritannien beteiligt waren. Vier schwedische Jungmanagerinnen konnten vier Top-Manager von VW als Shadows eine Zeit lang begleiten. Da diese erste Erfahrung mit Mentoring von allen Beteiligten positiv bewertet wurde, wurde die Entscheidung, sich am Mentoring-Konzept des Stephansstift zu beteiligen, schnell gefällt.

▨ *Ziele*

Derzeit liegt der Frauenanteil in Fach- und Führungspositionen bei rund acht Prozent. Ziel des Unternehmens ist es, den Anteil auf 30 Prozent anzuheben. Mentoring richtet sich an qualifizierte Frauen, die später Fach- und Führungspositionen übernehmen wollen. Darüber hinaus sieht VW in Mentoring auch die Chance, Führungskräfte weiter zu qualifizieren. Sie werden als Coach trainiert und werden in Seminaren darin geschult, Barrieren zu erkennen, die Frauen in ihrem Karriereweg zu überwinden haben.

▨ *Organisation*

Die Vorgesetzten schlagen Mitarbeiterinnen für die Teilnahme am Mentoring vor. Voraussetzungen sind hohes berufliches Engagement der Mentee, ein Fach- oder Hochschulabschluss und eine längere Zugehörigkeit zu VW (etwa ein Jahr). Widerstand gegen »Frauenförderung« gab es bei den beteiligten Mentees nicht. Wohl auch, vermutet Martina Kreimeyer, weil allein die fachliche Qualifikation für die Auswahl der Frauen durch ihre

Vorgesetzten ausschlaggebend war. Ein Assessment-Center als Voraussetzung für die Teilnahme kam für VW nicht in Betracht. Man wollte keine neue Hürde für Frauen aufbauen.

Eine Leitlinie bei VW ist die aktive Mitwirkung der Vorgesetzten der Mentees. Sie sollen sich eingebunden fühlen und in Mentoring ein weiteres Instrument der Personalentwicklung sehen, mit dem sie geeignete Mitarbeiterinnen fördern können.

Mentoren und Mentorinnen müssen aus dem Management und dem Topmanagement kommen, das heißt mindestens Abteilungsleiter sein. Sie sollten schon einen gewissen Weg durchlaufen haben, im Ausland gewesen sein, verschiedene VW-Werke gesehen haben, die Strukturen des Konzerns kennen, Zusatzqualifikationen erworben haben und sowohl fachlich als auch als Führungskraft schon über einige Erfahrungen verfügen. Inzwischen, erzählt Martina Kreimeyer, fragen Führungskräfte direkt an, weil sie sich als Mentoren betätigen wollen.

Beim Matching wird darauf geachtet, dass Mentor und Mentee nach Möglichkeit aus unterschiedlichen Bereichen des Werkes kommen. Martina Kreimeyer versucht auch, Wünsche bei der Zusammenstellung der Tandems zu berücksichtigen.

In jedem Werk, in dem Mentoring umgesetzt wird, finden zum Auftakt dezentrale Veranstaltungen für jede Gruppe statt. Dabei werden alle Beteiligten, von Mentees, Mentoren, Vorgesetzte über Betriebsrat und Management über das Programm informiert. Mentoren und Mentee können sich gegenseitig kennen lernen, über das Mentoring austauschen und Fragen zu Organisation und Ablauf stellen.

Vor Beginn des Mentoring werden Mentees und Mentoren außerdem in zweitägigen Workshops auf das Mentoring vorbereitet. Darin werden Aufgaben und Rollenverteilungen geklärt. Die Mentees können ihre persönlichen Ziele bestimmen und ihre Erwartungen abklären, aber auch Ideen für ihre Projekte entwickeln. Während des Mentoring-Prozesses haben sie in regelmäßigen Gruppensupervisionen Gelegenheit, Unsicherheiten oder auftauchende Probleme in der Mentoring-Beziehung oder bei der Projektarbeit zu klären.

▧ *Projektarbeit*

Während des Mentorings bearbeiten die Mentees zusätzlich zu ihrer normalen Arbeit ein Projekt, mit dem sie die Möglichkeit haben, im Unternehmen auf sich aufmerksam zu machen. Sie wählen es in Absprache mit ihrem Vorgesetzten selbst aus. Vorgabe ist, dass es sowohl der Mentee Entwicklungsmöglichkeiten bietet, als auch den Interessen des Unternehmens dient. Mentees sollen damit die Chance erhalten, ihre Kompetenzen auch mal in einem anderen Bereich oder einem völlig eigenständigen Projekt zu zeigen.

Bei der Abschlussveranstaltung am Ende des Mentoring-Jahres wird das Projekt vor höchster Stelle präsentiert: Ein Mitglied des Vorstands, Personalleiter und Betriebsrat, die Vorgesetzten der Mentees sowie Mentoren und Mentees nehmen an dieser Präsentation der Projekte teil. Für jede Gruppe übernimmt bei der VW AG nämlich ein Vorstandsmitglied des Konzerns die Patenschaft über ein Jahr. So fungierte der Personalvorstand von VW, Dr. Peter Hartz, als Pate der ersten Gruppe, der für Produktion zuständige Vorstand Dr. Folker Weißgerber für die zweite Gruppe, Dr. Jens Neumann, Konzernvorstand für Konzernstrategie, Treasury, Recht und Organisation, übernahm die Patenschaft für die dritte Gruppe, Bruno Adelt, Vorstand für Finanzen, wird Pate für die vierte Gruppe sein. Die Patenschaft trägt zur Akzeptanz des Programms und dessen Bekanntheit im Unternehmen entscheidend bei, meint Martina Kreimeyer.

Die Erfahrungen mit der Arbeit an Projekten wird vom Unternehmen positiv bewertet. Eigentlich soll das Projekt von Mentees, Vorgesetzten und Mentoren so ausgewählt werden, dass daraus keine zu große Belastung für die Mentees wird. Dennoch ist es durchaus üblich, dass Mentees an dem Projekt auch in der Freizeit arbeiten. »Keine Frage, das Projekt ist eine Zusatzbelastung. Aber es liegt auch an der Mentee, das Projekt so zu planen, dass es rechtzeitig fertig wird. Bis jetzt hat das jede Mentee geschafft«, so Martina Kreimeyer.

Mentoring in der Praxis –
Aus der Sicht einer Mentee

Bewusstsein für die eigenen Kompetenzen

Ulrike Kok war Mentee in der ersten Mentoring-Runde bei VW. Sie war sofort einverstanden mitzumachen. Als diplomierte technische Übersetzerin fand sie es spannend, mit dem Mentoring die Möglichkeit zu haben, in andere Bereiche hineinzuschauen. Außerdem wollte sie die Möglichkeit nutzen, mehr über sich selbst und über ihr Potenzial als Führungsnachwuchskraft zu erfahren.

▓ Das Projekt

Die Idee, nebenher ein konkretes Projekt zu bearbeiten, fand Ulrike Kok reizvoll. Absichtlich wählte sie, mit Zustimmung ihres Vorgesetzten, ein Projekt aus dem Bereich des Mentors. »Gewichtsmanagement« war das Thema.

Was zunächst wie ein Alltagsproblem klingt, ist bei VW eine sensible Sache: Jedes Fahrzeug soll ein bestimmtes Höchstgewicht haben. Dieses Ziel kollidiert aber unter Umständen mit anderen Zielen, etwa Sicherheitsmaßnahmen, die zusätzliches Gewicht auf die Waage bringen. Ulrike Kok arbeitete in einem Team mit, das den Prozess analysierte und optimierte, der zur Abstimmung der verschiedenen Ziele notwendig ist.

Sie fand es interessant, etwas völlig anderes zu machen und Neues dazuzulernen. »Natürlich ist das eine Zusatzbelastung, aber es war zeitlich abzusehen. Außerdem war klar, dass es nicht darum ging, ein fantastisches Ergebnis vorzuweisen, sondern um den Lerneffekt für mich.« Ihre Arbeitsleistung war aber so überzeugend, dass ihr Mentor sie anschließend in seinen Bereich holen wollte. Sie hätte gewechselt, aber der Plan scheiterte an den Kapazitätsgrenzen der Abteilungen.

Trotzdem zog sie eine wichtige Erkenntnis aus der Projektarbeit: Dass sie ihre Kompetenzen auch in einem anderen Bereich einsetzen kann und sie dort ebenso anerkannt werden. »Wenn ich in einen anderen Bereich wechseln will, läuft das nicht über eine normale Bewerbung. Mit meiner Ausbildung bin ich hier Exotin. Ein Wechsel muss über Netzwerke und Beziehungen laufen. Wenn man bekannt ist und einem was zugetraut wird, dann bekommt man auch eine Chance.« Auf die wartet sie zwar noch, aber die Voraussetzung dafür, das Selbstbewusstsein und die Erfahrung, in einem neuen Bereich bestehen zu können, hat sie im Mentoring gewonnen.

▨ *Weitere Ergebnisse*

Anfangs fanden die Treffen mit ihrem Mentor in unregelmäßigen Abständen statt, dann im Zwei-Wochen-Rhythmus. Sie besprach mit ihm auch berufliche Alltagsthemen. »Die Möglichkeit, auch persönliche Sachen unter dem Siegel der Vertraulichkeit anzusprechen, ist sehr gut«, findet Ulrike Kok.

Sie hat auch festgestellt, dass sie eigentlich bereits einige andere Mentoren hat. Leute, die sie zu bestimmten Themen um Rat fragen kann, und die jederzeit ansprechbar sind. »Ich habe gemerkt, dass es auch an mir liegt, das noch mehr und bewusst zu nutzen. Das kann auch eine andere Mentee sein oder jemand aus einem Netzwerk.«

Ihre Kollegen waren über ihre Teilnahme am Mentoring informiert. Daraus hätte sie gar kein Geheimnis machen können, meint sie. Sie war viel unterwegs und das fiel den anderen natürlich auf. Direkte Kollegen hätten sich für sie gefreut, ihr Vorgesetzter sie dabei unterstützt. Natürlich seien von männlichen Kollegen auch mal Sprüche gekommen, was denn das wieder für ein Frauenprogramm sei. Ulrike Kok macht das nichts aus. Sie hatte flapsige Antworten parat: »Dann macht doch einfach was nur für Männer, ist doch kein Problem!«

Oder sie ließ sich auf ernsthafte Diskussionen ein: »Das hat einigen die Augen geöffnet.«

Der Mentor – wichtigster Faktor im Mentoring

»Äußerst gelungen« findet sie ihre Mentoring-Zeit. Dazu trug wesentlich die Zufallskombination mit ihrem Mentor bei. Er war ihr nicht nur sympathisch, sondern erwies sich auch als sehr unterstützend.

Was bei weitem nicht bei all ihren Kolleginnen der Fall war. Denn die Mentees hatten im Pilotprojekt noch keinen Einfluss auf die Auswahl ihrer Mentoren. Bei einigen Tandems stimmte ganz einfach die Chemie nicht, bei anderen nahm sich der Mentor nicht genügend Zeit, kam nicht auf die gemeinsamen Veranstaltungen oder wurde von der Mentee nicht als Führungs-Persönlichkeit akzeptiert.

In wenigen Fällen war der direkte Vorgesetze der Mentor. Am schwierigsten war ein Fall, in dem ein Vorgesetzter gleich zwei seiner Mitarbeiterinnen als Mentee hatte – was offene Gespräche über den Arbeitsplatz quasi unmöglich machte.

»Manche Mentees waren damals nicht zufrieden«, meint Ulrike Kok. »Aber man muss auch bedenken, dass es ein Pilotprojekt gewesen ist. Da kann nicht sofort alles gut laufen.« Zwei Drittel der Mentoring-Beziehungen, schätzt sie, seien genauso positiv verlaufen wie ihre eigene.

Erfolge des VW-Mentoring

An drei Aspekten wird der Erfolg des Mentoring-Programms insgesamt gemessen:

- Anmeldung beziehungsweise Bestehen des internen Assessment-Centers für Managementnachwuchs;
- Wechsel in einen anderen Bereich, der der Mentee bessere Aufstiegschancen bietet;
- Höheres Gehalt.

Vereinbarkeit von Beruf, Familie – und Mentoring

Während des Mentoring-Programmes bei VW wurden mehrere Mentees schwanger oder brachten Kinder zur Welt. Daran konnte getestet werden, ob Mentoring bei diesem oft als Karriereknick erlebten Ereignis hilfreich war, sofern die Mentee ihre beruflichen Ziele weiterverfolgen wollte. Eine Mentee von VW schildert in der Broschüre des Stephansstift, wie sie Beruf, Familie und Mentoring unter einen Hut brachte:

»Für mich begann das Programm mit meiner Schwangerschaft. Es bedeutete zusätzlichen Aufwand zum normalen Job. Ich hatte in dieser Zeit die Projektleitung für die Sanierung der Schlamm-deponie, die Projektarbeit (für das Mentoring) und das Preview zu absolvieren. Ich habe viel gearbeitet und es hat beruflich alles geklappt. Die Projekte waren bis Anfang November nahezu erledigt und zum Assessment bin ich nach meinem Erziehungs-urlaub angemeldet. Im Dezember ist mein Sohn zur Welt gekommen und im März 2000 möchte ich meine Berufstätigkeit wieder aufnehmen. Das NOW-Programm (siehe Seite 99) hat mich insofern unterstützt, als ich viele Frauen hatte, mit denen ich mich austauschen konnte. Die Mütter unter uns signalisierten, dass Beruf und Familie sehr gut zu vereinbaren sind. Gegenteiliges hörte ich ständig von anderen. (...) Das Netzwerk funktioniert und ist auch im Erziehungsurlaub nicht abgebrochen. Es stellt eine Verbindung zu VW her, die ich genieße.«

Das Fazit bisher: Mentoring ist in allen drei Bereichen erfolg-reich – auch wenn die drei Runden erst eine kurze Laufzeit sind. Einige Mentees haben das firmeninterne Assessment-Center für Managementnachwuchs erfolgreich durchlaufen. Wer bei VW Führungskraft in Top-Position werden will, muss für dieses As-sessment-Center vorgeschlagen werden und es erfolgreich ab-solvieren. Danach landet er oder sie in einem Pool, aus dem künftige Führungskräfte rekrutiert werden. »Der Anteil der

Frauen in diesem Pool hat sich bereits erhöht«, meint Martina Kreimeyer. Zudem haben viele Mentees auch ohne Aufstieg höhere Gehaltsforderungen gestellt und bewilligt bekommen. Außerdem laufen einige Mentoring-Beziehungen auch nach offiziellem Ende weiter.

Praxisbeispiel
EU-Projekt Mentoring

StepUpNOW steht für mehrere Mentoring-Programme innerhalb des europäischen Aktionsprogramms »New Opportunities of Women«, kurz NOW (siehe nebenstehender Kasten). Die Projektleiterin, Petra-Johanna Regner von der Heimvolkshochschule Stephansstift in Hannover, hat es in Kooperation mit Monika Wolff von der Niedersächsischen Landeszentrale für politische Bildung entwickelt. Ziel des Projekts war, die Chancen von Frauen für einen beruflichen Aufstieg zu vergrößern sowie Personalverantwortliche und Führungskräfte für eine aktive Förderung von Frauen zu motivieren. Acht Unternehmen und Verwaltungen haben dabei interne Mentoring-Programme eingeführt: die Volkswagen AG, die Stadt Göttingen, die Landeshauptstadt Hannover, der Landkreis Goslar, das Niedersächsische Landesamt für Bodenforschung, die Bundesanstalt für Geowissenschaften und Rohstoffe, die üstra Hannoversche Verkehrsbetriebe AG und die Stadtwerke Hannover. Ein ähnliches Projekt wurde in Zusammenarbeit mit der Polizei des Landes Niedersachsen durchgeführt.

Erste Überlegungen zum Programm begannen im Frühjahr 1997. Für die genannten acht Unternehmen entwickelten die beiden Kooperationspartnerinnen individuelle Mentoring-Programme und begleiteten deren Umsetzung ab Januar 1998 durch Workshops, Schulungen, Supervision und Informationsveranstaltungen. Durch den Austausch mit Mentoring-Projekten in Nordirland, Irland und mit weiteren Projekten in Italien und Finnland konnten auch deren Erfahrungen in die Konzeption der Programme einfließen.

NOW – »New Opportunities of Women«

Das EU-Programm NOW ist innerhalb der EU-Gemeinschafts-
initiative »Beschäftigung« des europäischen Sozialfonds angesiedelt. Es unterstützt Frauen darin, ihren beruflichen Hand-
lungsspielraum zu erweitern und verstärkt in Zukunftsberufen zu
arbeiten.

Im Zeitraum von 1995 bis 1999 gab es 1750 NOW-Projekte
in Europa, davon 189 in Deutschland. Sie bieten Frauen berufliche
Fortbildungen, fördern beruflichen Aufstieg von Frauen oder
unterstützen sie in ihrer Selbstständigkeit. Andere Projekte richten
sich an Frauen, die nach einer Familienphase wieder Anschluss an
das Berufsleben suchen oder Familie und Beruf vereinbaren
wollen. Ziel aller NOW-Projekte ist es, der Aufteilung in einen
männlichen und einen weiblichen Arbeitsmarkt entgegenzu-
wirken. Alle NOW-Projekte haben grundsätzlich mindestens zwei
Partner in Europa, damit die Effekte des Wissenstransfers
zwischen den Ländern der Europäischen Union genutzt werden.

In Deutschland koordiniert das Europabüro für Projektbegleitung (efp) alle NOW-Projekte. Seit 1991 ist es im Auftrag
des Bundesministeriums für Arbeit und Sozialordnung für
europäische Förderprogramme in Deutschland zuständig und
Ansprechpartner für alle an EU-Förderung interessierten
Organisationen.

Bis Ende 2000 setzten alle acht Unternehmen die Mentoring-
Programme um. Das geschah absichtlich nicht zeitgleich. Erfahrungen aus den ersten Projekten sollten den nachfolgenden
noch zugute kommen.

1998 startete die Volkswagen AG mit ihrem Programm, als
Letzte begannen der Landkreis Goslar und die Landeshauptstadt Hannover mit ihren Programmen. Insgesamt wurden in
den acht Unternehmen im Rahmen von StepUpNOW 98 Tandems gebildet.

■ Umfangreiches Workshop-Programm

Das Besondere am Mentoring-Programm des Stephansstift war sicherlich, dass es nicht nur die Organisationen bei der Umsetzung der Programme beratend begleitete, sondern auch Workshops für unterschiedliche Beteiligte aus den Unternehmen und Verwaltungen organisierte. Sie wurden nicht nur den Mentees und Mentoren angeboten, sondern auch den Vorgesetzten der Mentees und so genannten »key influence persons« in den Organisationen.

In den Workshops wurden die Einflusspersonen, die als Multiplikatoren für Mentoring gesehen wurden, über die Inhalte und die Vorgehensweise des Programms informiert. Anschließend wurden Transfer-Möglichkeiten des Mentoring-Programms in deren Personalentwicklung überlegt, Leitbilder für Chancengleichheit entwickelt oder Veränderungsprozesse im Geschlechterverhältnis angeregt (siehe auch S. 305/306).

Die Entscheidung der Unternehmen und Verwaltungen, sich an dem Programm zu beteiligen, wurde sicherlich dadurch erleichtert, dass erhebliche Teile davon über das NOW-Programm aus dem Sozialfonds der EU finanziert wurden.

Praxisbeispiel
günstige Rahmenbedingungen

Der Erfolg von Mentoring-Programmen hängt sehr stark davon ab, in welchem Umfeld sie eingerichtet werden. Wird das Programm von Vorgesetzten und Führungskräften akzeptiert? Oder lehnen sie es ab, beziehungsweise kennen es überhaupt nicht?

Mentoring, gerade für Frauen, muss innerhalb von Rahmenbedingungen ablaufen, die das Programm positiv verstärken und nicht Widerstand erzeugen. Am Beispiel der Deutschen Bank lässt sich nachvollziehen, in welchem Umfeld Mentoring in einem Unternehmen fruchtbar werden kann.

■ *Aufgeschlossenheit gegenüber Gleichstellung*

Über 50 Prozent der Mitarbeiter der Deutschen Bank sind Frauen; der Anteil von Frauen am Führungsnachwuchs liegt bei 35 Prozent; 80 Prozent der Frauen arbeiten aufgrund ihrer hohen Qualifikation nach einer meist kurzen Familienpause weiter. Trotzdem schlug sich das nicht in den Führungspositionen nieder: Nur 19 Prozent der außertariflich bezahlten Mitarbeiter sind Frauen.

Um den Anteil von Frauen in Führungspositionen zu erhöhen, rief der Bereichsvorstand Personal Heinz Fischer mit Unterstützung des Personalvorstands Dr. Tessen von Heydebreck im Mai 1997 einen Workshop »Frauen in der Deutschen Bank« ins Leben, an dem 40 Frauen aus der Zentrale und den Regionen teilnahmen. Ziel war, gemeinsam mit den Frauen den Gründen für den geringen Anteil von Frauen in Führungspositionen nachzugehen und entsprechende Maßnahmen abzuleiten. Vier Hauptgründe wurden erkannt:

- Weniger gute Netzwerke der Frauen: Sonderrolle aufgrund ihres »Minderheitenstatus«
- Tendenz zur Förderung von Ebenbildern (da Männer stärker in Führungspositionen vertreten sind, wählen sie eher Männer aus)
- Weniger ausgeprägtes Karriere-, Macht- und Statusbewusstsein bei Frauen als bei Männern
- Probleme bei der Vereinbarkeit von Beruf und Familie, männliche Arbeitszeitkultur

Der Workshop »Frauen in der Deutschen Bank« findet seit 1997 jedes Jahr statt. Die Teilnehmerinnen entwickeln seitdem regelmäßig Ideen, wie das Thema Diversity umgesetzt werden kann.

■ *Neue Führungspersönlichkeiten gefragt*

Als Ergebnis des Workshops beschloss der Vorstand 1997, sich das Ziel »mehr Frauen in Führungspositionen in der Deutschen Bank« offen auf die Fahnen zu schreiben und Frauen gezielt zu ermutigen, mehr Führungsverantwortung zu übernehmen. »Es geht dabei nicht um ein verbessertes Image, sondern um handfeste wirtschaftliche Interessen«, so Cordula Reimann, Vice President Compensation & Benefits, Arbeitsgestaltung und verantwortlich für das Mentoring-Programm. Erwiesenermaßen sind besonders solche Führungsteams innovativ und effizient, die möglichst viele verschiedene Persönlichkeiten aufweisen und sich in ihrer Vielfältigkeit ergänzen. Frauen sollen dabei vor allem ihre ausgeprägte soziale Kompetenz einbringen.

▨ *Umsetzung*

Zur Umsetzung des Konzepts von Diversity im Unternehmen wurden mehrere Maßnahmen verabschiedet. Ziel ist, den Frauenanteil in den beiden höchsten Führungsebenen unter dem Vorstand zu erhöhen.

- Alle Besetzungen, Personalentwicklungsmaßnahmen und -instrumente werden dahingehend überprüft, ob Frauen in ausreichendem Maße berücksichtigt werden.
- Eine Stelle »Global Diversity« wurde eingerichtet, die dem Bereichsvorstand Personal direkt verantwortlich, also auf der gleichen Ebene wie die oberen Führungskräfte der Personalentwicklung ist. In Zusammenarbeit mit einer im Personalbereich angesiedelten »Evidenzstelle für weibliche Führungskräfte« und der im Bereich »Personalservices Deutschland« angesiedelten Abteilung »Diversity Deutschland« konzipiert sie Diversity-Maßnahmen. Management für Diversity bedeutet für die Deutsche Bank AG, Mitarbeiterinnen und Mitarbeitern aller Nationalitäten und Kulturen unabhängig von Geschlecht, Sprache, sexueller Orientierung oder Religion die Möglichkeit zu geben, effektiv zusammenzuarbeiten und ihre spezifischen Fähigkeiten zu entwickeln und einzubringen.
- Als Entwicklungskonzepte für Frauen wurde die Einführung von internem Mentoring und die Beteiligung am Cross-Mentoring beschlossen.

- Spezielle Seminare für Frauen werden derzeit eingeführt: Rhetorik für Frauen und Selbst-PR.
- Mit potenzialstarken Frauen aus allen Ebenen werden umfassende Gespräche geführt und Karriereperspektiven erarbeitet.
- Die Leistungen der Frauen sollen auf allen Ebenen sichtbarer gemacht werden, um so ihre Beförderung zu unterstützen. In diesem Zusammenhang werden mit den Vorgesetzten langfristige Perspektiven entwickelt.
- Interne und externe Veranstaltungen, Workshops, Messeauftritte sensibilisieren und klären über das Thema auf.
- Netzwerke von Frauen, auch auf regionaler Ebene, wurden stärker aufgebaut.
- Forschungsprojekte im Bereich Diversity werden begleitet.

Die Mentoring-Programme

In diesen Rahmen ist das interne Mentoring-Programm der Deutschen Bank eingebettet. 20 Tandems wurden gebildet, die im April 1999 das Mentoring starteten. Im Juli 2000 wurde die erste Runde nach 15 Monaten abgeschlossen. Die Entscheidung, dass das interne Mentoring fortgesetzt wird, ist bereits gefallen. Es wurde erwogen, die Mentees auch mit einem Projekt zu beauftragen, mit dem sie sich im Unternehmen präsentieren können. Wegen der zusätzlichen Arbeitsbelastung entschied man sich aber dagegen.

Die Deutsche Bank beteiligte sich außerdem an einem Cross-Mentoring-Programm (siehe Seite 108). Im Oktober 1998 starteten drei Mentees der Deutschen Bank in die erste Runde des Cross-Mentoring. In die zweite Runde, die im April 2000 startete, kommen von der Deutschen Bank sechs Mentees und sieben Mentoren.

Cordula Reimann ist für die Organisation des internen Mentoring wie auch für das Cross-Mentoring-Programm auf Seiten der Deutschen Bank verantwortlich. Sie ist Ansprechpartnerin für Mentees und Mentoren und hat zusammen mit ihrem Projektteam Mentoren und Mentees im Matching zusammengebracht. Mentoren und Mentees konnten innerhalb von drei Monaten das Tandem wechseln, falls sie nicht gut zusammenpassten. Von dieser Möglichkeit wurde jedoch bisher kein Gebrauch gemacht. Cordula Reimann sieht ihre Rolle während des Prozesses darin, im Hintergrund zu wirken, Ansprechpartnerin zu sein und mögliche Konflikte früh abwenden zu helfen.

▨ *Ergebnisse*

Mentees und Mentoren wurden zum Abschluss des Projekts über ihre Erfahrungen befragt. Aufstieg in eine höhere Position, Gehaltssteigerungen, mehr Führungsverantwortung im gleichen Bereich oder der Wechsel in einen anderen – all das wurde von Mentees als Ergebnis des internen Mentoring angegeben. Den größten Profit sahen sie in dem Erfahrungsaustausch, der Netzwerkerweiterung und der Entscheidungshilfe in schwierigen Situationen. Sie hätten neue Ideen und Anregungen für ihre Führungsrolle gewonnen, seien bei der Karriereplanung unterstützt worden und hätten insgesamt an Selbstvertrauen gewonnen, gaben die Mentees an.

Als besonders hilfreich fanden viele die Möglichkeit, beim Mentor zu hospitieren beziehungsweise an Sitzungen in seinem Bereich teilzunehmen.

Umgekehrt gaben die Mentoren an, sie hätten am meisten dadurch profitiert, dass sie Einblick in die Arbeitssituation junger Mitarbeiter gewonnen hätten. Auch den Erfahrungsaustausch und die Reflexion des eigenen Werdegangs bewerteten sie hoch, ebenso wie die Tatsache, dass sie andere Unternehmensbereiche besser kennen lernen und ihre eigenen Feedback- und Coachingfähigkeiten verbessern konnten.

Auch das Verständnis für den weiblichen Karriereweg wuchs. Als wichtigste Erfahrung nannte ein Mentor: »Mit Frauen wird immer noch anders umgegangen als mit Männern. Frauen taktieren weniger und sind dadurch verletzlicher.«

■ *Netzwerke*

Neue Netzwerke zu bilden und Frauen in bestehende einzubinden, ist explizites Anliegen der Deutschen Bank. Während Letzteres im Prinzip über die Mentoren geschieht, gibt es für die Mentees zwei weitere Möglichkeiten, ihre Netzwerke im Unternehmen zu erweitern. Die eine besteht darin, die anderen Mentoren und Mentees des Programms näher kennen zu lernen, mit denen regelmäßige offizielle Treffen stattfinden.

Die Mentoren hatten anfangs allerdings signalisiert, dass mehr als drei Veranstaltungen pro Mentoring-Runde für sie nicht realisierbar seien. Auftakt-, Zwischen- und Abschlussveranstaltung fanden deshalb für alle gemeinsam statt.

Die Mentees sahen sich darüber hinaus noch zweimal bei einem bundesweiten Treffen. Da aus jeder der acht Regionen, in die die Deutsche Bank Deutschland intern geteilt hat, zwei Mentees kommen, ist der Erfahrungsaustausch nicht nur auf das Mentoring bezogen, sondern dient auch dem Kennenlernen anderer Mitarbeiterinnen und dem Austausch von Informationen über die Arbeit im Unternehmen.

Darüber hinaus haben Frauen in den einzelnen Regionen selbst Netzwerke aufgebaut, die sich speziell an Frauen in der Deutschen Bank wenden. Die Themen, die in den Netzwerken bearbeitet werden, sind sehr unterschiedlich: zum Beispiel Karriere und Familie, regionales Mentoring, Frauenseminare oder Veranstaltungen für Kundinnen. Zu diesen Themen werden Vorträge, informelle Treffen, fachliche Workshops oder Arbeitsgruppen angeboten.

Daneben haben einige der regionalen Netzwerke bereits unternehmensübergreifende Netzwerke gegründet. Die größte zentrale Aktion war die ehrenamtliche Organisation eines Kongresses von dem Netzwerk WEB «Women in European Business» im März 2000 durch ein 20-köpfiges Frauenteam der Deutschen Bank. Über 1000 Frauen aus über 500 Unternehmen nahmen daran teil.

Mentoring in der Praxis – Aus der Sicht eines Mentors und einer Mentee

Bestärkung, Chancen wahrzunehmen

Die Aussicht, ihre Netzwerke erweitern zu können, war auch für Stefanie Zabel ein Grund, am Mentoring-Programm teilzunehmen. Außerdem hatte sie bereits als Auszubildende bei einer anderen großen Bank einen Mentor gehabt und war damals schon sehr angetan davon, einen Gesprächspartner zu haben, dem man »Fragen stellen kann, die man sonst nicht stellt«.

Ihr Mentor, Dr. Thomas Veit, Personalvorstand der Eurohypo AG, wurde ihr zugeteilt. »Wir waren inhaltlich und persönlich eine gute Kombination«, findet Stefanie Zabel. Das Mentoring kam ihr auch deshalb gerade recht, weil sie das Gefühl hatte, dass ein Wechsel und eine neue Herausforderung anstünden. Damals war sie Leiterin der Gruppe Bonitäts-Risiko-Management innerhalb der Unternehmensanalyse Region Mitte der Deutschen Bank AG und Vorgesetzte von fünf Mitarbeitern. Mit Thomas Veit konnte sie besprechen, was die nächsten Schritte sein könnten und wie sie am besten vorgehen sollte. Dabei hatte sie ziemlich klare eigene Vorstellungen, aber »es war gut, ihn im Rücken zu haben, weil er mich bestärkte und beurteilen konnte, dass es so richtig läuft.«

So sah auch Thomas Veit seine Rolle: »Stefanie Zabel hat ihre eigenen Initiativen entwickelt. Ich habe sie darin bestärkt, die Chancen wahrzunehmen und ihren Weg zu gehen.« Die Chance bestand in einem einjährigen Aufenthalt in New York im Investment Banking Bereich, zu dem Stefanie Zabel im August 2000 aufbrach.

In den 15 Monaten des Mentoring konnte Stefanie Zabel außerdem eine Woche lang in einer Abteilung seines Bereiches hospitieren, ihren Mentor begleiten, seinen Arbeitsalltag beobachten, zu Vorstandssitzungen mitgehen, Fragen stellen und Einblick gewinnen, wie Veit arbeitet. Wobei sich auch ganz neue Felder auftaten, die sie bereichernd fand: Da Veit sehr kunstbewandert ist, ergab sich die Möglichkeit, ihn auf eine Vernissage zu begleiten, auf der er eine Rede hielt.

▨ *Mentoring als Führungsaufgabe*

Umgekehrt fand Thomas Veit es interessant, sein eigenes Netzwerk über das Mentoring auszubauen. »In einem so großen Konglomerat wie der Deutschen Bank ist es wichtig, auch Informationen über die Bereichsgrenzen hinaus zu bekommen. Das war ein anderer Kreis als in meinem normalen Tagesgeschäft.« Zeitaufwendig war das Mentoring sicherlich, resümiert er, »aber keine Belastung. Andere Führungsaufgaben kosten auch Zeit.« Wie etwa die Betreuung der Trainees, um die sich Veit in seinem Unternehmen intensiv kümmert und denen seine Tür offen steht. Für Azubis gibt es auch ein Mentoring-Programm.

Mentoring als Instrument der Personalentwicklung sieht Thomas Veit positiv: »Die Idee, von erfahrenen Leuten Rat für Dinge zu bekommen, bei denen man sich sonst vielleicht schwer tut, ist absolut im Sinne der Organisation. Als Führungskraft bekommt man ein Gefühl für die jungen Leute.« Bei Kollegen erregte es deshalb auch nicht weiter Aufsehen, dass Stefanie Zabel als Mentee auftauchte und an Sitzungen teilnahm.

Auch in ihrem Umfeld gab es kaum negative Reaktionen. Die Frauen seien interessiert gewesen, von den Männern gab es gemischte Rückmeldungen. »Da wurde schon mal gefragt, was denn das schon wieder für ein Frauenprogramm sei. Aber dann muss man das eben erklären, auch, dass da Nachholbedarf besteht.« Langfristig findet sie, könnte diese Maßnahme auch für Männer geöffnet werden, da die Effekte natürlich für beide positiv seien.

▨ *Chance oder Belastung?*

Druck, die Chance auch für einen Karrieresprung zu nutzen, hat sie selbst nie empfunden. Aber das sei ein Thema unter den Mentees gewesen, erzählt sie. Manche hätten sich durchaus selbst unter Druck gesetzt, in der Zeit des Mentoring in eine höhere Position aufzusteigen. Darüber wurde auf Mentee-Treffen öfter diskutiert. Ihrer Ansicht nach sollte man aber keinen messbaren Erfolg vom Mentoring erwarten: »Führungskräfte der Bank werden auch auf Management-Seminare geschickt, die ein Heidengeld kosten und kein Mensch erwartet sichtbare Erfolge von ihnen danach.« Die Effekte des Mentoring seien nicht messbar, wie etwa der Aufbau eines Netzwerks und die persönlichen Lernschritte.

Von den USA aus will sie den Kontakt zu ihrem Mentor auch in der Zeit nach dem Mentoring halten. Ihr ist klar, dass die Initiative von ihr ausgehen muss, das war auch schon im Mentoring so. Es ist in ihrem Interesse, den Kontakt zu Deutschland zu halten und aus Erfahrung weiß sie, dass Thomas Veit immer ein offenes Ohr hat.

Cross-Mentoring

Cross-Mentoring bedeutet: Mentee und Mentor kommen aus verschiedenen Unternehmen. Zwei oder mehr Unternehmen schließen sich zusammen und bilden untereinander Mentoring-Tandems: Ein Mentor aus Unternehmen A bekommt eine Mentee aus Unternehmen B, und so weiter. Das ist für die Mentees interessant und bietet auch den Unternehmen viele Vorteile.

Vorteile eines Cross-Mentoring-Programms

- Die Mentees lernen die Unternehmenskultur, Strategien und Führungsstile eines anderen Unternehmens kennen.
- Die Gespräche sind unter Umständen offener und vertrauensvoller, da gar kein hierarchischer Bezug besteht. Mentoren könnten eher bereit sein, über versteckte Spielregeln oder strategische Vorgehensweise zu erzählen.
- Mentoren erfahren über ihre Mentee etwas über andere Unternehmenskulturen. Der Lerneffekt ist gegenseitig und kommt auch den Unternehmen zugute.

- Der Mentor kann losgelöst vom Unternehmen beraten und unterliegt keinen eventuellen internen Zwängen.
- Organisationsaufwand und Kosten sind meist geringer als bei einem internen Programm.
- Mentoring kann erst einmal auf seine Wirksamkeit getestet werden, bevor es in einem internen Programm umgesetzt wird.
- Unternehmen können ein Cross-Mentoring mit ausländischen Unternehmen oder Tochtergesellschaften eingehen und so einen internationalen Austausch pflegen.
- Kleinere und mittelständische Unternehmen können auf diese Weise Mentoring für ihren Führungskräftenachwuchs realisieren. Ihre eigenen Führungsebenen sind unter Umständen für interne Programme zu klein, sodass es zu hierarchischen Überschneidungen käme.
- Bedenken, die gegen Gleichstellungsprogramme für Frauen innerhalb eines Unternehmens bestehen, können damit leichter umgangen werden.

Praxisbeispiel
Das Pilotprojekt

1998 haben sich vier Unternehmen, die Mitglieder des Forums Frauen in der Wirtschaft waren, zu einem solchen Cross-Mentoring zusammengeschlossen. Auf Initiative der Deutschen Lufthansa AG beschlossen die Deutsche Telekom AG, die Deutsche Bank AG und die Commerzbank AG, ein Pilotprojekt zu starten. Ein Projektteam, das aus den verantwortlichen Personalentwicklern und den Beauftragten für Chancengleichheit bestand, organisierte und koordinierte das Projekt. Insgesamt wurden also 12 Tandems gebildet, aus jedem Unternehmen kamen drei Mentees und drei Mentoren.

Die Mentoren, alles Männer bis auf eine Frau von der Telekom, sollten möglichst aus dem Topmanagement kommen, »möglichst weit oben in der Hierarchie« war der gemeinsame Nenner.

Die Mentees wurden von ihren Unternehmen selbst ausgewählt. Faktoren, auf die man sich bei der Auswahl einigte, waren:

- Hohes Potenzial für Fach- oder Führungsaufgabe;
- in oder dicht vor der ersten Führungsverantwortung oder Projektleitung;
- Alter bis 35 Jahre;
- Einzugsbereich Frankfurt.

Das Matching der Paare war insofern schwierig, weil niemand aus dem Organisationsteam alle Mentees und Mentoren gut kannte. Anhand der Lebensläufe und persönlicher Wünsche der Mentees wurden Tandems zusammengestellt – mit »Umtauschrecht« innerhalb von drei Monaten, falls die Chemie nicht stimmte. In zwei Fällen mussten neue Mentoren gefunden werden, allerdings nicht wegen Unstimmigkeiten, sondern weil die Mentoren aufgrund beruflicher Veränderungen nicht mehr zur Verfügung standen.

Da Deutsche Bank und Commerzbank direkte Wettbewerber sind, wurden Spielregeln festgelegt: Es muss Offenheit herrschen sowie Vertraulichkeit über den Inhalt der Gespräche. Und es besteht ein Abwerbeverbot für zwei Jahre nach Beginn des einjährigen Pilotprojekts. Cordula Reimann, verantwortlich für das Projekt bei der Deutschen Bank, sieht die mögliche Konkurrenz aber unproblematisch: Die Mentees der Deutschen Bank würden sich sowieso für andere Unternehmen als wieder eine Bank interessieren, Lufthansa zum Beispiel sei sehr begehrt. Und wer gehen wolle, den könne man sowieso nicht halten.

Start des Cross-Mentoring war im Oktober 1998. Mit Informationen zum Programm und einer zu schließenden Vereinbarung zwischen Mentor und Mentee sowie Referaten über Chancengleichheit wurden die Tandems in ihre einjährige Mentoring-Beziehung geschickt. Empfohlen wurde, dass man sich alle vier bis sechs Wochen zu Gesprächen trifft. Möglich ist auch das »Shadowing« des Mentors, also die Begleitung des Mentors »als Schatten« zu Meetings, Besprechungen etc. Dafür muss die Mentee allerdings Urlaubszeit verwenden.

▪ *Zweite Runde mit acht Unternehmen*

Die Erfolge waren Anlass, das Cross-Mentoring nicht nur fortzusetzen, sondern auch um andere interessierte Unternehmen zu erweitern. In der im März 2000 gestarteten zweiten Runde beteiligten sich außer den vier Unternehmen der ersten Runde auch die Robert Bosch GmbH, die Flughafen Frankfurt/Main AG, Merck KgaA und Procter & Gamble GmbH.

Insgesamt wurden jetzt 32 Tandems gebildet, mit unterschiedlicher zahlenmäßiger Beteiligung der Unternehmen. Unter den 32 Mentoren sind acht Frauen. Die meisten Tandems sind im Frankfurter Raum angesiedelt, aber auch in Reutlingen, Köln, Hamburg, Stuttgart und Darmstadt wurden Mentoring-Paare gebildet. Die Auswahl richtete sich wiederum teils danach, welche Unternehmen die Mentees kennen lernen wollten, teils nach den räumlichen Gegebenheiten, um lange Fahrtwege zwischen Mentee und Mentor oder Mentorin zu vermeiden. Bis April 2001 bleiben die 32 Tandems zusammen.

Mentoring in der Praxis – Aus der Sicht eines Mentors und seiner Mentee

Vom Nutzen überzeugt

Als man sie angesprochen habe, an dem Cross-Mentoring-Programm teilzunehmen, sei sie zunächst etwas irritiert gewesen, meint Sabine Friedewald, Gruppenleiterin im Investmentbanking bei der Deutschen Bank AG: Ein feministisch angehauchtes Programm wollte sie nicht mitmachen, in dem Frauen nur aufgrund ihres Geschlechts, nicht aufgrund ihrer Qualifikation gefördert werden. Diese Sorge wurde ihr von den Organisatorinnen genommen, und nach vier Monaten Mentoring mit

Dr. Christoph Klingenberg, Bereichsleiter »Operational Excellence« und Vorstandsbeauftragter bei der Deutschen Lufthansa AG, ist sie von dieser Art, Führungskräfte zu fördern, sehr überzeugt: Zum einen, weil es ihr die Gelegenheit bietet, Themen, die sich ihr als Führungskraft mit neun Mitarbeitern stellen, mit einem erfahrenen Profi zu besprechen. Aber auch, weil sie im Mentoring den eigenen Karriereweg hinterfragen und gemeinsam mit ihrem Mentor überlegen kann, wie es weitergehen könnte. Als Karriereziel hat die 33-Jährige einen anspruchsvollen, inhaltlich interessanten Job in leitender Funktion vor Augen.

▨ *Neue Netzwerke und neue Blickwinkel*

Das Mentoring hatte aber auch Effekte, mit denen Sabine Friedewald anfangs überhaupt nicht gerechnet hatte: So etwa mit dem Netzwerk an Mentees, das sich mit der Zeit aus dem Kreis der insgesamt 44 Mentees aus dem Cross-Mentoring zweier Runden sowie der 20 Mentees aus dem internen Mentoring-Programm der Deutschen Bank aufbaut. Sie treffen sich nicht nur bei den offiziellen Veranstaltungen der Mentoring-Programme, sondern verabreden sich inzwischen auch auf eigene Initiative. Erst kürzlich hätten sich alle »Frankfurter Mentees« in einem Lokal getroffen, erzählt Sabine Friedewald. Da werden unternehmensübergreifend Kontakte geknüpft, die interessant sind und eventuell auch einmal beruflich hilfreich sein können.

Ihre Netzwerke besser zu nutzen, war eine weitere Erkenntnis, die ihr das Mentoring gebracht hat. Ihr wurde bewusst, was es für beide Seiten bringen kann, wenn man sich beruflich austauscht, weiß, was der oder die andere macht, und Einblicke bekommt, wie es in anderen Unternehmen läuft. »Ich habe angefangen, meine privaten Netzwerke auch als berufliche Netzwerke zu erschließen«, erzählt sie.

Dass sie sich mit den anderen Mentees der Deutschen Bank auch mal zum Mittagessen in der Kantine verabreden kann, hat auch den Vorteil, sich neue Einblicke in das eigene Unternehmen verschaffen zu können. Das war ein weiterer Lerneffekt des

Mentoring: »Früher habe ich eher meine eigene kleine Einheit gesehen und kannte mich da prima aus. Jetzt habe ich mehr den Blick für das ganze Unternehmen gewonnen, schon damit ich meinem Mentor erzählen kann, was die Deutsche Bank sonst noch so macht.«

Der Blick hat sich aber nicht nur für das eigene Unternehmen geöffnet. Auch das Geschehen in der Wirtschaft verfolgt sie mit neuem Interesse und dem Bewusstsein, dass es wichtig ist zu wissen, was um den eigenen Bereich herum noch passiert.

Themen des Mentoring

Dr. Christoph Klingenberg wollte ganz genau wissen und verstehen, was die Inhalte von Sabine Friedewalds Arbeit sind, und besuchte sie bei ihrem ersten Mentoring-Treffen an ihrem Arbeitsplatz. Hinterher fragten die Mitarbeiter sie natürlich, wer denn das gewesen sei. Damals gab sie nicht gerne Auskunft über das Mentoring-Programm, da sie Neid fürchtete. Inzwischen nimmt sie jedoch gerne und offen Stellung zum Mentoring-Programm.

Genaue Themen für ihre Gespräche haben sich die beiden noch nicht vorgegeben. »Das Mentoring ist im positiven Sinne sehr offen und unstrukturiert, man braucht keinen Leitfaden dazu«, beurteilt Christoph Klingenberg den Ablauf der Gespräche. Allgemeines Ziel ist die Karriereentwicklung von Sabine Friedewald. Sie besprechen, welche Schritte anstehen, wie sie angegangen werden können, was im Weg steht. Sicherlich würden sie im Zusammenhang mit dem Thema Karriere auch darüber reden, wie Familie eingeplant werden könnte, in welchen Bereich im Unternehmen sie in dieser Zeit am besten einzusetzen wäre und was das für die Karriere hieße, meint Klingenberg.

Zeitaufwand und Nutzen

»Mentoring ist sinnvoll«, findet Klingenberg. Er hatte schon vorher eine Mentee, die bei Lufthansa arbeitete, und empfindet den zusätzlichen Zeitaufwand nicht als Belastung. Beide Seiten erfahren Dinge, die sie, wenn überhaupt, nur in gelegentlichen informellen Gesprächen mitkriegen: »Aber in die Kantine geht man ja meist mit Kollegen und nicht mit Leuten aus anderen Bereichen oder Führungsebenen.« Internes Mentoring hält er für noch sinnvoller, da man sich über die gemeinsame Unternehmenskultur austauschen kann, die beruflichen Entwicklungen in dem Unternehmen kennt und Tipps geben kann, wie man sich am besten verhalten soll, auch bestimmten Personen gegenüber. Das geht beim Cross-Mentoring nicht. Aber auch da findet er die Gespräche sehr interessant: «Man lernt eine andere Unternehmenskultur kennen, das ist ein schönes Nebenprodukt.«

Mentoring-Programme für Frauen in Verwaltungen und Behörden

Mentoring-Programme für Frauen werden auch in Verwaltungen und Behörden umgesetzt. Teilweise laufen sie dort etwas anders als in Unternehmen. Das wird im Folgenden am Beispiel der Niedersächsischen Landespolizei dargestellt.

Praxisbeispiel
Pilotprojekt bei der Polizei

»Die Polizei – Dein Freund und Helfer!« Was die Förderung weiblicher Führungskräfte in den eigenen Reihen angeht, trifft der Slogan nicht zu, hat die Landespolizei in Niedersachsen erkannt. Qualifizierte Frauen machen dort nicht selbstverständlich Karriere. »Stellen Sie sich vor«, erklärt Uwe Binias, Organisator des Mentoring-Projekts bei der Landespolizei Niedersachsen mit Sitz in Braunschweig, »da ist eine Frau zum Beispiel im Streifendienst, Schicht B, mit Abi, Fachhochschule, guten Noten, gute Kollegin, macht ihre Sache prima. Aber das heißt noch lange nicht, dass sie deshalb automatisch gefördert wird. Der Vorgesetzte wird versuchen, sie zu halten, wenn er eine gute Kraft hat. Und sie selbst kennt niemanden und niemand kennt sie. Fortbildungen außerhalb des unmittelbaren fachlichen Bezugs sind absolut unüblich.«

Genau hier setzt das Mentoring-Programm an. Ziel ist es, Frauen mit Führungsqualitäten aus der Masse herauszuheben, sie sichtbar zu machen und ihnen Kontakte und Erfahrungen zu vermitteln, die sie ermutigen und befähigen, sich für höhere Stellen zu bewerben. Sie sieht, was es sonst noch für Aufgaben gibt, was die Anforderungen dazu sind, und bekommt Ideen und »Kicks« für ihre eigene Karriere.

Und sie wird selbst bekannt in anderen Dienststellen. Dem dient auch das Erarbeiten eines Projekts, das die Mentee in Absprache mit ihrer Dienststelle oder ihrem Mentor bearbeitet. Das sollen praktisch anwendbare Projekte sein, mit denen sich die Mentee zusätzlich einen Namen in ihrer Dienststelle und, wegen der Bekanntheit des Mentoring-Projekts, darüber hinaus verschaffen kann.

Ziel des Programms ist also nicht, dass die Mentee im Anschluss daran unmittelbare Karriereschritte macht. Im Unterschied zu Unternehmen, meint Uwe Binias, erfolgt Karriere bei der Landespolizei nach den stärker reglementierten Vorgaben der Verwaltung, und eine schnelle Beförderung, nur weil eine Mentee ein tolles Projekt gemacht habe, sei nicht möglich.

▓ Organisation

Die Idee zum Mentoring-Projekt der Landespolizei Niedersachsen entstand im Sommer 1998. Eine Reihe von glücklichen Umständen verhalfen dem Projekt zum Erfolg.

Umstand Nummer 1: Kriminaldirektor Uwe Binias absolvierte eine Fortbildung zum Personalentwickler und sollte innerhalb seiner Ausbildung ein Projekt organisieren. Eine Kollegin machte ihn auf das Thema Mentoring aufmerksam und je mehr er sich damit befasste, desto mehr begeisterte er sich dafür. Da er früher im Innenministerium gearbeitet hatte, verfügte er über eine große Anzahl von Kontakten innerhalb der Landespolizei und zum Innenministerium, die es ihm wesentlich erleichterten, das Projekt auf die Beine zu stellen.

Umstand Nummer 2: Das in Hannover vom Stephansstift gestartete EU-Projekt zum Thema Mentoring (siehe Seite 98) war bereits »ausgebucht« – die EU-Mittel an die anderen Teilnehmer des Projekts vergeben. Aber Binias konnte erreichen, dass das Mentoring-Projekt im Innenministerium von höchster Stelle unterstützt wurde: Ministerialdirigent Andreas Bruns, als Abteilungsleiter zweithöchster Dienstherr der Polizei nach dem Minister, gab grünes Licht und das Innenministerium vor allem die finanziellen Mittel.

Umstand Nummer 3: Das EU-Projekt war zwar finanziell schon ausgeschöpft, aber beim verantwortlichen Stephansstift in Hannover saßen eine Reihe von Expertinnen, die – gegen entsprechendes Honorar – ein spezielles Mentoring-Konzept für die Landespolizei erarbeiteten. Spezielle Qualifikationsmaßnahmen wurden für die Landespolizei organisiert. Das erzeugte allerdings einen enormen Zeitdruck, da dort die Planungen schon weiter vorangeschritten waren als bei der Polizei.

▓ *Legendäres Losverfahren*

Also wurde mit Volldampf gearbeitet und so mancher Kompromiss eingegangen, wie bei Pilotprojekten üblich. Insgesamt 4000 Frauen wurden als potenzielle Mentees angeschrieben und über das Mentoring-Projekt informiert. Kriterium für eine Teilnahme war, dass die Frau im gehobenen Dienst war beziehungsweise eine vergleichbare Ausbildung als Angestellte oder in der Verwaltung hatte.

129 Frauen interessierten sich, 16 wurden schließlich ausgewählt: zehn aus dem Polizeivollzug, vier Angestellte und zwei aus der Verwaltung. Wer teilnehmen durfte, entschied letztlich das Los – ein Verfahren, für das das Organisationsteam viel kritisiert worden ist, gibt Binias zu. »Aber es wurde aus der Not geboren.« Eigentlich hätten die Behörden vor Ort entscheiden sollen, wer teilnimmt. Die hätten die ihnen zugesandten Unterlagen aber umgehend wieder an die Steuerungsgruppe um Binias zurückgeschickt, weil sie sich nicht in der Lage sahen, eine

Auswahl zu treffen. Da die Zeit drängte, entschied man sich schließlich für das Losverfahren. In einem Nachfolgeprogramm soll das anders gemacht werden und die Mentees in Personalauswahlverfahren ausgewählt werden.

Die Mentoren wurden in den Reihen des höheren Dienstes gesucht. Insgesamt 300 Führungskräfte aus dem höheren Dienst wurden per Brief informiert, von 27, die Interesse zeigten und bereit waren, als Mentoren mitzumachen, wurden 16 ausgewählt. Alles Männer. Zwar gibt es durchaus Frauen im höheren Dienst, aber keine wollte als Mentorin wirken.

Das Matching der Paare orientierte sich weitgehend an regionalen Gegebenheiten – die Fahrwege sollten nicht zu lang sein. Von den 16 Mentoring-Paaren kamen 15 nach dem vereinbarten halben Jahr »ins Ziel«. Nur ein Paar gab das Mentoring auf. Nicht, weil sie sich nicht verstanden hätten, so Binias, sondern aus persönlichen Gründen der Mentee, die außerhalb des Mentoring lagen.

▨ *Workshops*

Den Vorgesetzten der Mentees wurde ein eintägiges so genanntes Gender-Training im Stephansstift angeboten. Dessen Ziel sei es gewesen, so Binias, ihnen Wissen und Kenntnisse über geschlechtsspezifische Maßnahmen an die Hand zu geben, um so die Akzeptanz für das frauenspezifische Mentoring-Programm zu erhöhen. In der abschließenden schriftlichen Evaluation des Programms hätten sie sich durchwegs positiv dazu geäußert. Viele Vorgesetzte hätten sich noch mehr Kontakt zu dem Mentor gewünscht, um dessen Einschätzungen und Meinungen bezüglich der Mentees zu erfahren.

Insgesamt sei das Mentoring bei den Vorgesetzten gut aufgenommen worden. Wohl auch, weil es von höchster Stelle unterstützt wurde. Neben der erwähnten Auftragserteilung und Finanzierung von »ganz oben«, übernahm der Staatssekretär im Innenministerium, Werner Lichtenberg, die Schirmherrschaft. Das trug zur Bekanntheit des Projektes bei, konnte aber nicht verhindern, dass diese frauenspezifische Maßnahme oft neidvoll von Kollegen betrachtet wurde. Man habe den Frauen aber absichtlich in diesem Punkt keine Hilfestellung gegeben, erklärt Binias. »Wer in Führungspositionen aufsteigen will, muss auch lernen, sich gegen Neid und Missgunst zu behaupten.«

Auch die Mentoren wurden für ihre Tätigkeit geschult. Wer bei der Polizei Führungskraft sei, meint Binias selbstkritisch schmunzelnd, sei immer schnell geneigt, für andere Lösungen zu finden. Das bringe der Beruf mit sich. Aber als Mentor sei genau das nicht gefragt. Der Mentor ist ein Ratgeber, der in erster Linie zuhört, nur erfragten Rat gibt und die Mentee hauptsächlich dabei unterstützt, ihre eigenen Lösungen zu finden. Deshalb besuchten die Führungskräfte freiwillig Workshops, in denen sie sich mit ihrer Rolle als Mentoren auseinander setzten.

▨ *Umsetzung*

Im Mai 1999 fand die Auftaktveranstaltung des Mentoring-Programms statt. Ein halbes Jahr lang trafen sich dann Mentee und Mentor zu regelmäßigen Gesprächen. Nebenher arbeiteten die Mentees an ihren Projekten – in der Freizeit, denn extra freigestellt wurden sie dafür nicht.

Wer am Mentoring teilnehmen wolle, müsse auch bereit sein, sich über das normale Maß hinaus zu engagieren. Ziel der Projektarbeiten, oder »Arbeitsaufträge«, wie Binias sie lieber nennt, sei nicht nur, damit in der Dienststelle bekannt zu werden. Die Mentee lernt mittels dieses Auftrags auch, wie man überhaupt an so ein Projekt herangeht, wie man sich die dafür notwendigen Kontakte verschafft und wie man es schließlich präsentiert.

Unterstützend waren auch begleitende Trainings. In einem Workshop erarbeiteten die Mentees ihre eigene Einstellung zu ihrem Beruf und ihrer Karriere, welche Erwartungen sie gegenüber der Polizei und ihrer Stellung dort hätten, ob sie überhaupt Karriere machen wollten und was sie selbst dazu beitragen könnten.

■ *Fazit und Fortsetzung: Mentoring flächendeckend einführen*

Im Februar 2000 fand die Abschlussveranstaltung des Mentoring-Projekts statt. »Die Begeisterung war einhellig«, so Binias. Die meisten Mentoring-Paare wollten den Kontakt aufrechterhalten und die Beratung auf eigene Initiative fortsetzen.

Damit ist das Thema Mentoring aber nicht offiziell vom Tisch. Es gibt zwar kein unmittelbares Nachfolgeprogramm, aber die Fortsetzung ist geplant. Nur im Jahr 2000, in dem in Hannover die Weltausstellung Expo stattfand, hatte man in Niedersachsen genug zu tun und den Kopf nicht frei für viele andere Projekte. Aber Binias' Ziel ist es, dass Mentoring für Frauen ein fester Bestandteil der Personalentwicklung in der Landespolizei wird. Er möchte, dass es in das derzeit entstehende Personalentwicklungs-Konzept des niedersächsischen Innenministeriums aufgenommen wird. Seiner Vorstellung nach könnte eine zentrale Servicestelle den einzelnen Dienststellen anbieten, maßgeschneiderte Konzepte zu entwerfen, die diese dann relativ unkompliziert umsetzen können.

Mentoring in der Praxis – Aus der Sicht einer Mentee und ihres Mentors

»Dieses Programm ist bei der Polizei richtig und notwendig!«

Anne Kortleben war eine der 16 Mentees im Mentoring-Programm der Landespolizei Niedersachsen. Die 42-jährige kriminalpolizeiliche Sachbearbeiterin der Polizeiinspektion Göttingen ist dort in der Fachabteilung für Todesermittlungen und Sexualdelikte zuständig. Ein Job, für den man gefestigt sein muss und ein stabiles Umfeld braucht. Das hat sie: Sie ist verheiratet und hat zwei Kinder, für die sie neun Jahre Erziehungsurlaub nahm. Bevor sie sich für Kinder entschied, wäre sie für eine »normale« Karriere mit Ziel höherer Dienst durchaus in Betracht gekommen. Jetzt, nach der Auszeit für die Erziehung, ist das schwierig. Es fehlen ein paar Jahre berufliche »Erfahrungen« – Mutterschaft als Karriereknick.

Diese wieder anzukurbeln, war der eine Grund für Anne Kortleben, sich für das Mentoring-Programm zu bewerben. Sie möchte eine Position erreichen, in der sie mehr Einfluss hat auf Arbeitsabläufe, Fachkommissariatsleiterin zum Beispiel. Der andere Grund sei prinzipieller Natur gewesen, sagt sie: »Dieses Programm kommt in der Polizei gerade richtig und ist absolut notwendig. Die Kompetenz von Frauen muss mehr Anerkennung finden. Hauptsächlich aus dem Grund habe ich spontan beschlossen, mich dafür zu bewerben.« Frauen in Führungspositionen gebe es bei der Polizei viel zu selten, und wenn, dann mit der Leitung über zwei, drei Personen. »Ein Lehrgangskollege von mir leitet jetzt eine Polizeiinspektion mit 400 Mitarbeitern«, meint Anne Kortleben. Eine Frau mit Erziehungs-Auszeit braucht daran gar nicht zu denken.

▨ *Mentoring ist »Outing« in Sachen Karriere*

In der Vorstellung vieler männlicher Polizisten kommen selbst weniger anspruchsvolle Ziele für Frauen nicht in Betracht. »Durch das Mentoring bin ich natürlich ins Licht gerückt und von Kollegen und Vorgesetzten ganz anders gesehen worden. Plötzlich wurde denen bewusst: Die will mehr, die will Karriere machen«, erzählt Anne Kortleben.

Völlig ungewöhnlich sei es gewesen, dass eine Frau sich in Sachen Karriere »outet«. Bei vielen stieß das auf Unverständnis. Fragen wurden laut: »Kann die denn das überhaupt?« – »Warum will die das? Die ist verheiratet, der Mann verdient doch genug.« Fragen, die sie indirekt mitbekam, die ihr aber nie offen gestellt wurden. »Die Reaktion auf meine Teilnahme am Mentoring war zum größten Teil Sprachlosigkeit. Nur sehr wenige haben sich erkundigt, was da wirklich läuft oder was Mentoring überhaupt ist.« Eine Kollegin fragte sie, als sie sich zufällig über den Weg liefen: »Was machst du denn noch hier? Du bist doch jetzt bei diesem Mentoring?«

Man muss ein gutes Selbstbewusstsein haben, um die Reaktionen von Unverständnis bis Neid zu ertragen – auch, um sich zu wehren. Die zynisch formulierte Frage eines Kollegen, was ihr denn das ganze Mentoring eigentlich bringen solle, kommentierte Anne Kortleben trocken: »Ich will Polizeipräsidentin werden.« Aber natürlich war das Schweigen, das Beobachtet-Werden und die spürbare Konkurrenzsituation auch immer wieder belastend. »Im Nachhinein«, sagt Anne Kortleben, »hatte ich nicht die geringste Vorstellung davon gehabt, auf was ich mich mit dem Mentoring einließ.«

▨ Themen

Aufgrund der Reaktionen in ihrem beruflichen Umfeld waren die Themen für die Mentoring-Gespräche vorgegeben. Es habe ihr ungemein gut getan, meint Anne Kortleben, von ihrem Mentor Klaus Germer, leitender Regierungsdirektor in Braunschweig, immer wieder die Bestätigung zu hören: Gleichstellung von Frauen ist richtig und wichtig. »Wir wollen weibliche Kompetenzen! Sie sind wichtig«, war seine Botschaft. »Frauen haben eine andere Situation und was wir hier machen, ist notwendig.«

Klaus Germer ist Dezernatsleiter Personal in der Bezirksregierung Braunschweig. Das Thema Chancengleichheit war für ihn nicht neu. Seine Lebensgefährtin ist Beraterin in der Personalentwicklung bei der Bezirksregierung. Auch privat würden sie die Situation von Frauen bei der Polizei öfters diskutieren, erzählt er. Trotzdem hat auch er vom Gender-Training im Stephansstift profitiert: »Man glaubt ja immer, dass man schon alles weiß. Aber es war dann doch interessant, sich noch mal die unterschiedlichen Sichtweisen und das unterschiedliche soziale Verhalten von Frauen und Männern bewusst zu machen.«

Durch diese Workshops, aber besonders auch durch die Gespräche mit Germer über frauenspezifische Karrierebarrieren, wurde Anne Kortleben so richtig klar, dass ihre beruflichen Ziele ohne den Anschub des Mentoring wahrscheinlich nicht zu realisieren wären. Und dass die individuelle Kompetenz von Frauen oft überhaupt nicht bemerkt wird: »Die Stereotypen über weibliche Fähigkeiten wirken wie ein Filter, durch den Frauen und ihre Leistungen wahrgenommen werden.«

Personalentscheider haben sehr oft noch ein unreflektiertes traditionelles Rollenbild. Gelangen Frauen dennoch in Führungspositionen, werden vor allem die Negativbeispiele wahrgenommen: Frauen, die frustriert und bitter wurden, vielleicht weil der Verzicht auf Familie ein zu hoher Preis war. Oder Frauen, die mit der Verantwortung nicht klar kamen – was bei Männern durchaus auch vorkommt, aber eben bei der Anzahl männlicher Führungskräfte nicht so auffällt. »Solche Erkenntnisse, von einem Mann vermittelt, haben mir sehr geholfen, Mentoring als eine berechtigte Maßnahme der Gleichstellung anzusehen«, meint Anne Kortleben.

Zu diesen Erkenntnissen trugen auch die Workshops für Mentees und Mentoren bei, in denen, teils unter Einbeziehung der Vorgesetzten, frauenspezifische Karrierefragen diskutiert wurden. Eine Chance auch für die Vorgesetzten der Mentees, sich Gedanken über die Hintergründe des Mentoring zu machen. Wie sehr sie genutzt wurden, hing von der persönlichen Offenheit der Betreffenden ab. Wer es nicht hören will, hört es nicht, ist Anne Kortlebens Erfahrung.

Etwa alle vier Wochen trafen sich Germer und Kortleben für zirka eineinhalb bis zwei Stunden. Die eineinhalb Stunden Fahrzeit zwischen Göttingen und Braunschweig absolvierten sie abwechselnd. Zwischendurch telefonierten sie, wenn es sich ergab oder Themen, zum Beispiel im Zusammenhang mit dem Projekt, erörtert werden mussten. »Klaus Germer hat es mir leicht gemacht, den Kontakt zu halten und war sehr aufgeschlossen. Sonst hätte ich mich wohl nicht getraut, ihn häufiger zu kontaktieren«, meint Anne Kortleben im Nachhinein.

■ Der Sonderauftrag als Mittel bekannt zu werden

Ein anderes zentrales Thema des Mentoring war der Sonderauftrag, den Anne Kortleben wie alle Mentees in dem halben Jahr zu bearbeiten hatte. Sie nahm ihn von Anfang an sehr ernst, da ihr klar war, dass Außenstehende daran den Erfolg des Programms messen. »Wenn das gute Projekte sind, dann wird das Mentoring auch als etwas ›Sinnvolles‹ wahrgenommen.« Die Ergebnisse aus den persönlichen Gesprächen sind dagegen für andere nicht nachvollziehbar und auch etwas Vertrauliches.

Anne Kortleben erstellte ein Anforderungsprofil für polizeiliche Sachbearbeiter, die mit Sexualdelikten befasst sind. Damit kennt sie sich aus und ein solches Stellenprofil existierte bisher nicht: »Das brannte mir unter den Nägeln. Es war mir sehr wichtig, darin auch Themen anzusprechen, die man sonst verschweigt.«

Nicht jeder Sachbearbeiter weiß von vornherein, was ihn dort erwartet und nicht jeder ist den besonderen Anforderungen einer solchen Stelle gewachsen. Um genaue Daten zu gewinnen, hat Anne Kortleben eine Umfrage gemacht und die Konflikte herausgearbeitet, die durch eine falsche Besetzung entstehen können. Außerdem hat sie Tabuthemen, wie die Auswirkungen der beruflichen Arbeit auf die private Sexualität, angesprochen.

Germer fand ihre Arbeit gut und trug dazu bei, dass sie als Studie veröffentlicht wurde. Sie ist jetzt allen Regierungsbezirken, großen Polizeidirektionen und Schulungseinrichtungen der Polizei zugänglich. Germer möchte, dass sie in die Personalentwicklung der Polizei Eingang findet und für die Besetzung von Sachbearbeiterpositionen, die sich mit Spezialthemen wie etwa Sexualdelikte befassen, herangezogen wird.

Um das Projekt innerhalb der knappen Zeit fertig zu stellen, musste Anne Kortleben ihren Urlaub und viel Freizeit dafür verwenden. »Aber es hat sich gelohnt«, meint sie. Sie und die anderen Mentees seien auch wegen dieser Projekte sehr viel stärker innerhalb der Landespolizei wahrgenommen worden.

◼ *Mehr Kompetenz – auf beiden Seiten*

Was ist das Fazit nach dem halben Jahr? »Mein Selbstbewusstsein wurde gestärkt. Es war nie schlecht, aber ich bin noch kämpferischer geworden«, resümiert Anne Kortleben. Sie hat erkannt, dass Karriere nichts Zufälliges ist, sondern gezielt angegangen werden kann. Ihr wurde bewusst, wie wichtig es für das berufliche Fortkommen ist, Leute zu kennen: »Gut sein, ist das eine, Leute kennen, die es merken, das andere!«

Sie hat, vor allem durch ihre Projektarbeit, viele Kontakte zu anderen Dienststellen bekommen. Auch die anderen Mentoren und Mentees sind Teil ihres Netzwerks geworden. Und sie nimmt ihre eigenen Kompetenzen deutlicher wahr: »Einige der Mentees waren besonders nach den Workshops geradezu euphorisch und haben sich vielleicht zu gut gesehen. Aber das hat sich wieder gelegt, insgesamt sehen alle ihre Stärken realistischer.«

Germers Fazit ist ähnlich positiv: Seine Erwartung, dass er mit den Workshops des Stephansstifts seine Kompetenzen als Führungskraft weiter ausbauen könne, wurden erfüllt. Er lernte vieles zum Thema Coaching hinzu und konnte es dann direkt »am lebenden Objekt« umsetzen. »Das hat auch meine Tätigkeit als Führungskraft beeinflusst«, meint er, »etwa die Art, wie ich jetzt Mitarbeiter-Vorgesetzten-Gespräche führe.«

Positives Ergebnis des Mentoring sei auch, dass die 16 Mentoren jetzt eine »verschworene Gemeinschaft« seien, erzählt Germer schmunzelnd. Man wolle sich auch für andere Reformprojekte in der Landespolizei einsetzen. Die Netzwerkbildung durch das Mentoring hat funktioniert.

Germer und Kortleben sind sich einig, dass Mentoring hilfreich ist, um Frauen den Weg in Führungspositionen zu erleichtern. »Die Öffnung für Frauen muss aber auch von oben erfolgen«, meint Kortleben, »sonst ist der Druck für die Frauen zu groß. Frauen müssen zwar selbst aktiv werden, aber die Führungsverantwortlichen müssen umgekehrt auch um die besondere Situation von Frauen wissen. Beides wird beim Mentoring optimal vereint.« Als persönliche Konsequenz des Mentoring hat sie sich vorgenommen: »Ich werde andere Frauen ebenfalls darin unterstützen voranzukommen. Wenn sich das als System installiert, dann kann sich was verändern.«

Auch Germer ist von Mentoring als Instrument der Personalentwicklung überzeugt: »Es geht so richtig an die Ressourcen ran. Mentees können sehr intensiv gefördert werden. Und unter dem Aspekt der Wirtschaftlichkeit ist Mentoring optimal: Mit wenig Einsatz wird sehr viel erreicht. In Zeiten knapper finanzieller Mittel kann man mit Mentoring eine sehr gute Bilanz von Einsatz und Ergebnis erreichen.« Deshalb beteiligt er sich auch an den Bemühungen, Mentoring als flächendeckendes Instrument der Personalentwicklung bei der Polizei in Niedersachsen einzuführen.

Mentoring hört nicht nach Programmende auf

Auch nach Beendigung des Mentoring hält der Kontakt noch an. Nicht mehr so intensiv, aber die Möglichkeit zu Gesprächen besteht jederzeit. »So ist es bei allen 15 Paaren, die zusammengeblieben sind«, sagt Germer, der die Aufgabe des Sprechers der Mentoren übernommen hat. Den Mentoren sei im Verlauf bewusst geworden, dass Mentoring Verantwortung mit sich bringe und nach einem Jahr nicht schlagartig zu Ende sei: »Man kann die Frauen nicht ins Licht rücken und sie dann da stehen lassen.«

Weitere Mentoring-Programme

Mentoring-Programme gibt es auch in anderen Unternehmen. So haben DaimlerChrysler, Lufthansa, Commerzbank oder Schering interne Mentoring-Programme. Auch wissenschaftliche Institutionen nutzen Mentoring als Instrument der Chancengleichheit, wie etwa die Fraunhofer Gesellschaft. (Adressen zur Information siehe Serviceteil)

5 Offene Mentoring-Programme

Mentoring-Programme in Unternehmen richten sich an spezielle Zielgruppen und sind nicht für jedermann zugänglich. Wie also können Sie zu einer Mentoring-Beziehung kommen, auch wenn Sie nicht von einem unternehmensinternen Programm profitieren?

Es gibt verschiedene für jeden offene Mentoring-Initiativen von Institutionen und Netzwerken. Für jeden offen, muss man allerdings einschränken: Viele Projekte richten sich nur an Frauen.

Sie können sich bei diesen Programmen bewerben, ohne Mitglied zu sein. Alle Programme sind bislang kostenlos für die Teilnehmerinnen und werden meist durch EU oder Bundesmittel gefördert. Manche Programme sind zunächst einmalige Initiativen, die aber unter Umständen neu aufgelegt werden. Die meisten Programme sind auf längere Zeit angelegt und stehen für Ihre Bewerbung offen.

An folgende Zielgruppen richten sich die Mentoring-Programme:

- Berufstätige Frauen und junge Frauen in Führungspositionen
- Absolventinnen von Universitäten
- Ein E-Mail-Mentoring-Projekt richtet sich an arbeitslose Jugendliche (Jungen und Mädchen). Der Kontakt zwischen Mentee und Mentor/Mentorin findet per E-Mail statt.
- Frauen, die in die Politik einsteigen wollen.

Die hier dargestellten Programme haben, sofern es sich um von der Europäischen Union geförderte Projekte handelt, meist eine bestimmte Laufzeit. Wenn Sie eine Mentorin suchen, sollten Sie sich aber auch wenn das Programm in der Zwischenzeit bereits ausgelaufen ist, an die Träger wenden. Meistens gibt es Nachfolgeprojekte. Und selbst wenn nicht, Sie wissen ja: Wer Mentee werden will, muss Initiative zeigen! Über die Kontakte zu Mentorinnen verfügen die Institutionen ja nach wie vor und vielleicht ergibt sich eine ganz informelle Vermittlung.

Mentoring für junge berufstätige Frauen

Praxisbeispiel
Die Cosmopolitan-Aktion

Eine der ersten Mentoring-Initiativen kam 1996 von der Zeitschrift *Cosmopolitan*. Sabine Asgodom, damals Ressortleiterin »Karriere« las in dieser Zeit das Buch »Frauen fördern Frauen« von Lily Segerman-Peck, in dem ein kurzes Kapitel über Mentoring informiert. Ihre spontane Reaktion: »Das ist es einfach! Warum machen wir das nicht? Es gibt doch inzwischen schon so viele Frauen in Führungspositionen, da könnten wir doch langsam mit Mentoring anfangen!«

Gesagt, getan. Ab Juli 1996 veröffentlichte die *Cosmopolitan* über drei Jahre hinweg fast jeden Monat das Porträt einer er-

Begonnen wurde die Serie mit der Jungunternehmerin Susanne Kalb von der gleichnamigen Modefirma, die versprach, sich ein halbes Jahr um eine Mentee zu kümmern. Isabella Huber, Mitarbeiterin der *Cosmopolitan*, beschreibt in einem Beitrag für eine Broschüre des Stephansstift Lerneffekte auch für die Organisatorinnen: »Es hatte sich u.a. eine junge Frau aus Sibirien beworben, die auch eingeladen wurde, ein bisschen auch aus Mitleid – nach dem Motto: Das arme Kind, die ist wahrscheinlich noch nie aus Russland herausgekommen, der tun wir mal etwas Gutes. Es war die Tochter eines großen russischen Unternehmers. Sie reiste im eigenen Jet an.«

folgreichen Frau in der Wirtschaft. Das waren Vorstandsfrauen oder Abteilungsleiterinnen in Unternehmen oder Chefinnen eigener Betriebe. Kriterium war nicht das hierarchische Ranking, sondern die Bereitschaft, ihre Erfahrungen als Mentorinnen weiterzugeben.

Cosmopolitan-Leserinnen, die sich dafür interessierten, Mentee zu werden, bewarben sich bei der Redaktion mit ihrem Lebenslauf und einer Begründung, weshalb sie an dem Projekt teilnehmen wollten. Die Mentorin suchte sich ihre künftige Mentee dann selbst aus, je nach Interesse und Gefühl, dass es »klappen« könnte. Jeden Monat wurde so eine Mentoring-Beziehung vermittelt, insgesamt etwa 30 Frauen in den drei Jahren als Mentorinnen porträtiert.

Die Resonanz auf die Porträts war unterschiedlich hoch, meint Sabine Asgodom: »Auf manche Mentorinnen bewarben sich nur zehn, auf andere Hunderte. Ich hatte das Gefühl, je hochkarätiger die Frau war, desto weniger Bewerbungen kamen. Es hat die jungen Frauen wohl eingeschüchtert, was die alles gemacht und was die alles in ihrem Leben schon gestemmt hat, dass die sich gar nicht mehr getraut haben, sich zu bewerben.« Zielgruppe waren Studentinnen, 80 Prozent der Bewerbungen kamen aus diesem Bereich.

Eine Begleitung der Mentees und Mentoren bot die *Cosmopolitan* nicht an. Ob und wie das Mentoring von dem Paar dann gehandhabt wurde, oblag der eigenen Gestaltung. Einige hätten sich nur einmal getroffen, meint Sabine Asgodom, andere über lange Zeit. Manche Mentorinnen berieten ihre Mentee, andere ließen sie ein paar Wochen oder sogar Monate in der Firma Praktika machen. Wie lange die Beziehung andauerte, lag am einzelnen Paar: »Manche haben, soweit ich weiß, heute noch Kontakt«, meint Sabine Asgodom. »Das ist auch die Holschuld der Mentee, wie weit sie sich traut, nachzufragen. Die Mentorinnen sind natürlich beschäftigt ohne Ende, das sind erfolgreiche Frauen.«

Schnelle Ergebnisse sind nicht zu erwarten. Wenn Mentees glauben, sie hätten im nächsten Monat einen Job, dann ist das natürlich eine Traumvorstellung. Sabine Asgodom: »Das ist keine Stellenvermittlung. Das haben viele anfangs gedacht.«

100 Mentorinnen auf einen Schlag

1999 wiederholte die *Cosmopolitan* die Aktion, in geballter Form. In einem kleinen Beiheft wurden 100 Mentorinnen mit Kurzprofil und Vita veröffentlicht. Über eigene Kontakte und mithilfe von Frauennetzwerken wurden sie gefunden. Das Interesse und die Bereitschaft auf Seiten der Mentorinnen mitzuwirken, waren sehr groß, meint Constanze Willemeit, Mitarbeiterin bei *Cosmopolitan*. »Und man merkt, dass da bei jungen Frauen ein großer Bedarf nach Unterstützung ist.«

Das zeigte sich auch an der Menge der Zuschriften. Viele Mentorinnen wurden geradezu eingedeckt mit Briefen. Wie viele Mentoring-Beziehungen dadurch letztlich zustande kamen, konnte auch die *Cosmopolitan* nicht mitverfolgen. Sicherlich war es für viele Mentees dann auch etwas enttäuschend, nicht ausgewählt zu werden.

Es gab gelungene Vermittlungen wie die von *Cosmopolitan* porträtierte Münchner Personalberaterin Karin Wilmer, die Kontakt mit einer Mentee aus Potsdam aufnahm und sie eine Zeit lang in persönlichem Gespräch und per Telefon betreute. Und es gibt andererseits Frustrationen auf Seiten der Mentorinnen, wie bei Magdalena Kemper, Hörfunkjournalistin beim SFB in Berlin, auf deren Schreibtisch sich etwa 50 Bewerbungsmappen türmten: »Das waren teilweise lange Briefe mit hochdramatischen Biografien, sehr erschütternd. Ich fühlte mich verpflichtet, ihnen persönlich abzusagen und verbrachte ganze Wochenenden damit.« Sie war davon ausgegangen, dass die *Cosmopolitan* eine Vorauswahl trifft, hatte sich aber nicht genau erkundigt und war schließlich verärgert, mit all den Mappen alleine gelassen zu sein und für die Absagen so viel Zeit aufbringen zu müssen. Dennoch betreute sie eine Weile eine Mentee aus Berlin, aber der Kontakt brach bald wieder ab: »Ohne Begleitung von außen, ausreichende Informationen und verbindliche Absprachen war die Motivation für einen längeren Kontakt auf beiden Seiten eher gering.«

Trotz der gemischten Erfahrungen zeigte die Aktion deutlich, wie groß der Bedarf nach Mentoring bei den jungen Frauen ist. Und wie hoch die Bereitschaft bei erfahreneren Frauen ist, Jüngere zu unterstützen. Nicht zuletzt wurde sichtbar, wie viele Frauen es inzwischen geschafft haben, in einflussreiche Positionen zu gelangen – was alleine schon für junge Frauen ein ermutigendes Beispiel sein kann.

Unterstützung für Mentorinnen

Um Enttäuschungen zu vermeiden, ist eine Begleitung von Mentoring-Aktionen sicherlich empfehlenswert:

- Die Mentorinnen bekämen Unterstützung bei der zeitaufwendigen Auswahl ihrer Mentees.
- Mentorinnen und Mentees erhielten mehr Informationen darüber, was Mentoring genau ist, wie es abläuft und welchen Nutzen man daraus ziehen kann.
- Eine externe Begleitung könnte auch eine Vernetzung der Mentorinnen und Mentees zumindest auf regionaler Ebene herstellen.

Praxisbeispiel
Personal-Partnerships

An berufstätige Frauen, die schon in erste Führungspositionen aufgestiegen sind, richtet sich das Programm »Personal-Partnership« der Agentur KIM – Kompetenz im Management. Frauen, die in Nordrhein-Westfalen beheimatet sind, können über die Agentur, die ihren Sitz in Castrop-Rauxel hat, an eine Mentorin vermittelt werden. Besonders Frauen, die in kleinen oder mittelständischen Unternehmen arbeiten, in denen keine eigenen Mentoring-Programme realisiert werden, haben so die Möglichkeit, eine Mentorin zu finden. Die Mentee kann selbst entscheiden, ob sie das Unternehmen über ihre Beteiligung am Personal-Partnership informiert. Dies wäre etwa dann nicht sinnvoll, wenn ein beruflicher Aufstieg nur durch einen Unternehmenswechsel zu realisieren wäre.

Ist das Unternehmen informiert und unterstützt die Mentee, so kann der Effekt des Mentoring durch die stärkere Aufmerksamkeit, die die Mentee im Unternehmen erfährt, noch verstärkt werden. Aber auch der Mittelstand profitiert von diesem Programm, da zusätzliches Führungspotenzial aktiviert und auf die Übernahme von Führungsaufgaben vorbereitet wird – und das kostenneutral.

Aufgrund seiner Ausrichtung auf Führungskräfte in kleineren und mittleren Unternehmen hat das Mentoring-Programm von KIM Pioniercharakter.

▧ *Wer organisiert? Wer profitiert?*

»Personal-Partnership« entstand im Rahmen der Landesinitiative »Chancengleichheit im Beruf« des Landes Nordrhein-Westfalen, an der sich Spitzenorganisationen aus der Wirtschaft, der DGB-Landesbezirk und die Landesregierung beteiligen. Gerade weil es für kleine und mittelständische Unternehmen oft wenig Möglichkeiten gibt, ihre Führungskräfte zu schulen und besonders Frauen dabei wenig Berücksichtigung finden, wurde das übergreifende Mentoring-Programm als geeignetes Instrument angesehen, um diese Situation zu verbessern.

Ziel ist auch, die Aufstiegschancen von Frauen in gehobene Fach- und Führungspositionen zu verbessern und ein landesweites Managerinnen-Netzwerk aufzubauen. Das Frauenministerium NRW beauftragte 1998 die Agentur KIM, die beim Zentrum Frau in Beruf und Technik angesiedelt ist, mit der Umsetzung des Mentoring.

▧ *Ablauf des Programms*

Im März 2000 starteten die ersten vier Tandems, Mitte des Jahres gingen die nächsten zehn an den Start. Jedes halbe Jahr wird eine

Gruppe von Tandems auf den Weg geschickt. Bei der Auftaktveranstaltung begegnen sich Mentees und Mentoren das erste Mal. Sie erhalten Informationen über den Ablauf des Programms und Anregungen, wie sie das Mentoring gestalten können. Ein schriftlicher Leitfaden gibt Ideen über mögliche Themen und Tipps für die Gesprächsführung. Eine Zwischenveranstaltung dient dem Feedback, dem Erfahrungsaustausch und der Fortbildung der Teilnehmerinnen. So wünschten sich die Mentorinnen der ersten Gruppe eine Diskussion über ihre Rolle als Führungskräfte, die Mentees einen Workshop zur Selbstpräsentation.

Am Ende der einjährigen Mentoring-Beziehung wird Resümee gezogen. Außerdem werden Kontakte vermittelt, etwa wenn eine Mentee sich als Ergebnis des Mentoring in eine bestimmte Richtung weiterbilden oder in bestimmten Gremien mitarbeiten möchte. Die Agenturmitarbeiterinnen Margret Tewes und Susanne Eyssen halten außerdem regelmäßig persönlichen Kontakt zu Mentees und Mentorinnen. Alle zwei Monate telefonieren sie mit ihnen, fragen nach den Erfahrungen und bekommen so frühzeitig mit, wenn Probleme auftauchen. Im Zwei-Monats-Turnus schicken sie ihnen auch interessante Informationen zum Thema Frau und Führung zu.

▨ *Mentorinnen und Mentees*

Frauen, die als Mentorinnen infrage kommen, werden von den Organisatorinnen des Programms persönlich angesprochen. Die Resonanz sei sehr positiv gewesen, meint Susanne Eyssen. Die Mentorinnen stammen aus hohen Führungsebenen in größeren Unternehmen. Absichtlich hat man sich dafür entschieden, nur Frauen als Mentorinnen zu gewinnen. Zum einen, weil dadurch die Vielzahl von Frauen in verantwortlichen Positionen sichtbar gemacht werden soll. Zum anderen soll damit auch eine Art Leitbild für jüngere Frauen vermittelt werden. Außerdem soll gezielt ein Netzwerk unter Frauen gebildet werden.

Mentees, die sich für das Programm »Personal-Partnership« bewerben wollen, müssen folgende Kriterien erfüllen:

- Sie haben eine Führungslaufbahn in einem kleineren oder mittleren Unternehmen begonnen und befinden sich mindestens auf der ersten Führungsebene.
- Sie sind bereit, eine verantwortliche Position in der Wirtschaft Nordrhein-Westfalens auszuüben.

Um in die engere Auswahl zu kommen, müssen interessierte Frauen bei der Agentur KIM qualifizierte Bewerbungsunterlagen einreichen. Mit potenziellen Kandidatinnen wird ein persönliches Gespräch geführt und eine mögliche Mentorin ausgewählt. Frauen, die sich bisher beworben haben, sind etwa Projektleiterinnen, die erstmals in einer leitenden Position arbeiten. Auch mit der Mentorin findet ein Gespräch statt, um Näheres über die Motivation zum Mentoring und ihre persönlichen und beruflichen Hintergründe zu erfahren. Falls die Chemie nicht stimmt, besteht einmal die Möglichkeit eines Tauschs der Partnerin.

■ Erwünschte Effekte

Noch ist das Programm zu jung, um ein erstes Fazit zu ziehen. Nach Meinung der Organisatorinnen können sich folgende Effekte ergeben:

- Aufstieg von Frauen in leitende Positionen durch den effektiven Einsatz einer erarbeiteten Karrierestrategie.
- Kompetente Erfüllung einer neu übernommenen Führungsposition.
- Erweiterung der persönlichen Kompetenzen im Beruf
- Absicherung der beruflichen Position durch Netzwerke und nützliche Kontakte.

Praxisbeispiel
Expertinnen werden Mentorinnen

Das Expertinnen-Beratungsnetz gibt es bereits seit 1989. Zunächst in Hamburg, inzwischen auch in München, Köln, Dresden und Berlin, vermitteln sie Beratungsgespräche zwischen Führungsfrauen und Frauen, die einen Hochschulabschluss oder einen qualifizierten Berufsabschluss und eventuell erste Berufs-erfahrungen haben. Die Ratsuchenden führen mindestens einmal ein Beratungsgespräch mit der ehrenamtlich wirkenden Expertin. Es sei aber schon öfter vorgekommen, dass daraus länger andauernde informelle Mentoring-Beziehungen entstanden sind, meint Dorothea Ritter, die das Expertinnen-Beratungsnetz in München managt. Auch die Führungsfrauen äußerten immer wieder den Wunsch zu erfahren, wie es der Ratsuchenden denn anschließend ergangen sei.

Deshalb arbeitet das Expertinnen-Beratungsnetz in München daran, das Konzept in Richtung längerfristige Beratungs-Beziehungen auszubauen. Ab 2001 sollen eine begrenzte Anzahl von Tandems gebildet werden, mit denen man erste Erfahrungen mit dieser Art des externen Mentoring machen will.

Die Vermittlung des Kontaktes wird auf gleiche Weise erfolgen wie bisher: Wer den Rat einer erfahrenen Expertin sucht, wendet sich an das Expertinnen-Beratungsnetz und füllt zunächst einen Fragebogen aus. Wenn Dorothea Ritter glaubt, eine entsprechende Expertin in ihrem Pool zu haben, lädt sie die Rat suchende Frau zu einem Vorgespräch ein. Darin wird das Anliegen genauer geklärt. Anschließend spricht Ritter eine Expertin an und vermittelt den Kontakt. Beim Mentoring soll als Starthilfe noch ein gemeinsames Gespräch der Mentorin und Mentee mit einer Mitarbeiterin des Expertinnen-Beratungsnetzes stattfinden, in dem gemeinsame Zielvereinbarungen des Tandems geklärt werden.

Einige der Expertinnen im Pool des Beratungsnetzes haben bereits signalisiert, dass sie sich als Mentorinnen zur Verfügung stellen würden. Inzwischen sind das auch nicht mehr nur ehemalige Führungsfrauen, die im Ruhestand eine Beratungsfunktion ausüben, sondern auch Frauen, die noch in leitenden Positionen tätig sind. Die Nachfrage nach Mentoring-Beziehungen sei groß, meint Dorothea Ritter, schon in der Vergangenheit hätten immer wieder Frauen bei ihr angerufen, die eine Mentorin suchten. Auch in Hamburg wird in dieser Richtung bereits gearbeitet und die Vermittlung sowie die spezifischen Konditionen von Mentoring-Beziehungen erprobt. Das Konzept der einmaligen Beratung wird aber auf jeden Fall überall weitergeführt.

Weitere Programme für Frauen in Führungspositionen
Weitere offene Programme für berufstätige junge Frauen mit ersten Führungserfahrungen entstehen: Die Europäische Akademie für Frauen in Politik und Wissenschaft plant für 2001 ein solches Programm (siehe unten) ebenso wie das Europäische Zentrum für Medienkompetenz (siehe Serviceteil).

Programme für Absolventinnen von Hochschulen

Praxisbeispiel
Zwischen Shadowing und Mentoring –
»Preparing Women to Lead«

An Absolventinnen von Hochschulen richtete sich das EU-Projekt »Preparing Women to Lead«, das von der Europäischen Akademie für Frauen in Politik und Wirtschaft Berlin und der TU Berlin angeboten wird. Frauen sollen darin bestärkt werden, nach Führungspositionen zu streben. In einem dreimonatigen Praktikum konnten sie den Führungsalltag einer erfolgreichen Frau miterleben und mit ihr eigene Karriereziele besprechen. Davor und danach fanden Workshops statt. Auch die Niederlande, Belgien und Österreich sind an dem Projekt beteiligt: Die Trainings absolvieren Teilnehmerinnen aus den vier Ländern gemeinsam in Berlin. Auch die Unternehmen und Institutionen, in denen die Mentorinnen arbeiten, sollen mit dem Projekt für gleichstellungspolitische Strategien und Instrumente sensibilisiert werden. Sie können in den Praktika ausgewählte Nachwuchskräfte »erproben« und sie eventuell danach übernehmen. Nicht zuletzt soll das Programm auch die Netzwerke der beteiligten Frauen erweitern.

Seit 1997 existierte das Pilotprojekt, das im Sommer 2000 ausgelaufen ist, aber weitergeführt werden soll. Bis zum Abschluss des Projekts im Mai 2000 wurden 64 Mentoring-Tandems gebildet.

Es entstand auf Initiative von Professor Barbara Schaeffer-Hegel, Professorin an der Technischen Universität Berlin und Gründerin und Leiterin der Europäischen Akademie für Frauen in Politik und Wirtschaft Berlin. Zusammen mit Dr. Helga Lukoschat, der Geschäftsführerin der Europäischen Akademie, und in Kooperation mit der Technischen Universität in Berlin wurde das Projekt aufgebaut. Finanziert wurde es aus Mitteln der Europäischen Union und des Bundesfrauenministeriums.

Auswahl der Mentorinnen und Mentees

Die Liste der Mentorinnen liest sich, so schrieb die *Süddeutsche Zeitung* in einem Bericht über das Programm, wie das »Who is Who deutscher Top-Frauen«. Alle sind Spitzenfrauen aus der Politik oder Managerinnen in großen Wirtschaftsunternehmen. Die Mentorinnen wurden persönlich angesprochen und für die Teilnahme gewonnen, wobei die Europäische Akademie und die TU Berlin aus ihrem eigenen Netzwerk schöpfen konnten.

In einigen Fällen wurden Mentorinnen auch extra gesucht, um Mentees bestimmte Wünsche zu erfüllen.

Die Mentees mussten für ihre Bewerbung einen Essay zu einem gleichstellungspolitischen Thema schreiben. Eine Vorauswahl durchlief dann ein Assessment-Center mit einem speziell dafür entwickelten Verfahren, das ein Einzel- und Gruppeninterview umfasste.

Danach wurden die Teilnehmerinnen ausgewählt. Die Mentees konnten Wünsche angeben, aus welcher Branche und welchem Bereich sie gerne eine Mentorin hätten, zusammen mit den Informationen aus dem Auswahlverfahren nahmen die Organisatorinnen dann das Matching vor.

Bundesfrauenministerin Christine Bergmann: »Warum ich Mentorin bin.«

Auch Dr. Christine Bergmann, Bundesministerin für Familie, Senioren, Frauen und Jugend betätigte sich als Mentorin bei »Preparing Women to Lead« und begründete ihr Engagement gegenüber der Autorin folgendermaßen:

»Mein zentraler Beweggrund, mich als Mentorin zur Verfügung zu stellen, war die deutliche Unterrepräsentanz von Frauen in Führungspositionen in Politik, Wirtschaft und Gesellschaft in unserem Land. Trotz aller gesetzlichen Vorgaben ist es bis heute nicht gelungen, ein ausgewogenes Geschlechterverhältnis in den leitenden Funktionen zu erreichen.

Eine Folge dieses unausgewogenen Zustandes ist unter anderem, dass es jungen Frauen an Vorbildern fehlt, und dass junge Frauen keine informellen Netzwerke haben, die, wenn man männliche Berufsbiographien anschaut, nicht unerheblich zum Aufstieg beitragen können. Auf der anderen Seite haben wir eine Generation erstklassig ausgebildeter und hoch motivierter junger Frauen, für die eine qualifizierte Erwerbstätigkeit zentraler Bestandteil ihrer Lebensplanung ist.

Einer jungen Frau Einblick in den Berufsalltag einer Politikerin und Senatorin zu gewähren, war für mich vor diesem Hintergrund eine Selbstverständlichkeit. Während eines Zeitraums von drei Monaten hat mich eine junge Frau begleitet. So gab es die Möglichkeit eines dauerhaften Dialogs, der sich zeitlich jedoch nicht genau bemessen lässt.

Für mich war interessant, mehr über die Erwartungshaltung junger Frauen, ihre Lebens- und Berufsplanung zu erfahren. Beeindruckend war die hohe Motivation, das große Interesse an konkreter Berufsorientierung und die Bereitschaft, Verantwortung zu übernehmen.«

▨ *Das Rahmenprogramm*

Die Mentee besuchte erst ein zweiwöchiges Vorbereitungsseminar, absolvierte dann ein dreimonatiges Praktikum bei einer Führungsfrau in deren Unternehmen beziehungsweise der politischen oder öffentlichen Organisation und anschließend noch ein einwöchiges Nachbereitungsseminar.

In dem Vorbereitungskurs wurden die Mentees aus Belgien, den Niederlanden, Österreich und Deutschland für künftige Führungspositionen trainiert. Gesprochen wurde Englisch und Deutsch. Themen waren eine persönliche Standortbestimmung, Teamtraining, die Vermittlung professioneller Kommunikations- und Präsentationstechniken sowie Inputs zu aktuellen Managementanforderungen und zu innovativen Formen der Gleichstellungspolitik. Zur Vorbereitung auf das Internship wurden außerdem Zeit- und Projektmanagement vermittelt.

Die Mentorin erhielt einen Leitfaden mit Anregungen, wie sie die Mentoring-Beziehung gestalten könnte. Auf einer gemeinsamen Auftaktveranstaltung lernten sich alle Mentees und Mentorinnen kennen, ehe sie als Tandems in die verschiedenen Organisationen entschwanden.

In der abschließenden Trainingsphase konnten die Mentees ihre Erfahrungen austauschen und unter anderem an einem Bewerbungstraining teilnehmen.

▨ *Mentoring – kurz, aber intensiv*

Klassischem Mentoring, bei dem die Beziehung über einen längeren Zeitraum und persönlichkeitsbildend angelegt sein sollte, entspricht die kurze Zeit des Internship sowie das auf das Training bestimmter Kernkompetenzen konzentrierte Seminarprogramm nicht – aber in der Praxis erwachsen aus den Begegnungen sehr oft Mentoring-Beziehungen, die auch über das Praktikum hinaus anhalten. Der Vernetzung der Frauen dient es allemal.

Mentoring in der Praxis – Aus der Sicht einer Mentorin und einer Mentee

Einstieg in die Politik

Eine Mentoring-Beziehung hat sich beispielsweise zwischen Christel Nickel-Mayer, Mitglied der Geschäftsführung der Friedrich-Ebert-Stiftung, und Elisabeth Schumann-Braune, Absolventin eines Studiums der Volkswirtschaft und Lateinamerikanistik entwickelt. Letztere kommt aus Berlin und hatte bereits Kontakte zu anderen Frauen, die das Programm absolviert hatten. Was sie hörte, klang interessant und das Programm passte in ihre Strategie, die sie nach dem Studium verfolgte: Praktika machen, das Gesichtsfeld erweitern, Kontakte knüpfen und dann entscheiden, wo der Einstieg passt. Andere Praktika, etwa beim Bundespresseamt hatte sie bereits absolviert.

Im Nachhinein betrachtet, nimmt das Programm »Preparing Women to Lead« darin aber eine besondere Stellung ein, meint sie: »Ein großer Gewinn war die Vernetzung mit anderen Frauen aus ganz unterschiedlichen Bereichen. Es gab teilweise völlig unterschiedliche Herangehensweisen an den Beruf und das war spannend mitzuerleben.« Profitiert hat sie auch von den Seminaren, insbesondere zu den Fachthemen wie Geschlechterpolitik oder Steuerpolitik, Veranstaltungen zu anderen Themen, wie etwa Bewerbung, hatte sie schon früher auf eigene Initiative besucht.

Eigeninitiative ist eine Stärke von Elisabeth Schumann-Braune: Ihr verdankt sie auch zu einem großen Teil eine fruchtbare Mentoring-Beziehung. Dezidiert wünschte sie sich nämlich eine Mentorin im Bereich der Entwicklungspolitik und mit »rot-grünem politischem Hintergrund«. In der Kartei der Europäischen Akademie fand sich zunächst keine passende Mentorin, aber man hörte sich speziell für sie um. Schließlich wurde Christel Nickel-Mayer von der Friedrich-Ebert-Stiftung angesprochen, die sofort zusagte.

■ *Zugang zu Frauennetzwerken*

Ein Glücksfall für Elisabeth Schumann-Braune, denn ihre Mentorin betreibt das Knüpfen von Netzwerken zwischen Mitarbeiterinnen der Stiftung seit etlichen Jahren. Und das mit beträchtlichem Erfolg, denn in den vergangenen Jahren schafften gleich sechs Frauen in der Stiftung den Aufstieg in Führungspositionen.

Christel Nickel-Mayer machte ihre Mentee gleich zu Beginn mit der Frauenbeauftragten der Stiftung bekannt und empfahl ihr, das informelle Frauennetzwerk in der Stiftung zu nutzen. Was Elisabeth Schumann-Braune auch tat: Sie unterhielt sich mit vielen Mitarbeiterinnen, deren Türen ihr stets offen standen, und gewann auf diese Weise einen tiefen Einblick in die Arbeit der Stiftung.

Und sie führte natürlich intensive Gespräche mit Christel Nickel-Mayer. Sie drehten sich um die Arbeit, um konkrete Projekte, strategische Themen wie etwa bestimmte Gepflogenheiten im Haus, um Nickel-Mayers Frauenarbeit und deren eigenen Lebensweg. »Sie ist als Person sehr beeindruckend und hat mich sehr teilhaben lassen«, beurteilt Elisabeth Schumann-Braune die Mentoring-Beziehung. »Ich habe vor allem von ihr gelernt, nicht alles für selbstverständlich zu halten und an manche Situationen überlegter heranzugehen.«

Umgekehrt fand Christel Nickel-Mayer es äußerst positiv, wie ihre Mentee die Zeit nutzte, Anregungen umsetzte und sich engagierte. »Ich habe neben dem Beruf mein Studium durchgezogen und die Ochsentour gemacht, bis ich in meiner heutigen Stellung war«, meint Christel Nickel-Mayer. »Deshalb fand ich es interessant zu sehen, wie die jungen Frauen heute an ihren Beruf herangehen: mit einer qualifizierten Ausbildung, großem Selbstbewusstsein und der Bereitschaft, sich trotzdem von anderen Tipps geben zu lassen. Es macht Freude zu beobachten, wie sich die Frauen verändert haben und dass sie so viel fragen.«

■ Einstieg mit vereinten Kräften

Dazu gaben Elisabeth Schumann-Braune auch die Projekte Gelegenheit, die sie in den drei Monaten bearbeitete: Die ersten vier Wochen verbrachte sie bei Christel Nickel-Mayer und erstellte den Frauenjahresbericht der Stiftung. Das war Anlass, mit vielen Mitarbeiterinnen der Stiftung ins Gespräch zu kommen. Anschließend verbrachte sie auf eigenen Wunsch sechs Wochen in der Projektgruppe Entwicklungspolitik, in der sie ein eigenes Projekt bearbeitete.

Sie nutzte ihre Zeit so gut, dass sie anschließend einen Traineevertrag in der internationalen Abteilung erhielt. Ein wirklicher Glücksfall, denn bis auf jährlich drei Trainees besteht seit Jahren in der Stiftung ein Einstellungsstopp. Christel Nickel-Mayer führte Gespräche hinter den Kulissen, Elisabeth Schumann-Braune qualifizierte sich durch ihre Arbeit und ihr Engagement: Im Herbst 2000 konnte sie das Traineejahr beginnen. Womit auch die Mentoring-Beziehung ihre Fortsetzung finden wird, dessen sind sich beide sicher.

Andere Ergebnisse aus »Preparing Women to Lead«

Insgesamt waren die Erfahrungen der Mentees mit ihren Mentorinnen unterschiedlich. »Das reicht von der Einladung in das Ferienhaus der Mentorin bis zu einem eher distanzierten Verhältnis«, weiß Elisabeth Schumann-Braune von den Erfahrungen ihrer Mentee-Kolleginnen. Nach Angaben der TU Berlin finden 65 Prozent der Absolventinnen einen erfolgreichen Berufseinstieg aufgrund eines Angebots in der Internshipfirma. Andere Mentees lehnen eine Anstellung zunächst ab und entscheiden sich dafür, eine Promotion abzuschließen.

■ Freie Mitarbeit

Auch freie Mitarbeit konnte sich nach dem Praktikum ergeben. Wie etwa bei Tanja Dünnfründ. Sie arbeitet nach Beendigung ihrer Mentoring-Beziehung als freie Mitarbeiterin im Unternehmen ihrer Mentorin, der Münchner Unternehmensberaterin Brigitte Winkler weiter. Die studierte Arbeits- und Organisationspsychologin hatte zufällig »bei einer Freundin vor dem Einschlafen in einer Frauenzeitschrift von dem Programm gelesen«. Eine Woche vor Bewerbungsschluss schickte sie ihre Unterlagen per E-Mail und wurde an Brigitte Winkler vermittelt.

Da sie bereits während ihres Studiums nebenher in der Abteilung Training und Organisationsentwicklung bei der Adam Opel AG gearbeitet hatte, konnte sie von Anfang an mitarbeiten, Konzepte erstellen, Brigitte Winkler begleiten, sich anschließend mit ihr über Abläufe und Strategien unterhalten und die Zusammenarbeit innerhalb der drei Personen starken Unternehmensberatung aus nächster Nähe verfolgen. Der Mitinhaber wurde eine Art Co-Mentor und unterstützte sie ebenso wie ihre Mentorin. Nach Abschluss der offiziellen Mentoring-Beziehung wurde ihr die freie Mitarbeit im Unternehmen angeboten. In München blieb sie jedenfalls länger als die ursprünglich geplanten drei Monate.

Manchen Mentees brachte das Praktikum auch Aufschluss über den künftigen beruflichen Weg. So berichtet Helga Lukoschat in der Broschüre des Stephansstift von einer Mentee, die Literaturwissenschaft studiert hatte, aber ein Praktikum in der Personalabteilung eines Unternehmens machen wollte. »Jetzt hat sie eine Stelle in einem Verlag angeboten bekommen, und sie hat abgelehnt, weil sie gesagt hat: ›Nein, ich weiß, ich bin nicht der Mensch, der sich hinter Büchern vergräbt. Ich will in die Wirtschaft gehen!‹«

▓ *Frauen in Führungspositionen*

Eine Nachbefragung der Organisatorinnen ergab, dass etwa die Hälfte der Ex-Mentees ein Jahr nach Beendigung des Programms in mittleren Führungspositionen arbeiteten. Am größten war faktisch aber der Gewinn für die Persönlichkeit: »Das Selbstbewusstsein wird erhöht, die Selbsteinschätzung geschärft und das

Blickfeld wird stark erweitert in der Zeit des Shadowing. Nicht zuletzt ist das Netzwerk ein Gewinn«, so Dorothea Jansen, seit Anfang 2000 Projektleiterin von »Preparing Women to Lead«.

▓ Zukünftige Programme

In Zukunft möchten die Europäische Akademie und die TU Berlin ihr Programm noch ausbauen. Möglicherweise wird dann eine Vermittlungsgebühr von den Mentees verlangt. Ab 2001 sollen Mentoring/Shadowing-Programme für drei verschiedene Zielgruppen angeboten werden:

1. **Für Schülerinnen:** Um die Berufswahl möglichst früh zu beeinflussen und Schülerinnen anzuregen, Ausbildungen in Zukunftsberufen, besonders in technischen und naturwissenschaftlichen Berufen zu machen, richtet sich ein Programm an diese Zielgruppe. Mentorinnen sollen Studentinnen sein.
2. **Studentinnen und Absolventinnen von Hochschulen:** Sie sollen Qualifizierungen in Bereichen erfahren, die nicht an der Hochschule vermittelt werden. Mentoring soll studienbegleitend angeboten werden.
3. **Junge Frauen im Berufsleben:** Ein spezielles Trainings-Programm soll sie qualifizieren, das durch Mentoring begleitet wird.

Praxisbeispiel
EU-Mentoring-Network

Ins europäische Ausland schickte das Bildungswerk der Thüringer Wirtschaft e.V. seine Mentees in seinem Modellprojekt EU-Mentoring-Network. Das Projekt dauerte von Herbst 1999 bis Februar 2001. Danach wird über die Fortsetzung entschieden.

Ziel des Projekts war, die berufliche Mobilität von Frauen zu fördern und ihnen die Chance zu geben, über den Tellerrand, sprich Deutschland, hinaus zu schauen. Junge Frauen verbrachten mehrmonatige Praktika in ausländischen Unternehmen, meist in England, und wurden dort von Mentoren betreut. Zielgruppe des Programms waren junge Akademikerinnen, die bereits im Beruf stehen oder ins Berufsleben einsteigen wollen. Wer einen Hochschul- oder Fachhochschulabschluss hatte und über PC- und Englischkenntnisse verfügte, konnte sich für das Programm bewerben.

■ Mobilität gefo(e)rdert

Doch gerade mit der Bereitschaft zur Mobilität, die das Projekt fördern soll, haperte es noch etwas. Obwohl sich Frauen aus ganz Deutschland für das Projekt bewerben konnten, habe man vor allem in Thüringen dafür geworben, erklärt Katharina Philipps, die Projektleiterin des EU-Mentoring-Networks. Die Resonanz war nicht gerade immens. Ein halbes Jahr leistete das Bildungswerk intensive PR-Arbeit und nutzte allerhand persönliche Kontakte, um geeignete Mentees zu gewinnen. Es gibt in Thüringen hauptsächlich kleine und mittelständische Unternehmen, die über wenig Auslandskontakte verfügen und ihre Mitarbeiterinnen auch nicht ohne weiteres für ein paar Monate freistellen können. Die Chancen eines solchen Aufenthalts wurden – wenn überhaupt – nicht sofort gesehen.

Trotz dieser Startschwierigkeiten ging die erste Gruppe von Mentees im Mai 2000 ins Ausland. Zuvor durchliefen sie ein spezielles Training. In einer Potenzialanalyse wurden ihre fachlichen Grundlagen und beruflichen Kompetenzen analysiert. Außerdem erlernten sie Strategien der Selbstvermarktung und Selbstbeurteilung. Im Abschnitt Landeskunde wurden ihnen die jeweiligen Wirtschafts-, Rechts- und Sozialordnungen sowie regionale Besonderheiten erläutert und die Landessprache trainiert. Außerdem besuchten sie einen Intensivkurs in Wirtschaftsenglisch.

So gerüstet stiegen sie ins Flugzeug. Theoretisch konnte ihr Praktikum in jedem EU-Land stattfinden, praktisch ging es meist nach England. Zum einen wegen der Sprache, da Englisch am geläufigsten ist. Zum anderen ist Mentoring in England üblich und Firmen waren dem Projekt gegenüber sehr aufgeschlossen.

144

Der Aufenthalt sollte mindestens sechs Wochen und höchstens drei Monate dauern.

Im Unternehmen vor Ort wurde die Mentee von einer Mentorin beziehungsweise einem Mentor betreut. Sie wurde durch einen umfangreichen Leitfaden, den das Bildungswerk erstellte, auf ihre Aufgabe vorbereitet. Der Kontakt zur Mentee wurde bereits im Vorfeld des Praktikums hergestellt, sodass beide zumindest schon mal miteinander telefoniert hatten, ehe sie sich das erste Mal begegneten. Im Anschluss an das Praktikum fand noch einmal ein Workshop statt, in dem die Erfahrungen ausgewertet wurden.

Praxisbeispiel
TeleMentoring für arbeitslose Jugendliche

Eine neue Art des Mentoring testet das Europäische Zentrum für Medienkompetenz GmbH (ecmc) im nordrhein-westfälischen Marl: Mentoring per E-Mail. Das bisher einmalige Pilotprojekt in Deutschland richtet sich an arbeitslose Jugendliche oder Jugendliche, die von Arbeitslosigkeit bedroht sind. Seit Herbst 1999 stehen ihnen in speziellen Internetcafés in Bottrop, Gelsenkirchen, Paderborn, Recklinghausen, Lippstadt und Bielefeld Computer mit Internet-Anschlüssen zur Verfügung. Jugendbetreuer weisen sie in die Nutzung ein, in Grundlehrgängen können sie dort allgemein ihre EDV-Fähigkeiten verbessern.

Den Jugendlichen soll über die TeleMentoring-Initiative der Einstieg oder die Rückkehr ins Berufsleben erleichtert werden. Sie melden sich online beim ecmc für das Programm an und nennen ihren Berufswunsch. Das ecmc verfügt über eine Mentoren-Kartei, in der vom Rechtsanwalt über den Krankenpfleger, die Bilanzbuchhalterin, den Reiseleiter und Friseur bis zum Chemotechniker oder IT-Consultant etliche Berufe versammelt sind. Bei speziellen Wünschen der Jugendlichen macht sich das ecmc auch auf die Suche nach einem passenden Mentor im Wunschberuf.

■ E-Mail – passendes Medium für Jugendliche

Sind Mentor oder Mentorin gefunden, erhalten sie die E-Mail-Adresse der Jugendlichen und nehmen Kontakt zu ihnen auf. »Gerade für diese Zielgruppe ist der Kontakt per E-Mail gut«, erklärt Dr. Barbara Gehrke, die beim ecmc für das Projekt verantwortlich ist. Mit der Distanz per E-Mail können die Jugendlichen ungehemmt und unkompliziert ihre Fragen stellen.

Auch für die Mentoren sei dieser Austausch vorteilhaft, meint Barbara Gehrke. Sie können sich ihre Zeit selbst einteilen und dann antworten, wenn sie mal eine freie halbe Stunde haben. Von Vorteil ist auch die räumliche Unabhängigkeit – Mentor und Mentee müssen nicht unbedingt in derselben Stadt sein. TeleMentoring versteht sich als ergänzendes Angebot zu der professionellen Berufsberatung der Arbeitsämter.

■ Der Austausch

Natürlich hat das Mentoring per E-Mail Grenzen, weil nicht unmittelbar zu erkennen ist, wie eine Message beim Empfänger ankommt. Wie bei anderen Mentoring-Projekten auch, ist der Erfolg des Mentoring aber letztlich immer vom persönlichen Engagement der Beteiligten abhängig. Zudem sind Treffen zwischen Mentor und Mentee auch hier ja nicht ausgeschlossen. Jedenfalls wird diese persönliche Variante der Berufsberatung bei den Jugendlichen stark nachgefragt: 80 Jugendliche haben sich seit Einführung des Programms als Mentees registrieren lassen. Im Februar 2000 gab es die Möglichkeit, bei einem virtuellen Chat die anderen Teilnehmer des Projekts kennen zu lernen und Erfahrungen auszutauschen.

Was mit den Mentoren besprochen wird und wie lange der Kontakt anhält, ist Gegenstand der Begleitforschung des ecmc. In die Dialoge der TeleMentoring-Teilnehmer hat es jedoch keinen direkten Einblick. Manchmal springt es als Vermittler ein, wenn der Kontakt zwischen Mentee und Mentor plötzlich abbricht. »Wenn ein Mentor seinen Mentee für ›verschollen‹ erklärt, versuchen wir diesen über die Internetcafés wieder aufzuspüren. In dem Alter haben die Jugendlichen oft sehr viele E-Mail Adressen oder wechseln sie häufig. Sehr oft liegt es einfach daran, dass die Jugendlichen vergessen haben, ihrem Mentor die neue Adresse mitzuteilen«, erklärt Barbara Gehrke.

Das ecmc und die Förderer des Projekts

Initiiert wurde das Programm vom nordrhein-westfälischen Arbeitsministerium. Es wird mit Mitteln aus dem Europäischen Sozialfonds finanziert. Die Internetcafés werden vom Landesarbeitsamt Nordrhein-Westfalen unterhalten, das auch die Betreuung durch geschulte Jugendliche und die Grundlehrgänge für die arbeitslosen Jugendlichen organisiert.

Das Europäische Zentrum für Medienkompetenz wird zu gleichen Teilen von insgesamt 14 öffentlichen und privaten Gesellschaftern getragen: Die Telekom, der Deutsche Gewerkschaftsbund, die Stadt Marl oder auch der Westdeutsche Rundfunk sind darunter. Das ecmc plant Konzepte zur Entwicklung von Medienkompetenzen für unterschiedliche Felder und Zielgruppen und setzt diese Projekte dann auch um.

Zukünftige Projekte

Dem TeleMentoring will sich das ecmc in Zukunft ganz besonders widmen. Geplant ist zum Beispiel, bestehende Mentoring-Programme unter einem Dach zu bündeln und einen gemeinsamen Internet-Auftritt zu ermöglichen. Auch die Beratung von Mentoring-Projekten in Unternehmen und für Organisationen möchte das ecmc in Zukunft anbieten. (Informationen über neue Programme auf der Homepage des ecmc, Adresse siehe Serviceteil.)

Mentoring in der Politik

Wer ein politisches Amt übernimmt, muss es nicht nur inhaltlich erfüllen, sondern auch die Spielregeln der Politik kennen: Umgang mit dem politischen Gegner, Rede- und Argumentationsgeschick, Durchhaltevermögen, Diplomatie, Verschwiegenheit, Organisationsfähigkeit, strategisches Denken sind dabei Qualifikationen, die ebenso zählen wie die fachliche Beschlagenheit. »In der Wirtschaft würde für Personal mit vergleichbaren Anforderungen entsprechende Schulung angeboten, auf jeden Fall stünde in einer Einarbeitungsphase eine einschlägig fachkompetente Person dem Neuling zur Verfügung. Für Frauen, die in die Politik gehen, gibt es diese Chance nur sehr begrenzt«, heißt es in einer Broschüre des Mentorinnen-Projekts des rheinland-pfälzischen Ministeriums für Kultur, Jugend, Familie und Frauen. Dort wurde dann auch ein Mentoring-Programm eingerichtet, das diesen Zweck erfüllen soll.

Praxisbeispiel
»Mehr Frauen in die Politik! –
Politikerinnen fördern den Nachwuchs«

1998 diskutierte anlässlich des 80. Jahrestages des Frauenwahlrechts eine Runde von Politikerinnen des Landes Rheinland-Pfalz, unter ihnen auch die Frauenministerin Dr. Rose Götte. Von vielen Politikerinnen wurde der Wunsch geäußert, mehr junge Frauen dafür zu gewinnen, aktiv in die Politik zu gehen und Ämter zu übernehmen. Mentoring wurde als ein Mittel genannt, um das zu erreichen.

Ministerin Götte setzte die Idee um. Karin Drach, Referatsleiterin in ihrem Ministerium, erstellte ein Konzept und im April 1999 wurde das Mentoring-Projekt »Mehr Frauen in die Politik! – Politikerinnen fördern den Nachwuchs« gestartet. Rose Götte hatte vorweg einen Brief an ihre Kolleginnen in der Politik geschrieben, in dem es hieß: »In den vergangenen Jahren konnte zwar in den politischen Gremien ein kontinuierlicher Zuwachs an Frauen beobachtet werden; die Prognosen gehen aber davon aus, dass wir vor einer rückläufigen Entwicklung stehen. Immer weniger Frauen – so berichtet uns die Meinungsforschung – ziehen die Politik als Beruf ins Kalkül.«

Dem will das Projekt »Mehr Frauen in die Politik! Politikerinnen fördern den Nachwuchs« entgegenwirken. Junge Frauen aus Rheinland-Pfalz, die an Politik interessiert sind oder sich bereits in politischen Gremien engagieren, werden mit hochkarätigen Politikerinnen in Mentoring-Tandems verbunden. Sie sollen lernen, sich selbstbewusst darzustellen, Insider-Informationen bekommen und Selbstvertrauen entwickeln, um später ein Amt in der Politik zu übernehmen. Ursprünglich sollte das Projekt bis Ende 1999 laufen, es wurde aber wegen des großen Erfolges bis 2001 verlängert.

◾ Die Mentorinnen

Der Aufruf von Ministerin Götte fand Anklang: 38 Mentorinnen stellten sich mittlerweile zur Verfügung, 39 Tandems konnten zusammengebracht werden. Alle Parteien waren vertreten, von SPD, über CDU und FDP und Grüne bis zu den Freien Wählern, aus allen Regionen des Bundeslandes. Die Frauenministerin betätigte sich selbst als Mentorin, daneben die Staatssekretärin im Ministerium für Bildung, Wissenschaft und Weiterbildung, Mitglieder des Landtags in Rheinland-Pfalz, eine Abgeordnete des Europaparlaments, zwei Landrätinnen (die beiden einzigen Frauen unter 24 Landräten in Rheinland-Pfalz), fünf Bürgermeisterinnen, Stadträtinnen, Mandatsträgerinnen im Landkreis und Mitarbeiterinnen kommunaler Einrichtungen. Für jede Mentorin wird eine Vorschlagmappe erstellt, aus der sie sich eine oder mehrere Frauen aussuchen kann, die sie als Mentees betreuen will.

◾ Die Mentees

Alle Altersklassen konnten sich bewerben: Schülerinnen, Studentinnen, junge Frauen oder Frauen in einer Phase der beruflichen Um- oder Neuorientierung. Sie erhielten einen Fragebogen, in dem ihre persönlichen Daten erfasst wurden, in dem sie aber auch Wünsche hinsichtlich ihrer Mentorin äußern konnten: Welcher Partei sie angehören oder welche Schwerpunkte sie in ihrer politischen Arbeit verfolgen sollte. Selbst mussten die Mentees nicht unbedingt einer Partei angehören, politisches Interesse reichte für eine Bewerbung aus.

▨ *Ergebnisse*

Die Mentorinnen wurden im März 1999 über den Ablauf des Programms informiert. Im April 1999 fand die offizielle Auftaktveranstaltung statt, seitdem treffen sich Mentees und Mentorinnen nach individuellen Absprachen. Am Ende eines Projektjahres verschickte Karin Drach an alle Mentees und Bewerberinnen, insgesamt 82 Frauen, einen Fragebogen, um den bisherigen Erfolg des Mentoring auszuwerten. Etwa ein Drittel der Frauen antwortete. Das Ergebnis: »Es gibt kaum eine Art des Lernens im Erwachsenenalter, die den Wunsch von Frauen nach praxisnaher Fort- und Weiterbildung zielgerichteter erfüllt als Mentoring. Frauen schätzen hier, dass sie unmittelbar lernen und erleben können, sich gleichzeitig austauschen, also kommunikativ sein und sich selbst kritisch überprüfen können. Diese Möglichkeit der direkten Reflexion wird, das haben zahlreiche Rückmeldungen im Rahmen von Seminaren und Gesprächsrunden deutlich gemacht, nicht nur von den Mentees, sondern auch von den Mentorinnen sehr geschätzt. In einem ›geschützten‹ Raum mit einer vertrauten Person über persönliche Unzulänglichkeiten oder erreichte oder nicht erreichte politische Ziele und Wege sprechen zu können, aber auch über das bisher Erreichte konstruktiv gemeinsam nachzudenken, sind positive Ergebnisse des Projektes, die von allen Seiten zu Beginn so nicht vorhersehbar waren.«

Das Mentoring-Projekt startete zwei Monate vor der rheinland-pfälzischen Kommunalwahl im Juni 1999. Deshalb war klar, dass sich das Mentoring nicht bereits deutlich auf Wahlerfolge der Mentees auswirken würde. Eine langfristige Förderung der jungen Politikerinnen war deshalb auch die Hauptzielsetzung. Dennoch schafften laut Fragebogen-Auswertung neun Mentees den Sprung in den Gemeinde- oder Stadtrat. Eine wurde stellvertretende Bürgermeisterin, zwei weitere wurden Beigeordnete in der Verbandsgemeinde, zwei sind zusätzlich Mitglieder von Kreistagen, vier Mentees stellen nun auch den Fraktionsvorsitz ihrer Partei. Karin Drach: «Aus Gesprächen ist mir außerdem bekannt, dass es bei weiteren drei Mentees mit der Erringung eines Mandates geklappt hat.»

Auf die Frage, inwiefern die Mentorin ihren »Schützling« im Wahlkampf unterstützt hätte, antworteten die Mentees, dass die Mentorin:

- ihnen geholfen hätte, über eine Strategiediskussion zu einer besseren Einschätzung ihrer eigenen Person zu kommen und wertvolle Tipps, die zum Erfolg geführt hätten, vermittelt habe;
- ausführlich die Wahlkampfstrategie erläutert und Tipps zur Kommunalpolitik gegeben habe;
- das Gefühl vermittelt habe, nicht alleine dazustehen;
- den Blick hinsichtlich parteipolitischer Arbeit und Strukturen geschärft habe;
- sie im Umgang mit der Presse geschult habe;
- ihr sachliche Fragen erläutert habe;
- Einblicke in den politischen Alltag vermittelt habe.

Weiter heißt es in der Auswertung: »Besonders wertvoll war den Mentees, dass sie von ihren Mentorinnen zu Veranstaltungen mitgenommen, anderen Politikern vorgestellt, im öffentlichen Auftreten konkret geschult wurden und moralische Unterstützung erhielten. Deutlich wird bei allen Antworten, dass die Mentorin den Erwartungen hinsichtlich einer Vorbildfunktion voll gerecht wird. Es gibt gerade in der heutigen Welt immer noch zu wenige weibliche Vorbilder, die der nachwachsenden Generation oder solchen Frauen, die in ähnlichen Lebensabschnitten stecken, Vorbild auf deren Lebensweg sein können.«

Die Mentees empfahlen aus ihrer eigenen Erfahrung heraus Mentoring im politischen Bereich, weil

- »Frauen mehr Unterstützung brauchen«;
- »das Erkennen von Strukturen und Hierarchien wichtig ist«;
- »man Insider-Wissen aus 1. Hand bekommt«;
- »man ein politisches ›Startpaket‹ erhält«;
- »man auch ohne politische Familie von Netzwerken profitieren kann«;
- »sich so viele ›Standardfehler‹ für Neueinsteigerinnen und der damit verbundene Frust minimieren lassen«;
- »gerade Frauen stärker politisch aktiv werden sollten, oft aber über keine Kontakte verfügen«;
- »Politik ein Handwerk ist, und Mentorinnen helfen, es zu erlernen.«

▨ *Weitere Programme?*

Da im Sommer 2001 Landtagswahlen in Rheinland-Pfalz stattfinden, können auch da noch mal positive Ergebnisse für Frauen erwartet werden. Weiterer Erfolg und auch Intention des Programms: In der Südpfalz haben einige Politikerinnen bereits ein eigenes regionales Mentoring-Programm umgesetzt. So wird es auch vom Ministerium gewünscht, meint Karin Drach: »Wir können nur den Anstoß geben. Es wäre wünschenswert, wenn Mentoring dann auf kommunaler Ebene weitergeführt würde. Das Programm des Ministeriums kann nicht unbegrenzt laufen.«

▨ *Netzwerkbildung*

Von den am Programm beteiligten Mentees wurden im November 1999 der verstärkte Aufbau eines politischen Netzwerkes gefordert. Die Namen der beteiligten Mentees wurden deshalb bekannt gemacht und Mentees und Mentorinnen trafen bei gemeinsamen Gesprächsforen zusammen. Den Mentees wurden außerdem im Jahr 2000 drei Workshops zu den Themen Strategien, Öffentlichkeitsarbeit und Zeit-, Stress- und Ressourcenmanagement angeboten. Sie waren anfangs nicht vorgesehen, wurden dann aber auf Wunsch der Mentees organisiert.

Was ist Gender-Mainstreaming?

Gender-Mainstreaming ist ein neuer Ansatz in der Gleichstellung von Frauen. Ziel ist, nicht mehr nur einzelne Maßnahmen zur Gleichstellung von Frauen zu ergreifen, sondern diese in einem breiten, systematischen Ansatz umzusetzen. Alle Maßnahmen in Politik, Wirtschaft und Gesellschaft sollen daraufhin überprüft werden, wie sie sich auf Frauen in allen Ebenen der Gesellschaft auswirken.

Im Amsterdamer Vertrag der EU von 1999 wird Gender-Mainstreaming ausdrücklich als Ziel genannt. Die Europäische Union (EU) definiert den Begriff folgendermaßen:

»Gender-Mainstreaming ist die (RE)-Organisation, Verbesserung, Entwicklung und Evaluation grundsätzlicher Prozesse, mit dem Ziel, eine geschlechtsbezogene Sichtweise in alle politischen Konzepte auf allen Ebenen und in allen Phasen durch alle normalerweise an politischen Entscheidungsprozessen beteiligten AkteurInnen einzubringen.«

In Deutschland arbeitet man derzeit daran, Gender-Mainstreaming zu verwirklichen: Die Frauenministerinnen der Länder haben auf einer Konferenz 1999 beschlossen, den Gender-Mainstreaming-Ansatz durchgehend auf Bundes- und Länderebene umzusetzen. Dazu sollen Daten erfasst, Kriterienkataloge erstellt und Maßnahmen zum Controlling konzipiert werden. Auch das Bundesministerium für Frauen entwickelt einen Kriterienkatalog dazu, wie Gender-Mainstreaming umgesetzt werden kann. (Info-Adressen zu dem Thema im Internet siehe Serviceteil.)

Mentoring in Österreich

In Österreich sind derzeit ebenfalls etliche Mentoring-Projekte am Entstehen. Zielgruppe dieser Projekte sind in erster Linie Frauen und Mädchen. Pionierarbeit hat dabei die Mentoring-Plattform Tirol geleistet. Auf deren Homepage im Internet kann man sich über weitere Projekte in Österreich informieren.

Praxisbeispiel
Mentoring-Plattform Tirol

Als erster Verein in Österreich hat sich die Mentoring-Plattform Tirol darauf spezialisiert, die berufliche Karriere von Frauen mithilfe von Mentoring zu fördern. Ziel ist es, die Idee des Mentoring bekannt zu machen und Unternehmen, Verwaltungen oder Institutionen anzuregen, selbst Mentoring-Projekte umzusetzen. Dazu unterhält die Plattform nicht nur eine informative Homepage, sondern erarbeitet auch Material zum Thema Mentoring, organisiert Veranstaltungen, hält Vorträge und berät interessierte Organisationen, die Mentoring-Programme einführen wollen.

Mitglied bei der Mentoring-Plattform Tirol kann jede Frau in Tirol werden. Die Plattform kooperiert mit den Frauenreferaten der Wirtschaftskammer, der Arbeiterkammer, des Gewerkschaftsbundes und der Stadt Innsbruck.

Einmal im Monat lädt die Mentoring-Plattform außerdem zum Karrierefrühstück in Innsbruck ein. Die Idee hat sich inzwischen ausgebreitet, sodass auch in anderen Städten Österreichs solche Karrierefrühstücke organisiert werden. Die Teilnehmerinnen, Mitglieder und interessierte Frauen, hören dabei ein Input-Referat, das meist von einer Frau gehalten wird, die in einer von Männern dominierten Branche arbeitet, und diskutieren darüber. Das Treffen dient vor allem der Vernetzung der Frauen: »Unsere Erfahrung ist, dass Mentoring am besten funktioniert, wenn es in einem Netzwerk eingebettet ist«, meint die Bildungsmanagerin Christiana Weidel, die das Projekt gemeinsam mit der Leiterin des Frauenreferats des Landes Tirol, Elisabeth Stögerer-Schwarz, initiiert und aufgebaut hat. Durch das Netzwerk kennen beide eine Anzahl potenzieller Mentorinnen, die sie bei Bedarf ansprechen können.

Mentoring-Beziehungen zu vermitteln, ist jedoch nicht das Hauptziel des Vereins: Durch Pilotprojekte sollen andere anregt werden, selbst die Initiative zu ergreifen. Zu diesen Pilotprojekten gehört beispielsweise das europäische Projekt Mellow, an dem sich der Verband beteiligt hat. Darin werden Mädchen und Frauen in technischen Berufen mit Mentoring unterstützt (siehe Seite 194). Auch ein Pilotprojekt, bei dem fünf junge Gemeinderätinnen von erfahreneren Politikern und Politikerinnen vor einer anstehenden Wahl unterstützt werden, hat die Mentoring-Plattform Tirol angeregt. Zusammen mit den CeiberWeibern, einer Fraueninitiative im Internet, organisiert der Verein außerdem derzeit ein elektronisches Mentoring-Projekt, bei dem sich interessierte Mentees virtuell um eine Mentorin bewerben können.

Vernetzung zwischen Stadt und Land

Ein weiteres Projekt ist seit Juli 1999 ein regionales Mentoring-Programm in Oberösterreich, bei dem Mentorinnen aus der Stadt Mentees vom Land betreuen, um eine Vernetzung von Stadt- und Land-Ansässigen zu vermitteln. Es wurde im Rahmen des vierten mittelfristigen Aktionsprogramms der Europäischen Gemeinschaft zur Chancengleichheit von Frauen und Männern aufgebaut und lief im Juni 2000 aus. Seitdem wird es regional weitergeführt. Kooperationspartner sind das Frauenreferat des Amtes der Niederösterreichischen Landesregierung, die Niederösterreichische Landesakademie und andere Träger.

Die Vernetzung von Frauen zwischen Stadt und Land soll langfristig dazu führen, dass Frauen sich verstärkt an regionalen und kommunalen Institutionen beteiligen und damit an gesellschaftlichen Entscheidungen mitwirken. 1999 wurden 50 Mentoring-Tandems gebildet, im Jahr 2000 noch einmal 50. Die Mentees kommen aus dem breiten Bereich Politik und Öffentlichkeit, sind beispielsweise Gemeinderätin, Autorin und Coach oder in der Entwicklungspolitik, Sozialforschung oder in der Schulorganisation tätig.

Neben der Vermittlung von Mentoring-Beziehungen dienen weitere Maßnahmen dem Ziel der stärkeren Beteiligung von Frauen an der Macht:

- Regionale Mentoring-Treffen
- Eine spezielle Workshop-Reihe für Frauen zur Unterstützung der fachlichen und persönlichen Kompetenzen der Mentees. Themen sind »Rhetorik und Selbstpräsentation«, »Netzwerke und Kooperationen von und für Frauen« und »Internet und elektronische Kommunikationsformen zur effektiven Vernetzung von Frauen«. Regionale Fraueninitiativen können diese Workshops den Frauen in ihrer Region anbieten.
- Fachvorträge zur beruflichen Weiterbildung in den Regionen
- Internetforum: Auf der Webseite der CeiberWeiber wird auf aktuelle Termine und Veranstaltungen hingewiesen.

6 Mentoring für Mitglieder

Mentoring kann auch von Vereinen, Berufsverbänden, Gewerkschaften oder Parteien für ihre Mitglieder organisiert werden. Bisher existierende Programme richten sich auch hier vor allem an Frauen und haben folgende Zielsetzungen:

- Berufsverbände wollen ihre Mitgliedsfrauen in ihrer beruflichen Entwicklung unterstützen. Nebeneffekt ist, dass der Zusammenhalt innerhalb des Vereins gestärkt wird und die vorhandenen Kompetenzen sichtbar und nutzbar gemacht werden.
- Neue Mitglieder in Berufsverbänden werden schneller mit Strukturen vertraut oder an Aufgaben innerhalb der Organisation herangeführt.
- Potenzielle Mitglieder werden zu einer Mitgliedschaft ermutigt, da sie sofort bei ihrem Eintritt persönlichen Kontakt zu einem Mentor oder einer Mentorin knüpfen, die sie in die Organisation einführen und mit anderen Mitgliedern bekannt machen können.
- Gewerkschaften wollen ihre Mitgliedsfrauen darin unterstützen, neue Aufgaben und höhere Positionen innerhalb der Gewerkschaft zu übernehmen.
- Als bisher einzige Partei in Deutschland wollen Bündnis 90/ Die Grünen grüne Nachwuchspolitikerinnen sichtbar machen, sie mit informellen Strukturen vertraut machen und zur Übernahme höherer Parteiämter ermutigen.

Vorstellbar ist, dass Verbände in Zukunft Mentoring-Programme für Männer und Frauen anbieten, um Minderheitengruppen in die Organisation einzuführen beziehungsweise umgekehrt, die

Mitglieder für die besondere Situation der Minderheit zu sensibilisieren. Zum Beispiel könnte es Mentoring-Programme zur Integration von ausländischen oder behinderten Mitgliedern geben.

Mentoring in Berufsverbänden

Mentoring für Bücherfrauen

Bei den Bücherfrauen e.V. können Frauen aus der Buchbranche Mitglied werden. Sie arbeiten in Buchhandlungen, den verschiedenen Abteilungen der Verlage (Lektorat, Presse, Marketing, Vertrieb, Herstellung oder Lizenzen) oder als freie Autorinnen, Lektorinnen oder Übersetzerinnen. Die Bücherfrauen bieten ein Forum zum Austausch und Kontakt sowie zur Information über Trends, Fortbildungen und aktuelle Themen und vertreten nach außen die Interessen der in dieser Branche beschäftigten Frauen. Der Verein ist in Städtegruppen organisiert, einmal im Jahr findet an einem wechselnden Ort eine Jahresversammlung statt. International gehören sie dem Verband »Women in Publishing« an.

Anfang 1998 traf sich eine kleine Gruppe von Mitgliedern der Münchner Bücherfrauen mit der Idee, ein Mentoring-Projekt für Bücherfrauen in München auf die Beine zu stellen. Die Gruppe wuchs im Laufe der Zeit auf acht Frauen an, die bis Abschluss der ersten Runde als ehrenamtliches Team zusammenblieben, um das Projekt umzusetzen.

Expertinnen vom Deutschen Jugendinstitut in München gaben erste Informationen über Ablauf und Organisation eines solchen Projektes.

▪ *Mentorinnen und Mentees*

Zunächst wurde eine Kartei mit potenziellen Mentorinnen gebildet: Zirka 70 Briefe gingen an Frauen, die in den verschiedenen Bereichen der Verlage oder als Selbstständige in führenden

Positionen, mit langjähriger Erfahrung und gutem Ruf in der Branche tätig sind. 30 Frauen bekundeten ihre Bereitschaft, sich als Mentorinnen zu betätigen. Darunter waren Redaktionsleiterinnen, Autorinnen, Agentinnen, Beraterinnen im Verlagsbereich, langjährige renommierte freie Lektorinnen und Übersetzerinnen.

Anschließend erging an die etwa 120 Münchner Bücherfrauen ein Aufruf im monatlichen Rundbrief der Städtegruppe, in dem das Projekt vorgestellt und interessierte Frauen aufgerufen wurden, sich als Mentees zu bewerben. 17 Frauen wollten schließlich als Mentees teilnehmen. Bei zweien stellte sich heraus, dass sie Mentoring eher als Gelegenheit verstanden, eigene Projekte zu vermarkten. Sie wurden deshalb aus dem Mentee-Pool herausgenommen. Die Gruppe der verbliebenen 15 Mentees war sehr gemischt: von Frauen, die bereits erste Führungspositionen in Verlagen innehatten, über Angestellte in Verlagen, bis zu freien Lektorinnen oder Wiedereinsteigerinnen, die nach der Kinderpause ihre beruflichen Ziele klären und wieder Anschluss ans Berufsleben finden wollten.

In einem Fragebogen machten Mentorinnen und Mentees Angaben zu ihrem beruflichen Werdegang, ihren beruflichen Interessen und ihrer Motivation, Mentee oder Mentorin zu werden. Anhand dieser Angaben wurde »gematcht«: 15 Tandems stellten die Organisatorinnen zusammen. Kriterien waren ähnliche Arbeitsbereiche und das »Fingerspitzengefühl« der Organisatorinnen, ob Paare menschlich zusammenpassen könnten. Da die Organisatorinnen die Frauen zu einem großen Teil persönlich kannten, erleichterte das die Zuordnung.

Anschließend wurden Mentorinnen und Mentees telefonisch kontaktiert. Sie bekamen ein kurzes anonymes Porträt der zugedachten Mentee oder Mentorin. Wobei gelegentlich ein Name »aufflog«, da man sich in der Branche in München natürlich kennt. Auf diese Weise jedoch konnte vermieden werden, dass gute Bekannte, die sich sowieso austauschen, auch noch eine Mentoring-Beziehung eingingen, beziehungsweise konnte –

wenn Bedenken bestanden – die Partnerin im Tandem gewechselt werden.

Finanzierung

Das Engagement der Organisatorinnen und Mentorinnen war ehrenamtlich. Trotzdem kostete das Mentoring Geld: Auslagen für Porto und Telefon entstanden, die Auftakt-, Zwischen- und Abschlussveranstaltungen mussten finanziert werden, eine Broschüre sollte die Ergebnisse des Pilotprojekts für andere Städtegruppen der Bücherfrauen festhalten.

Briefe an Verlage und andere Unternehmen, mit der Bitte, das Projekt zu sponsern, erwiesen sich als erfolglos. Daneben wurde der Kontakt zum Referat für Arbeit und Wirtschaft der Stadt München geknüpft, die sich für Mentoring zur Gleichstellung von Frauen interessierten und bereit waren, das Pilotprojekt zu unterstützen. Zusammen mit Beiträgen aus der zentralen Kasse der Bücherfrauen und aus der Kasse der Städtegruppe München wurde die Finanzierung der ersten Runde gesichert.

Ablauf des Mentoring

Als Schirmfrau des Münchner Mentoring-Forums, wie es offiziell getauft wurde, hatte sich die Münchner Autorin Amelie Fried auf Bitte der Organisatorinnen zur Verfügung gestellt. Im Juni 1999 fand die Auftaktveranstaltung für das einjährige Mentoring statt. Mentorinnen und Mentees trafen sich zum ersten Mal, erhielten Informationen zum Ablauf von Mentoring und hatten die Gelegenheit, sich untereinander auszutauschen.

Bis auf zwei Paare blieben alle Tandems das gesamte Jahr über zusammen, trafen sich etwa einmal im Monat, telefonierten oder hatten Austausch per E-Mail. Bis auf ein Paar waren alle in München und Umgebung angesiedelt, sodass die Treffen räumlich gut zu organisieren waren. Ein Tandem trennte sich bereits nach dem ersten individuellen Treffen, da die Chemie nicht stimmte. Auch ein Gespräch mit einer Organisatorin konnte am einvernehmlichen Auseinandergehen nichts ändern. Ein anderes

Paar setzte die Beziehung nach einigen Monaten nicht fort, da die Mentee eine private Krise erlebte und das Mentoring in dieser Zeit nicht fortsetzen wollte.

Eine Halbzeit-Veranstaltung im Januar 2000 gab Mentorinnen und Mentees Gelegenheit, ihre Erfahrungen miteinander auszutauschen und Feedback an die Organisatorinnen zu geben.

■ *Rahmenprogramm*

Gesprächsbedarf bestand vor allem hinsichtlich des Rahmenprogramms, das von den Teilnehmerinnen so gut wie gar nicht wahrgenommen worden war. Angeboten worden waren Einführungs-Workshops für Mentees und Mentorinnen sowie Seminare zu Themen wie Zeitmanagement, Konflikt- und Stressmanagment, Gesprächsführung oder Selbst-PR. Zustande kamen nur ein Einführungs-Workshop für Mentees und ein Seminar zur Selbst-PR von der Trainerin Sabine Asgodom, die selbst Mentorin war. Alle Workshops waren zu günstigen Preisen angeboten worden, dennoch war die Bereitschaft, über das Mentoring hinaus in Seminare zur Persönlichkeitsentwicklung zu investieren, gering. Die Mentorinnen hatten teilweise erwartet, den Einführungs-Workshop kostenlos angeboten zu bekommen. In künftigen Runden sollen diese Workshops noch mehr auf den Bedarf der Teilnehmerinnen hin abgestimmt oder gar nicht mehr angeboten werden.

Den Teilnehmerinnen wurde außerdem die Vermittlung einer Supervisorin angeboten, falls sie Probleme in ihrer Beziehung klären wollten beziehungsweise an eigenen Themen mit einer professionellen Begleitung arbeiten wollten. Das wurde ebenfalls nicht wahrgenommen.

Alle zwei Monate wurden regelmäßige getrennte Stammtische für Mentees und Mentorinnen in einer Münchner Kneipe von den Organisatorinnen angeboten. Pro Treffen kamen etwa ein bis drei Teilnehmerinnen. Auch hier war der Bedarf, ein Netzwerk zu bilden und Erfahrungen auszutauschen, erstaunlich gering. Möglicherweise haben Bücherfrauen bei anderen

Gelegenheiten genug Möglichkeiten, ihr Netzwerk zu knüpfen. Die Mentorinnen standen sicherlich auch aufgrund ihrer Positionen unter erheblichem Zeitmangel.

■ *Ergebnisse*

Im Frühjahr 2000 war ein Fragebogen an alle 30 Mentees und Mentorinnen verschickt worden. 23 Teilnehmerinnen antworteten und gaben Auskunft über Verlauf und Ergebnisse ihres Mentoring-Jahrs. Die Ergebnisse wurden in der öffentlichen Abschlussveranstaltung im Juli 2000 dargestellt. Danach waren 90 Prozent der Befragten mit der Vermittlung ihrer Partnerin zufrieden. Mentees konnten vor allem ihre beruflichen Ziele klären, neue Strategien erarbeiten, sich bei Bewerbungen oder Gehaltsverhandlungen unterstützen lassen und bewerteten es generell positiv, von einer erfahrenen Frau im Berufsalltag beraten zu werden. Umgekehrt werteten die Mentorinnen die Weitergabe ihrer Erfahrungen, die Selbstreflexion, ihre persönliche Weiterentwicklung als Führungskraft und die erfolgreiche Begleitung ihrer Mentees als positive Ergebnisse. Organisation und Ergebnisse des Münchner-Mentoring-Forums sind in einer Broschüre zusammengefasst. Die nächste Mentoring-Runde, organisiert von einem neuen Organisationsteam, soll im Frühjahr 2001 starten (siehe auch »Ehrenamtliches Engagement in Berufsverbänden«, Seite 166).

Mentoring in der Praxis – Aus der Sicht einer Mentorin

Anteilnahme und Abgrenzung

Kurz nach dem ersten Treffen zog die Mentee nach Frankfurt um. Sie sollte dort in einem Verlagshaus die elektronische Veröffentlichung von Büchern aufbauen und verantworten. Beide, die Mentee und ihre Mentorin, Ulrike Buergel-Goodwin, tätig in einem Münchner Verlag, waren aber bereit, die Mentoring-Beziehung über die Distanz München-Frankfurt zu führen. Was problemlos klappte – da beide es wirklich wollten, bei aktuellen Themen auch Telefon und E-Mail als Medien benutzten. Einmal im Monat kam die Mentee nach München.

Unterstützung in der beruflichen Krise

Bereits nach kurzer Zeit wurde deutlich, dass sich die Situation der Mentee in ihrem neuen Job zu einer Krise zuspitzte. Das Umfeld stimmte nicht und der Kontakt zum neuen Chef wurde immer schwieriger. Ein Jahr später kündigte sie aus der Erkenntnis heraus, dort keine Unterstützung mehr zu finden. Während dieser Zeit hielt Ulrike Buergel-Goodwin regelmäßig Kontakt zu ihr und besprach mit ihr die Vorgänge. Ihre Rolle als Mentorin verstand sie dabei so: »Ich wollte eine Art ›Spiegel‹ sein, und ihr reflektieren, wie ihr Verhalten und ihre Erzählungen bei mir ankommen.« Sie stellte ihrer Mentee Fragen, die sie zum Nachdenken anregen sollten. Mit konkreten Hilfsangeboten hielt sie sich aber zurück.

Beide waren sich einig, dass das Mentoring gerade in einer Krisensituation auch Grenzen hat und nicht überfordert werden darf. So ließ sich die Mentee teilweise auch von einem Coach beraten und besprach private Auswirkungen der beruflichen Krise nicht mit ihrer Mentorin. »Sie hat mich nie als Kummerkasten benutzt und ihr war klar, dass sie letztlich allein die Entscheidungen treffen muss«, meint Ulrike Buergel-Goodwin. Sie selbst wollte zur Klärung beitragen, Anteil nehmen und zuhören, aber keine Lösungen anbieten. Die Verantwortung sollte bei ihrer Mentee bleiben. Was nicht bedeutet, dass sie nicht auch mal kritische Denkanstöße gab. Etwa als sie den Eindruck hatte, dass die Mentee den ganzen Konflikt zu sachlich betrachtete und den emotionalen Teil ganz herausließ. Was diese mit ihren Rückmeldungen jedoch anfing, überließ sie ihr.

Im Rückblick urteilt Ulrike Buergel-Goodwin, es hätte auch anders laufen können. Beide passten in ihrer Einstellung zum »Prinzip Selbstverantwortung« gut zusammen.

▒ Zum Reden »gezwungen«

Die Gespräche drehten sich aber nicht nur um die berufliche Ausnahmesituation der Mentee. Ulrike Buergel-Goodwin fand es interessant, mehr über den Bereich der elektronischen Medien zu erfahren. Außerdem war das Mentoring Anregung, sich bewusst mit Themen auseinanderzusetzen: »Im Mentoring ist man gezwungen, sich zu artikulieren und Dinge auszusprechen, die man sonst im beruflichen Kontext nicht verbalisiert, etwa Themen wie Macht und Einfluss.« Und sie zog Rückschlüsse für ihr eigenes Führungsverhalten gegenüber ihren Mitarbeiterinnen: »Man wird aufmerksamer dafür, dass andere auch Bestätigung für ihre Leistung brauchen und im Verlag vorankommen wollen.«

▒ Mentoring geht weiter

Auch nach dem offiziellen Ende des Mentoring-Forums der Bücherfrauen werden beide ihre Mentoring-Beziehung fortsetzen. Die Mentee ist zurück in München und hat eine neue Stelle als Projektleiterin im Internet-Bereich übernommen. Ulrike Buergel-Goodwin ist neugierig darauf, mehr über diesen Bereich zu erfahren, mit dem sie in ihrem beruflichen Umfeld sonst nicht in Berührung kommt und an der weiteren Entwicklung ihrer Mentee Anteil zu nehmen.

Praxisbeispiel
Mentoring im Entstehen

Den BPW (Business and Professional Women – Germany e. V.) kennen manche noch unter dem Namen »Deutscher Verband berufstätiger Frauen«. Es gibt ihn seit 1930, in etwa 100 Ländern der Welt ist er etabliert, weltweit unter Business and Professional Women International zusammengeschlossen.

Mit seinem bundesweiten Modellversuch »Mentoring« will der BPW den Erfahrungsschatz in seinem Netzwerk noch intensiver ausschöpfen. »Der Erfahrungsaustausch, vor allem zwischen den Clubs, kann noch besser werden«, erklärt Christine

Heinze, die in Frankfurt die Koordinierungsstelle des Projekts für den süddeutschen Raum leitet. Die gegenseitige Unterstützung der Mitgliedsfrauen, die in den Städte-Clubs der BPW informell durchaus gegeben ist, soll auch bundesweit zugänglich sein. Eine BPW-Frau aus Hamburg findet vielleicht ihre passende Mentorin in Stuttgart. Der Austausch kann auch per Telefon und E-Mail erfolgen. Auch eine internationale Ausweitung des Projekts ist denkbar. »Außerdem soll das Mentoring neuen Mitgliedsfrauen die Orientierung im BPW erleichtern.« Zielgruppe des Mentoring sind deshalb auch Frauen in der Berufsfindung oder in Umbruchsphasen. Auch Frauen, die nach einem Familienabschnitt wieder ins Berufsleben einsteigen möchten, können sich als Mentees bewerben.

▓ *Anstoß aus Neuseeland*

Der Anstoß für das Projekt war ein Kongress des BPW in Vancouver, bei dem ein neuseeländisches Mentoring-Modell vorgestellt wurde. 1997 entwickelte die Arbeitsgemeinschaft Young BPW-Germany auf einer Tagung in Bremerhaven die Idee weiter und setzte sie um. Christine Heinze in Süddeutschland und ihre Kollegin Eva-Maria Müller-Beuße, die den norddeutschen Raum koordiniert, sind die Kontaktstellen für interessierte Mentees und Mentorinnen.

Es war allerdings nicht leicht, erzählt Christine Heinze, Mentorinnen für das Projekt zu gewinnen. Obwohl es in Deutschland etwa 1500 Mitgliedsfrauen gibt und das Projekt bei der Präsentation in den einzelnen Städte-Clubs auf große Zustimmung stieß, war die Vorstellung, als Mentorin aktiv zu werden, vielen Frauen offensichtlich doch erst einmal fremd. Aber inzwischen gibt es Mentorinnen und Mentees, deren persönliche Angaben über Qualifikationen und die berufliche Tätigkeit in einer Datenbank gespeichert werden.

Anhand dieser vertraulich behandelten Daten werden die Paare zusammengestellt. Gemeinsam mit der Kontaktadresse erhalten Mentee und Mentorin auch einen Vertragsvorschlag zugeschickt. Mit dessen Hilfe kann das Paar Ziel und Art der Verbindung festlegen sowie eine Rücktrittsvereinbarung treffen.

Zehn Paare sollen zum Auftakt des Projekts im Oktober 2000 in die erste Mentoring-Runde gehen. Danach werden die Paare je nach Bedarf und Möglichkeit gebildet. Für die Mentees wird im Herbst zum Auftakt ein Workshop angeboten, in dem sie die Möglichkeiten und Chancen, die ihnen das Mentoring bietet, erarbeiten können. Mitglied im berufsübergreifenden BPW kann jede berufstätige Frau werden. Auch Studentinnen und Schülerinnen, sofern sie über 18 Jahre alt sind, sind willkommen. Der Mitgliedsbeitrag variiert je nach Club und Stadt und liegt zwischen DM 150.– und 240.– pro Jahr (Adressen der Koordinierungsstellen siehe Serviceteil S. 317).

Ehrenamtliches Engagement in Berufsverbänden

Voraussetzung für Mentoring-Programme in Berufsverbänden ist das in aller Regel ehrenamtliche Engagement einiger Mitglieder. Ein Mentoring-Programm neben der eigenen beruflichen Arbeit zu konzipieren, umzusetzen und auszuwerten, dauert etwa zwei bis drei Jahre. Ein Team von etwa vier bis zehn Organisatoren oder Organisatorinnen muss in dieser Zeit möglichst kontinuierlich zusammenbleiben und sich im Schnitt einmal pro Monat treffen – zu manchen Zeiten öfter, zu manchen Zeiten seltener. Das zu schaffen, ist eine große Leistung.

Wenn Sie daran interessiert sind, ein Mentoring-Programm in Ihrem Verband umzusetzen, finden Sie in Kapitel 10 Hinweise, wie Sie dabei vorgehen können. An dieser Stelle seien einige wichtige Punkte genannt, die bei der ehrenamtlichen Organisation eines solchen Programms eine Rolle spielen und innerhalb der Gruppe besprochen werden sollten.

▨ Knackpunkte ehrenamtlicher Organisation

- **Zeit:** Jede im Team muss die prinzipielle Bereitschaft haben, Zeit für das Projekt zu investieren und an den gemeinsamen Treffen regelmäßig teilzunehmen.

- **Toleranz gegenüber der Zeiteinteilung der anderen:** Nicht jede kann zu jeder Zeit gleich aktiv sein. Das darf nicht voneinander erwartet werden. Toleranz gegenüber der Zeiteinteilung und den Prioritäten der anderen ist unbedingt notwendig. Die Tatsache, dass man selbst bereit ist, viel Zeit zu investieren, bedeutet nicht, dass andere ebenso viel Zeit für das Projekt haben. Jede muss über ihr Zeitbudget selbst entscheiden.

- **Motivation und Motivieren:** Erfahrungsgemäß wechselt die Rolle des Motivators im Team. Jeder hat mal einen Durchhänger, jeder kann mal mit seiner Begeisterung die anderen mitziehen. Vor allem zu Letzterem sollte die Bereitschaft bei allen prinzipiell da sein.

- **Initiative und Bereitschaft, Ideen umzusetzen:** Das Ergebnis hängt auch davon ab, dass alle Ideen einbringen und sie dann auch umsetzen. Auch lästige Jobs müssen erledigt werden. Nur Dinge anregen, Ideen aufwerfen und nicht auch an der Umsetzung mitwirken, löst bei den anderen wahrscheinlich bald Unmut aus: »Schön reden kann jeder!«

- **Verantwortung und Verlässlichkeit:** Übernommene Aufgaben sollten auch ausgeführt werden. Es führt zu Frustrationen im Team, wenn einer immer wieder Entschuldigungen anführt, warum er dieses und jenes nicht geschafft hat. Jeder kennt sein Zeitbudget und sollte nur Aufgaben übernehmen, die er auch wirklich erfüllen kann. Die Teammitglieder müssen sich aufeinander verlassen können.

- **Übereinander und miteinander reden:** Die Teammitglieder kommen zusammen, weil sie ein gemeinsames Projekt verfolgen, nicht aus Sympathie. Man wird nicht jeden mögen oder mit seiner Art klarkommen. Wichtig ist, dass nicht übereinander geredet wird, sondern miteinander. Lieber eine offene Konfrontation und Klärung einer Spannung als doppeldeutige Bemerkungen und »hinter dem Rücken abläastern«. Unausgesprochene Spannungen im Team kosten alle Mitglieder Energie. Es bietet sich auch an, gelegentlich die Arbeit im Team zu thematisieren und zu überlegen, ob und wie das Zusammenspiel verbessert werden kann. Dabei wird in einem zeitlich aufwendigen Projekt unausweichlich auch mal Ärger hochkommen. Es ist besser, ihn zu äußern und zu besprechen, als den Deckel geschlossen zu halten, bis der Topf explodiert! Erfolge sollten andererseits unbedingt gefeiert werden, das schweißt zusammen.

- **Vorteile sehen und nutzen:** Ehrenamtliches Engagement ist lobenswert. Es muss erlaubt sein, daraus Vorteile für das eigene Berufsleben zu ziehen. Die Kontakte, die man während dieser Zeit schließt, können einem unter Umständen später nutzen. Gerade von Frauen wird das nicht immer erkannt. Die Bereitschaft, sich selbstlos einzusetzen, wird oft zu hoch bewertet.

- **Vereinbarungen:** Klare Vereinbarungen, Protokolle und eindeutige schriftliche Absprachen hinsichtlich der Aufgabenverteilung sind unbedingt notwendig. Nur so kann verlässlich, nachvollziehbar und effizient gearbeitet werden.

Mentoring in Gewerkschaften

Mehr Frauen auf Gewerkschaftsposten

»Hand in Hand« heißt das Mentoring-Projekt, das die Hauptabteilung Weibliche Angestellte in Hamburg bei der Deutschen Angestellten Gewerkschaft (DAG) organisiert hat. Ziel ist, Positionen innerhalb der Gewerkschaft verstärkt mit Frauen zu besetzen. Junge Mitgliedsfrauen sollen motiviert werden, sich stärker für den DAG zu engagieren und politische und betriebliche Ämter zu übernehmen.

Schon durch die Frauenkampagne, die die Hauptabteilung Weibliche Angestellte 1995 initiiert hat und die nach eigenen Angaben bei den Mitgliedsfrauen auf enorm großes Interesse gestoßen war, bildete sich ein funktionierendes Netzwerk unter den Frauen im DAG heraus.

15 Mentoring-Paare gingen in einem bundesweiten Pilotprojekt im Mai 2000 an den Start. Die Mentoring-Beziehungen sind auf eineinhalb Jahre angelegt. Mentoring-Projekte auf regionaler Ebene sollen folgen. Diese offizielle Vermittlung von Tandems soll auch eine Vorbildfunktion ausüben: Frauen im DAG sollen darüber informiert werden, was Mentoring ist und wie Mentees und auch Mentorinnen davon profitieren. Das könnte sie ermutigen, auf eigene Initiative Mentoring-Beziehungen einzugehen und so zum Wissenstransfer zwischen Erfahreneren und Nachwuchskräften beizutragen.

Eine Projektgruppe innerhalb der DAG nahm die Organisation des Projektes in die Hand. Darin sind Vertreter und Vertreterinnen der Hauptabteilung Weibliche Angestellte sowie aus anderen Ebenen der Gewerkschaft, wie etwa aus der Bundesjugendleitung, des Bundesfrauenausschusses oder des Bundesvorstands.

Mentorinnen und Mentees

Zunächst mussten Mentorinnen gesucht und gefunden werden. Etliche Funktionärinnen wurden angeschrieben, über das Projekt informiert und zu einer Teilnahme bewegt. Andere wurden gezielt angesprochen, nachdem klar war, wer die Mentees waren und welche Mentorinnen für sie passen könnten. Die beteiligten Mentorinnen kommen aus allen Bereichen der Gewerkschaft, sind in Bundesgremien, in der Tarifkommission, in der Frauenarbeit oder in Landesgremien tätig.

Die Bereitschaft, sich als Mentorin zur Verfügung zu stellen, war nicht bei allen sofort gegeben, meint Heike Werner, die in der Hauptabteilung Weibliche Angestellte für das Projekt verantwortlich ist. Da manche Frauen die Gewerkschaftsarbeit sowieso schon ehrenamtlich leisteten, seien sie nicht gerade begeistert gewesen, bei noch einem Projekt mitzuwirken. Letztlich hätte aber keine Frau abgelehnt.

Die Mentees wurden bei Workshops oder über Artikel in internen Zeitschriften geworben. Zum Teil wurden auch hier gezielt Frauen angesprochen, von denen man wusste, dass sie Posten neu übernommen hatten. Das Matching der Tandems nahm das Organisationsteam aufgrund von Fragebögen vor. Das Hauptaugenmerk wurde vor allem auf fachliche Zusammenhänge und Entsprechungen gerichtet, so erhielt beispielsweise eine neue Betriebsrätin eine ehemalige Betriebsrätin als Mentorin oder einer Frau, die sich für das Thema »Frauenarbeit« interessierte, wurde eine langjährige Mitarbeiterin aus diesem Bereich zugeordnet.

Um Erwartungen zu klären und Informationen zur Rolle von Mentee, respektive Mentorin zu geben, wurde auf der Einführungsveranstaltung ein Workshop für beide Gruppen angeboten. Anschließend schlossen die Tandems untereinander schriftliche Vereinbarungen hinsichtlich ihrer Zusammenarbeit ab.

Während der Dauer des Projekts treffen sich Mentees und Mentorinnen bei zwei Workshops, um Erfahrungen auszutauschen und untereinander Kontakte zu knüpfen. Heike Werner ist Ansprechpartnerin für die Tandems bei Fragen oder auftauchenden Problemen.

Für ein Resümee ist es noch zu früh, erst im Herbst 2001 sind die Mentoring-Prozesse offiziell beendet. Eine erste Rundrufaktion im August 2000 habe jedoch positives Feedback erbracht, meint Heike Werner. Die Beziehungen würden aber ganz unterschiedlich gehandhabt: Während einige Tandems sich tatsächlich einmal im Monat treffen würden, hielten andere nur vor wichtigen Terminen oder Meetings Kontakt, um sich gezielt vorzubereiten. Der gegen Ende 2000 stattgefundene Erfahrungsaustausch wird die Teilnehmerinnen sicherlich für ihre eigene Mentoring-Beziehung angeregt haben.

Ein weiteres Mentoring-Programm gibt es bei der Deutschen Postgewerkschaft in Frankfurt am Main.

Praxisbeispiel
Mentoring in einer Partei

Die Partei mit dem höchsten Frauenanteil in Führungspositionen hat sich auch Mentoring auf die Fahnen geschrieben. Als erste Partei in Deutschland haben Bündnis 90/Die Grünen 1999 ein bundesweites Mentoring-Programm initiiert, dem etliche Landesprogramme folgten und noch folgen sollen. Damit sollen junge Frauen für die Parteipolitik interessiert und ihnen der Einstieg in eine politische Karriere erleichtert werden.

1998 trug die Sprecherin des Jugendverbandes von Bündnis 90/Die Grünen Nadia vom Scheidt die Idee auf die Bundesfrauenkonferenz und fand damit großen Anklang. Marion Böker, seit 1998 neue Bundesfrauenreferentin, nahm sich der Idee an; »Einmal, weil mir klar war, wie müssen die Partei für junge Frauen attraktiv machen. Zweitens, weil es wirklich nicht so einfach ist, die informellen Wege, Tricks, aber auch demokratischen Grundregeln eines Parteilebens zu durchschauen, Leute kennen zu lernen und die Frage zu beantworten, wie frau es anstellen soll, sich selbst ins Spiel zu bringen, wenn sie weiter kommen will.«

Mentoring soll auch bestehende Netzwerke erweitern und neue knüpfen, damit neue und langjährige Mitglieder miteinander in Kontakt treten können. Immer noch gibt es zu wenige Frauen, die Positionen im öffentlichen Leben innehaben. Es fehlen geeignete Strategien, wie dieses Manko behoben werden kann. Mentoring verstehen die Grünen deshalb auch als professionellen Ansatz zur Netzwerkbildung, der Frauen miteinander verbindet und ermöglicht, dass bereits erfolgreiche Frauen junge Frauen darin unterstützen, Karriere zu machen.

Organisation

Im Dezember 1998 organisierte Marion Boeker einen Kongress mit Expertinnen des Deutschen Jugendinstituts, des Programms »Preparing Women to Lead« und besuchte eine Veranstaltung des Programms »StepUpNOW« in Hannover. Das gab Anregungen genug, um ein eigenes Konzept für die Grünen zu entwerfen. Eine Koordinationsgruppe wurde gegründet, über die Frauenreferentinnen der Landesverbände wurde die Idee intern verbreitet. Die damalige frauenpolitische Sprecherin des Bundesvorstands, Angelika Albrecht, und die Sprecherin der Partei Antje Radcke stellten sich als Mentorinnen zur Verfügung und bewegten den Bundesvorstand zum Einstieg in das Modellprojekt auf Bundesebene. Im August 1999 konnten sich Frauen als Mentees bewerben. Kriterien für die Auswahl der Mentees waren die Mitgliedschaft in der Partei der Grünen, beziehungsweise in deren Jugendorganisation, und das Alter unter 30 Jahren.

Jede Interessentin musste einen Bewerbungsbogen ausfüllen. Der diente als Grundlage für das Matching, das viel Zeit kostete, erinnert sich Marion Böker: »In der Koordinationsgruppe haben wir uns viele Gedanken gemacht, anhand der Infos im Bewerbungsbogen, welche mit welcher zusammenpassen würde.« Aber der Aufwand lohnte sich, denn alle 19 Tandems blieben während der Mentoring-Zeit zusammen. »Allerdings«, räumt Marion Böker ein, »gab es auch Tandems, bei denen ich als Leiterin viel Zeit am Telefon zur Klärung verbrachte, Tipps gab und Ermutigungen aussprach.« Nicht alle Tandems betrieben das Mentoring gleich intensiv, so Böker. Es liege vor allem auch an den Mentees, rege zu sein und all die Chancen zu nutzen.

▓ *Training und Netzwerke*

Die Finanzierung des Projekts übernahm der Bundesverband der Grünen. Damit wurden beispielsweise Fahrtkosten und Unterkunft für die Teilnahme am verpflichtenden Rahmenprogramm finanziert. Es bestand aus einem zweitägigen Einführungsseminar, zwei eintägigen Workshops mit informellem Teil am Abend davor und einem zweitägigen Abschluss-Seminar.

Beim Einführungsseminar im Dezember seien besonders die Mentorinnen noch etwas skeptisch gewesen, erinnert sich

Marion Böker, wie sie das Mentoring als zusätzliche »Last« in ihren Terminkalender einfügen sollten. Außerdem hatten viele die Befürchtung, dass die Mentees hohe Erwartungen an sie richten würden, die sie nicht erfüllen könnten.

Marion Böker übermittelte den Mentees per E-Mail außerdem Hinweise auf andere für sie interessante Seminare und parteiinterne Termine. Weiterhin erhielten alle Mentees Extra-Einladungen als besondere Gäste zum Ladies Lunch der grünennahen Heinrich-Böll-Stiftung.

▨ Erfolge: Netzwerke und Popularität

Unter den Mentorinnen sind Frauen aus der obersten Führungsriege und in exponierten politischen Positionen: Antje Radcke, bis Juni 2000 Bundesvorsitzende der Grünen, Renate Künast, derzeitige Bundesvorsitzende und frauenpolitische Sprecherin der Grünen, Angelika Albrecht, bis Mitte 2000 frauenpolitische Sprecherin, Theresa Schopper, Mitglied des bayerischen Landtags, Heide Ruehle und Hiltrud Breyer, beide Mitglieder des Europäischen Parlaments, Gila Altmann und Uschi Eid, Mitglieder des Bundestags und parlamentarische Staatssekretärinnen, sowie Rita Grieshaber und Ekin Deligöz, Mitglieder der Bundestagsfraktionen der Grünen, außerdem weitere Landtagsabgeordnete und Landesvorsitzende der Grünen.

Seit Dezember 1999 wurde neun Monate miteinander geredet und vernetzt, Anfang Juli 2000 war die Abschlussveranstaltung. Im Laufe der Zeit boten viele Mentorinnen ihren Mentees ein paar Wochen des »Shadowing« an, in denen diese sie in ihrem Arbeitsalltag begleiteten. Gelegentlich ergaben sich auch bezahlte Praktika, allerdings, so Marion Böker, sei es eine Regel der Grünen, dass Mentoring kein Arbeitsverhältnis werden dürfe.

Durch das Shadowing oder die Einführung in Netzwerke wurden die jungen Frauen sichtbar in der Partei: »Unsere Mentees‹, wie sie nun seit einiger Zeit schon stolz genannt werden, tauchen in Bundesvorstandsitzungen auf, kommen zu den Parteitagen, bewegen sich, gut informiert, aber auch mit vielen Fragen, auf den verschiedenen Parteiebenen. Die Mentees haben viele so genannte ›Größen‹ kennen gelernt, von nahem erlebt und bauten ganz andere Kontakte auf, auch außerhalb der Partei, bei NGO (Non governmental organizations). Sie haben über ihre Mentorinnen hinaus viele neue Ansprechpartner und Ansprechpartnerinnen gewonnen«, begeistert sich Marion Böker.

Innerhalb der Partei wurden die Mentees verstärkt wahrgenommen, nicht zuletzt durch die Aufmerksamkeit, die das Mentoring in den Medien erfuhr. Marion Böker: »Es ist eine große Neugierde in der Partei zu spüren: Wer sind die? Wie wird das ausgehen? Die Medien sehen das als ein Thema und bringen Features über die Tandems.« Mentoring als Instrument der Personalentwicklung in einer Partei sei wirksam, resümiert Marion Böker: »Wir haben von der Parteispitze, in den Gremien, von den Mentorinnen und von ihrem Umfeld her einen Blick darauf, was die Mentees machen, welche Talente sie haben. Ihr Name fällt, sie erwähnen ihre politischen Sachziele und markieren auch, dass sie mal Positionen einnehmen wollen.« Das wertet sie als gute Voraussetzung dafür, dass die jungen Politikerinnen dann auch bei Personalentscheidungen ins Gespräch kommen. Ob es stimmt, werden die nächsten Jahre zeigen.

▨ *Zukunft und Ausweitung auf die Landesverbände*

Bei so viel Euphorie ist es kein Wunder, dass darüber nachgedacht wird, das Mentoring-Projekt fortzusetzen und fest zu verankern. Bevor eine zweite Runde in 2001 startet, soll aber erst ausgewertet werden. Interessentinnen für das Mentoring, insbesondere potenzielle Mentorinnen, spricht Marion Böker bereits an.

Umgesetzt wird das Mentoring außerdem bereits in den Landesverbänden Niedersachsen, Nordrhein-Westfalen, Bremen, Baden-Württemberg, Hessen und Bayern und in Hamburg ist eines in Planung. Weitere Landesverbände, besonders auch in den neuen Bundesländern, sollen dafür gewonnen werden.

Mentoring in der Praxis –
Aus der Sicht von zwei Mentorinnen

Regina Michalik, ehemalige Vorstandssprecherin der Grünen:
»Die Erfahrungen waren positiv. Allerdings hatte unser Tandem zu wenig Zeit, weil meine Mentee nicht in Berlin wohnt, noch zur Schule geht, viel Stress hatte und kein Geld, häufig nach Berlin zu fahren. Die Gespräche waren eine Gelegenheit, mich ›neben mich‹ zu stellen und meine Tätigkeit zu reflektieren. In meinem Tandem war der Erfolg, dass die Mentee sich überlegt hat, NICHT in der ersten Reihe Politik zu machen. Auch das ist wichtig. Mentoring ist ein gutes Mittel, um junge Frauen zu unterstützen. Allerdings sind Tandems/Mentoring allein nicht ausreichend. Auch die Strukturen der Grünen müssen sich ändern und nach dem Mentoring muss die Unterstützung auch aus anderen Gremien von anderen Personen kommen.«

Antje Radcke, ehemalige Bundesvorsitzende von Bündnis 90/ Die Grünen: »Aufgrund meiner zeitlichen Belastung als Parteisprecherin war es mir leider nicht möglich, sehr viel Zeit in das Projekt zu investieren – so bewegte sich der Kontakt mit meiner Mentee überwiegend auf der Ebene »wir telefonieren mal miteinander«. Meine eigenen Erfahrungen haben mich zur Teilnahme an dem Programm bewogen – ich habe mir häufig gewünscht, mich mit Frauen meines Vertrauens über die Tücken einer politischen Karriere austauschen und gemeinsam Strategien entwickeln zu können. Ich hatte das Gefühl, dass jede Frau für sich jedes Mal das ›Rad neu erfinden muss‹.

Auch für mich war der Kontakt mit meiner Mentee positiv – zum einen als Spiegel meiner eigenen Erfahrungen, zum anderen als Reflexion meiner eigenen Rolle und über eine junge Frau, die eine ganz eigene, sehr junge Parteigeschichte besitzt und vieles aus der Distanz heraus anders bewertet als ich selbst.

Ich kann es schlecht beurteilen, ob sich meine Mentee auch ohne meinen Zuspruch und meine Tipps in ihrem Kreisverband erfolgreich zur Wahl als Bundesdelegierte gestellt hätte – auf jeden Fall aber hat ihr sicherlich bei der Entscheidung geholfen, dass ich mit ihr besprechen konnte, was bei einer Kandidatur gerade als Frau aus meiner Sicht zu beachten ist (es gibt so viele unbewusste ›typisch weibliche‹ Verhaltensweisen, die ich mir selbst erst mühsam abgewöhnen musste).

Auf jeden Fall bin ich der Meinung, dass das Mentoring-Projekt geeignet ist, die politische Karriere von jungen Frauen zu fördern – vorausgesetzt, der Kontakt zwischen Mentorin und Mentee bleibt auch nach offiziellem Abschluss des Projekts bestehen.«

7 Mentoring an Universitäten

Studenten lernen zwar alles Mögliche während ihres Studiums – von den durchdachtesten Theorien bis zum dolce vita –, aber vom realen Berufsleben, das sie nach Studienabschluss erwartet, bekommen sie in der alma mater meist nicht viel mit. Die meisten Studiengänge sind sehr akademisch und schaffen es nur in beschränktem Maße, die Brücke von der Umsetzung der Theorie in die Praxis zu spannen. Viele Studenten sammeln deshalb neben ihrem Studium praktische berufliche Erfahrung, womit sie auch erste für ihren späteren Werdegang nützliche Kontakte knüpfen.

Einblick in die Spielregeln und Abläufe des Berufslebens sowie wichtige Kontakte können Sie als Student oder Studentin auch durch einen Mentor oder eine Mentorin gewinnen. Und das erkennen inzwischen einige Universitäten, an denen Mentoring-Programme angeboten werden.

▨ *Mentoring zwischen Professoren und Studenten*

Problematisch können Programme sein, die Mentoring zwischen Professoren und Studenten anbieten. Die US-amerikanische Forscherin Maresi Nerad hat in einer Untersuchung Studenten der University of California zum Thema Mentoring befragt. Ihr Ergebnis: Mentoring kommt als exklusive Maßnahme nur wenigen Studenten zugute. Die breite Masse bleibt außen vor. In Mentoring-Programmen an Universitäten ist deshalb sicherlich zu bedenken, dass durch Mentoring unfreiwillig eine Elitegruppe geschaffen wird.

Zwischen Studenten und ihrem Professor besteht ein hierarchischer Bezug, besonders wenn sie an der gleichen Fakultät angesiedelt sind. Funktioniert die Beziehung nicht und kommt es unter Umständen zu einem Konflikt, könnte für den Studenten die Fortsetzung seines Studiums problematisch werden.

Statt Mentoring–Beziehungen zwischen Studenten und Professoren, beziehungsweise Assistenten empfiehlt Nerad deshalb auch »peer mentoring«, also Mentoring unter Gleichrangigen mit unterschiedlichem Erfahrungshorizont. Wenn Studenten höherer Semester Mentorenschaften für Erst- oder Zweitsemester übernehmen, dann löst sich sowohl das Kapazitätsproblem, da wahrscheinlich genügend Studenten als Mentoren zur Verfügung stünden, als auch das Problem der Abhängigkeit. Da bliebe nur die Frage, wie Studenten motiviert werden könnten, sich freiwillig als Mentoren zu betätigen.

▨ *Mentoring zwischen Studenten und Berufstätigen*

Andere Mentoring-Programme im Bereich der Universitäten zielen darauf ab, den Kontakt zwischen Studenten und Berufstätigen herzustellen. Sie haben folgende Vorteile:

- Die Studenten knüpfen Kontakte, die ihnen den Übergang ins Berufsleben und das Finden des ersten Jobs erleichtern.
- Die Studenten erfahren in den Gesprächen oder durch die Begleitung der Mentoren Dinge, die nicht im Studium vermittelt werden: informelle Strategien, Spielregeln, Abläufe, Strukturen. Wenn sie ins Berufsleben einsteigen, können sie sich schneller orientieren.
- Umgekehrt erfahren Praktiker, was an den Hochschulen unterrichtet wird, können eventuell Wissen auffrischen oder sich Anregungen für ihre beruflichen Interessen holen.
- Je frühzeitiger solche Programme greifen, desto besser können die Studenten ihre Studieninhalte an der Praxis ausrichten und entscheiden, welche Seminare ihnen nützlich und welche für sie »realitätsfern« sind.
- Möglicherweise ergeben sich aus dem Kontakt mit Mentoren Themen für Diplom- oder Magisterarbeiten.

- Unternehmen können mittels eines Mentors oder einer Mentorin potenzielle Nachwuchskräfte über längere Zeit beobachten und gute Leute rekrutieren. Die Probezeit ist für beide Seiten risikoloser, da man sich schon gegenseitig kennt.
- Zum Teil sind die bereits existierenden Projekte hochschulübergreifend, sodass Studierende in Kontakt mit Studenten anderer Hochschulen kommen und sich mit ihnen über Studienangebote und -bedingungen austauschen können.

Inzwischen werden auch Mentoring-Programme für Mädchen an Schulen konzipiert. Der Gedanke dahinter ist: Mädchen stellen bereits in diesem Alter ihre beruflichen Weichen: Sie entscheiden, welche Ausbildung sie machen oder welcher Studiengang sie interessiert. Wenn sie hier nicht den Mut haben oder keinen Sinn darin sehen, sich für Informatik, Ingenieurwissenschaften, Mathematik, Physik oder andere technisch-naturwissenschaftliche Studien- oder Ausbildungsgänge zu interessieren, dann ist der Zug meist abgefahren. Spätere Erkenntnisse, dass diese Berufe zukunftsträchtig und auch mit Familie zu vereinbaren wären und sie vielleicht bei näherer Betrachtung doch interessiert hätten, sind dann hinfällig. Deshalb wollen Mentoring-Programme diese Berufe den jungen Mädchen nahe bringen und ihnen über eine Mentorin eine Vorstellung davon geben, was sie erwartet – mit dem Ziel, sie zu ermutigen, sich für diese Berufe zu entscheiden.

Zielgruppen

Die hier beschriebenen Mentoring-Programme an Universitäten und Schulen richten sich an verschiedene Zielgruppen:

- Studenten und Studentinnen einer Universität können an Mentoring-Programmen teilnehmen, was sie mit externen Mentoren, Personen aus dem Berufsleben, zusammenbringt. Manche Programme richten sich ausschließlich an Frauen.
- Studenten und Studentinnen einer Universität können an internen Mentoring-Programmen teilnehmen, in denen sie von

Professoren oder wissenschaftlichen Mitarbeitern der Fakultäten betreut werden.

- Studentinnen in technisch-naturwissenschaftlichen Studiengängen sollen in Mentorinnen weibliche Vorbilder in diesen Berufen finden und Kontakte zur Berufswelt knüpfen können.

Mentoring zwischen Studenten und Praktikern aus dem Berufsleben

Praxisbeispiel
Das Mentorenfirmenkonzept

Bereits 1984 entwickelten die beiden Professoren Gerd Walger und Ekkehard Kappler an der Wirtschaftswissenschaftlichen Fakultät der Universität Witten-Herdecke das Mentorenfirmenkonzept. Es soll Studierenden die Möglichkeit geben, das im Studium Gelernte in die Praxis umzusetzen. Sie bekommen eine klare Vorstellung davon, welche Kompetenzen in der Wirtschaft gefragt sind und sie sammeln praktische Erfahrungen über Spielregeln und Strukturen in Unternehmen. Studieninhalte können bezüglich ihrer Umsetzung in der Praxis überprüft werden. Umgekehrt haben die Studierenden dann die Möglichkeit, ihre Beobachtungen aus der Praxis wieder in das Studium einzubringen und in Seminaren zu diskutieren. So heißt es in Gerd Walgers Buch »Das Mentorenfirmenkonzept«: »Arbeitet ein Student zum Beispiel in einem Seminar über Kostenrechnung, so sucht er in seiner Mentorenfirma kompetente Gesprächspartner, um sich über das dort bestehende Kostenrechnungssystem zu informieren, Erfahrungen aufzunehmen sowie Handhabung, Vor- und Nachteile, Veränderungswünsche und Möglichkeiten etc. zu diskutieren.«

■ *Organisation*

Die Arbeit des Studenten oder der Studentin in der Mentorenfirma soll mehr sein als ein Praktikum. Sie dauert bei etwa 70 Prozent der Studenten über die gesamte Zeit des Studiums an, damit er oder sie die Firma gründlich kennen lernen kann und ein Vertrauensverhältnis aufgebaut wird, das tief gehende Fragen und Einblicke zulässt. Ein Tag in der Woche ist an der Fakultät grundsätzlich für die Kontakte zur Mentorenfirma reserviert. Da etwa drei Viertel der beteiligten Firmen im Umkreis von 150 Kilometern liegen, ist das gut machbar. Außerdem können die Studenten während der Semesterferien in der Firma mitarbeiten.

Rund 600 Unternehmen beteiligen sich als Mentorenfirmen für im Schnitt 300 Studenten an der Universität. Es gibt keine Vorgaben, welche Unternehmen sich beteiligen können. Unter den Firmen sind große Banken und Versicherungen ebenso wie mittelständische oder kleine Unternehmen. Von Dienstleistung über Industrie sind die verschiedensten Branchen vertreten.

Die Teilnahme an dem Mentorenfirmenkonzept ist für die Studierenden freiwillig. Sie absolvieren auf jeden Fall noch je ein Praktikum im gewerblichen und im Managementbereich. Die Bezahlung müssen sie individuell mit der Firma aushandeln.

Immer im Herbst organisiert die Fakultät für Erstsemester und Mentorenfirmen drei Treffen, auch »Heiratsmarkt« genannt, bei denen erste Kontakte entstehen. Die meisten Studenten schauen sich mehrere Firmen an, bevor sie sich für eine entscheiden. Umgekehrt führen auch die Firmen mit mehreren Studenten ein Gespräch, ehe sie ihre Wahl treffen.

Im Unternehmen bekommen die Studenten einen Mentor an die Seite gestellt, meist den Inhaber selbst, ein Mitglied der Geschäftsführung oder den Personalchef beziehungsweise den Leiter der Personalentwicklung. Daraus kann sich eine regelmäßige Mentoring-Beziehung ergeben, die über die Dauer des Studiums hinaus andauert.

▨ *Bericht aus der Praxis*

In der Praxis laufen die Mentoring-Beziehungen zu den Unternehmen sehr unterschiedlich: Von Praktika ähnlichen Aufenthalten in den Firmen bis zu intensivem Einsatz im In- und Ausland und anschließender Anstellung ist alles dabei. Von den Studenten würde, so Gerd Walger, die Praxisnähe und die Gelegenheit, über längere Zeit in Firmen mitzuarbeiten, sehr geschätzt. Eine ausführliche Beschreibung des Mentorenfirmenkonzepts mit vielen Beispielen, in denen Studenten vom Ablauf ihrer Mentoring-Beziehung mit einer Firma berichten, finden Sie in dem Buch »Das Mentorenfirmenkonzept« von Gerd Walger.

Die Universität Witten-Herdecke ist eine private Universität, die eine beschränkte Anzahl von Studenten pro Jahr nach bestimmten Auswahlkriterien aufnimmt. Für das Studium ist während oder nach dem Studium eine Studiengebühr zu entrichten (Adresse siehe Serviceteil).

Praxisbeispiel
MMM – Münchner Mentorenmodell

Die Idee zum Münchner Mentorenmodell wurde 1996 auf einem Personalkolloquium der *Süddeutschen Zeitung* geboren, das dem Kontakt zwischen Wissenschaft und Praxis dienen sollte. Matthias Lung, damaliger Leiter der Personalentwicklung des Süddeutschen Verlages, schrieb im Vorwort einer Broschüre, die das Projekt vorstellt: »Auf spontane Zustimmung im Hörsaal stieß überraschenderweise die Idee des Münchner Mentorenmodells. Dessen Grundgedanke besteht darin, dass wir, die wir in der Unternehmenspraxis stehen und damit ein paar Meter Vorsprung vor der nachrückenden Generation haben, einem einzelnen Studenten mit Rat und Tat wohlwollend als Sparringspartner mit unseren Erfahrungen, aber auch Möglichkeiten und Kontakten zur Seite stehen.«

Also wurde die Idee auch gleich in die Tat umgesetzt. Beim Auftakt im Juli 1996 fanden sich bereits im Hörsaal 35 Tandems zusammen. Ein »Zustand des kreativen Chaos« war das damals noch, erinnert sich Matthias Lung, denn keinem der Beteiligten war so recht klar, wie das Mentoring denn eigentlich ablaufen solle. Trotzdem fanden danach noch einmal 35 Paare zusammen, bis das MMM, wie es kurz heißt, im Frühsommer 1997 als Modellversuch institutionalisiert wurde. Die Soziologie-Studentin Marion Schöndorf wurde mit der Organisation beauf tragt, das Institut Student und Arbeitsmarkt an der Ludwig-Maximilians-Universität München (LMU) und die *Süddeutsche Zeitung* fungierten als Träger des Projekts, andere Einrichtungen unterstützten es. Mit dem Modellversuch sollten Erfahrungen gesammelt werden, ob ehemalige Studenten der LMU bereit wären, sich als Mentoren und Mentorinnen zur Verfügung zu stellen und ob auf der anderen Seite das Projekt auch bei den Studierenden angenommen würde.

1999 lief der Modellversuch aus, aber Harro Honnolka, Geschäftsführer von Student und Arbeitsmarkt, war zuversichtlich, dass im Herbst 2000 eine Fortführung beschlossen würde.

▨ *Mentoren und Mentees*

Rund 50 Mentoren, zu zwei Dritteln Männer, beteiligten sich an dem Projekt, mehr als die Hälfte hat früher selbst an der Münchner Universität studiert. Über persönliche Briefe, Mund-Propaganda und durch die Unterstützung der Träger wurden sie gefunden. Sie betreuen zirka 70 Studenten aus allen Studienrichtungen, von denen etwa zwei Drittel Frauen sind. Bewerben konnte sich jeder, der an den Fakultäten der LMU studierte. Die Befragung zeigte, dass fast zwei Drittel der Teilnehmer sich bereits vorher aktiv durch Zusatzqualifikationen oder Praktika engagiert hatten. Um in die Mentee-Kartei aufgenommen zu werden, mussten Bewerber einen Fragebogen zur Selbstdarstellung ausfüllen.

Der Bedarf an Mentoren wäre noch größer gewesen, etliche Studenten standen noch auf den Wartelisten des MMM. Im Sommer 2000 wurden wegen des Endes des Modellversuches keine neuen Tandems vermittelt. Ende 1998 führte Marion Schöndorf eine Befragung der Teilnehmer durch, deren Ergebnisse innerhalb der Schriftenreihe Student und Arbeitsmarkt erschienen sind.

▨ *Matching*

Für das Matching testete Marion Schöndorf verschiedene Verfahren: Die schnellste Methode war, anhand der Selbstauskunft des Mentee einen passenden Mentor auszuwählen. Beide Seiten erhielten dann einen Brief mit Namen und Adresse des Partners, der Mentee wurde gebeten, den Kontakt aufzunehmen. Aber die Gefahr von unpassenden Matches erwies sich als relativ hoch und Mentor und Mentee hatten das Gefühl, dass über ihren Kopf hinweg entschieden wurde.

Eine andere Auswahlmethode bestand darin, dem Mentor anonymisierte Profile von einer Vorauswahl infrage kommender Mentees zu geben, aus denen er dann selbst seine Wahl treffen konnte. Da es mehr Mentees als Mentoren gab, wurde dieser Weg nur selten umgekehrt gegangen. Zwar waren Mentoren mit dieser Methode zufrieden, aber sie erwies sich als sehr zeitaufwendig und auch problematisch, da nicht immer zueinander passende Kandidaten zur Auswahl standen.

Der dritte Weg bestand darin, einen Katalog sämtlicher Teilnehmer mit deren anonymisierten Profilen zu erstellen. Zwei solcher Kataloge mit je 60 Profilen wurden herausgegeben, aus denen Mentoren ihre Mentees auswählen konnten. Zwar war das Verfahren, was die Auswahl betraf, sehr praktisch, jedoch nicht sehr flexibel: Mentees, die sich nach Veröffentlichung eines Katalogs meldeten, mussten warten, bis der nächste veröffentlicht wurde. Außerdem fanden zwar die »Stars« unter den Mentees schnell einen Mentor, die übrigen jedoch nicht unbedingt.

Schließlich probierte man auch den Weg über eine Kontaktbörse: Ende 1997 fand für zirka 60 Teilnehmer eine Veranstaltung statt, bei der etwa zehn Beratungsverhältnisse entstanden. Hier ist es vor allem möglich, die persönliche »Chemie« zu testen, während der Aufwand an Zeit und Kosten relativ hoch ist. Fachliche Aspekte bei der Partnerwahl kamen unter Umständen zu kurz.

▨ *Ergebnisse*

Im Schnitt dauerten die Mentoring-Beziehungen 13 Monate, in denen sich die Paare etwa viermal trafen und zwei bis drei Telefonate führten. Themenschwerpunkte waren die Planung des Studiums, Überlegungen zu beruflichen Zielen und Plänen,

Wahl von Praktika, Fragen zu Bewerbungen und Berufseinstieg oder Themen, die sich auf die Arbeit des Mentors bezogen. Viele Mentees konnten Praktika in den Firmen ihrer Mentoren absolvieren oder gemeinsam mit ihnen Meetings oder Veranstaltungen besuchen.

Bei knapp einem Viertel der Paare gab es Probleme, weil sie entweder persönlich oder in ihrem fachlichen Bezug nicht zusammen passten. Das wurde zwar nicht immer ausgesprochen, führte aber dazu, dass das Mentoring von diesen nicht als positiv bewertet wurde. Der Rest der Mentees und Mentoren äußerte sich in der Befragung Schöndorfs als sehr zufrieden mit dem Mentoring. Vor allem hinsichtlich der künftigen Berufswahl und der Selbsteinschätzung der eigenen Kompetenzen wurde das Mentoring positiv bewertet. Über drei Viertel der Mentoren waren bereit, sich wieder zu engagieren.

Praxisbeispiel
Meduse – Mentoring für Berufseinsteigerinnen

Studentinnen aller Fachrichtungen können an der Universität Essen am Mentoring-Programm »Meduse« teilnehmen. Das soll ihnen helfen, sich auf den Übergang ins Berufsleben einzustellen und Einblick in das »real life« der Business-Welt geben. Auf lange Sicht soll das Projekt ein Netzwerk zwischen akademischem Nachwuchs und berufstätigen Frauen aufbauen.

Das Meduse-Koordinationsbüro übernimmt die Vermittlung der künftigen Partnerschaften. Ende 1999 fing man an, ehemalige Absolventinnen aus allen Fachbereichen brieflich anzufragen, ob sie als Mentorinnen mitwirken wollten. 44 Mentorinnen haben sich inzwischen bereit erklärt mitzumachen, etwa 15 stellten sich für einen späteren Zeitpunkt zur Verfügung.

Auf Veranstaltungen und Plakaten wurden Studentinnen aller Fakultäten für das Projekt geworben. Sie können in jeder Studienphase teilnehmen. Tatsächlich bewarben sich vor allem Frauen, die kurz vor dem Studienabschluss standen, meint Sabine Menzel, die das Projekt an der Universität Essen koordiniert: »Aber auch zu einem früheren Zeitpunkt ist die Teilnahme sinnvoll.«

Im März 2000 starteten die ersten Paare, 24 Tandems konnten bisher zusammengestellt werden. Erwartungen und Wünsche von Mentorinnen und Mentees werden beim Matching berücksichtigt. Aufgrund der großen Palette an Fachrichtungen passen die vorhandenen Mentorinnen allerdings nicht immer zu den Mentees. Je nach Möglichkeit werden die Tandems jetzt fortlaufend zusammengestellt. Wie lange sie zusammenbleiben werden, entscheiden sie selbst. Auch Telementoring ist möglich. So vermittelte Sabine Menzel einer Studentin, die in die USA ging, eine Mentorin, die bereit war, per E-Mail den Kontakt zu halten.

Offizielle Ergebnisse gibt es noch nicht, im Oktober 2000 ist eine Befragung geplant. Positive Beispiele gibt es dennoch schon: So jobbt eine Studentin regelmäßig in der Werbeagentur ihrer Mentorin, eine andere fand einen Job, da ihre Mentorin sie auf eine freie Stelle aufmerksam machte. Nur bei drei Paaren hat die Vermittlung nicht geklappt, da sie sich menschlich nicht verstehen. Insgesamt sei das Feedback der Studentinnen sehr positiv, meint Sabine Menzel: »Inzwischen spricht sich das Projekt an der Uni herum.«

Bisher gibt es keine Workshops, in denen Mentorinnen und Mentees auf das Mentoring vorbereitet werden. Wenn die Befragung aber einen Bedarf danach ergäbe, sollen in Zukunft welche organisiert werden.

Praxisbeispiel
Mentoring für künftige Professorinnen

An Frauen, die eine Professur anstreben, richtet sich das Programm MuT, Mentoring und Training, das seit 1998 an den wissenschaftlichen Hochschulen in Baden-Württemberg angeboten wird. Sie sollen dabei:

• Unterstützung von Mentoren erhalten, die erfahrene Wissenschaftlerinnen und Wissenschaftler sind.

186

- eigene Potenziale und Kompetenzen stärken. Dem dient ein begleitendes Trainingsprogramm.
- ihre persönliche und wissenschaftliche Karriere forciert planen, Karrierechancen noch besser ausschöpfen.
- Zugang zu einem Netzwerk von Nachwuchswissenschaftlern und etablierten Professorinnen erhalten.

Trägerin des Projekts ist die Landeskonferenz der Frauenbeauftragten an den wissenschaftlichen Hochschulen in Baden-Württemberg, kurz LaKoF genannt. Finanziell wird es vom baden-württembergischen Ministerium für Wissenschaft, Forschung und Kunst unterstützt.

▨ Mentoring

Für das Programm bewerben können sich Habilitandinnen und Postdoktorandinnen von baden-württembergischen Hochschulen. Mentoring ist nur ein Baustein des gesamten Programms. Die Bewerberinnen können sich auch entscheiden, ausschließlich die Trainings zu absolvieren. Tatsächlich machen das auch die meisten Frauen so: Von insgesamt 240 Teilnehmerinnen haben sich 22 um einen Mentor beworben. Dr. Dagmar Höppel, die seitens der LaKoF an der Universität Freiburg das Programm koordiniert, sieht dafür drei Gründe: Zum einen seien die Frauen oft mit den Seminaren vollauf zufrieden, die an ihren Wünschen und Bedürfnissen ausgerichtet sind. Zum anderen hätten sie ja durchaus einen »Doktorvater« oder eine »Doktormutter«, der oder die für die Betreuung zuständig sei. Deswegen sähen viele erst einmal nicht den Bedarf für eine weitere Person. Außerdem sei es in der Wissenschaft immer noch heikel, sich bei anderen Instituten umzuschauen. Nicht überall werde das gerne gesehen.

Für die 22 angehenden Professorinnen, die sich als Mentees beworben haben, wird aber bestens gesorgt. Ihre Mentoren und Mentorinnen werden in ganz Deutschland für sie gesucht. Kriterien sind das Renommee mit einem entsprechend guten

Netzwerk und die Übereinstimmung im Fachgebiet. Zwar sind auch die Mentees nicht erpicht darauf, in der Öffentlichkeit als Mentee mit Namen bekannt zu werden, aber die Betreuung durch ihre Mentoren würden sie allesamt schätzen, meint Dagmar Höppel. Interessant sei, die eigenen Unterlagen noch einmal mit einem Unabhängigen durchzuschauen. Und auch zu sehen, wie Professorinnen ihren Alltag organisieren. Viele der Mentorinnen könnten als Rollenvorbilder wirken. Die wissenschaftliche Karriere sei ein langer Weg und bewege sich »auf einer Gratwanderung zwischen Arbeitslosigkeit und Professur«. Deshalb seien Professorinnen, die Familie und Kinder oft auf unkonventionelle Weise verbinden würden, für die Frauen hochinteressant.

Training

Die Teilnehmerin kann selbst bestimmen, in welchen Bereichen sie ihre Kompetenzen noch stärken will, nicht alle Bausteine des Trainingsprogramms müssen von allen wahrgenommen werden. Ein Rhetoriktraining, ein hochschuldidaktischer Grundkurs und eine Einführung in die Organisationsstrukturen an Hochschulen und in die Grundlagen des Hochschulrechts werden allen in einer ersten Orientierungsveranstaltung angeboten.

Anschließend können die Teilnehmerinnen wählen, welche Trainings sie wahrnehmen wollen. Für diese Trainings müssen sie Teilnehmergebühren bezahlen, die allerdings relativ niedrig liegen. Im Jahr 2000 wurden unter anderem angeboten:

- »Erfolgreich führen« – Arbeitsbedingungen, Arbeitsstrukturen, Arbeitsrecht – Management, Kommunikations- und Motivationsförderung;
- »Schalten und Walten an der Universität« – Das neue Hochschulgesetz und seine Auswirkungen;
- »Präsentations- und Arbeitstechniken«;
- »Beruf, Berufung, Berufungsverfahren« – Tipps und Tricks auf dem Weg zur Professorin;

- »Netze und Netzwerke« – Vom Nutzen von Netzwerken und Datenbanken;
- »Wissenschaftskarriere 2000« – die freie Wahl für Kind und Wissenschaft.

Die meisten Trainings werden von Hochschullehrern selbst angeboten. Ziel ist nämlich auch, die Frauen mit Professoren in Kontakt zu bringen und sich gerade auch mit den »Hardlinern« auseinander zu setzen. »Zum Beispiel berichten im Seminar ›Beruf, Berufung, Berufungsverfahren‹ Professoren, welche Anforderungen sie an künftige Professorinnen stellen. Anschließend müssen sie dann aber den Teilnehmerinnen darüber Rede und Antwort stehen. Das bringt auch die Professoren zum Nachdenken, wenn sie die Positionen der Frauen anhören«, erklärt Dagmar Höppel.

Auch individuelle Beratung, etwa ein Coaching vor einer Probevorlesung oder einem Bewerbungsgespräch, oder eine Beratung hinsichtlich der Vereinbarkeit von Beruf und Familie wird im Rahmen des Programms angeboten. Bei Bedarf stellt die Projektleitung Kontakt zu Expertinnen und professionellen Coaches her.

MuT soll in den nächsten Jahren auch auf die Zielgruppe der Doktorandinnen und Studentinnen ausgeweitet werden. An einer internationalen Vernetzung arbeiten die Organisatorinnen gerade. Auslandsaufenthalte fördern nämlich auch bei Professoren die Karriere. Künftig sollen die Teilnehmerinnen von MuT auch die Möglichkeit erhalten, im Ausland Ansprechpartnerinnen und Betreuerinnen zu finden.

Programme für Frauen in naturwissenschaftlich-technischen Studiengängen

Die Berufswahl von jungen Frauen

Frauen studieren oder erlernen immer noch überwiegend typische Frauenberufe: Arzthelferin und Verkäuferin, Sozialpädagogin und Lehrerin stehen hoch im Kurs. Gründe sind eine Vielzahl von Faktoren: Das Vorbild anderer Frauen, die mehrheitlich in diesen Berufen sind, spielt eine Rolle, ebenso wie die frühe Festlegung der 16- bis 18-Jährigen darauf, später die Rolle der erziehenden Mutter zu übernehmen. Der Gedanke, einen Beruf zu ergreifen, mit dem sie einmal ein Familieneinkommen erwirtschaften können, ist jungen Frauen im Gegensatz zu jungen Männern immer noch fern. Auch ihr Interesse an Macht, Einfluss und Karriere ist geringer, ihre Sozialisation nicht auf Konkurrenz und Zusammenspiel in der Gruppe angelegt, sondern auf enge Zweier-Beziehungen, in denen der emotionale Zusammenhalt eine größere Rolle spielt als gemeinsame Interessen oder Hobbies.

Erlernte Kompetenzen bei Mädchen und Jungen

Während junge Frauen im Durchschnitt weitaus besser dafür trainiert sind, zwischenmenschliche Fragen zu erörtern und zu lösen und Verantwortung für andere und die Gemeinschaft zu übernehmen und im Allgemeinen eine höhere soziale Kompetenz besitzen, üben Jungen die spielerische Konkurrenz, das Teamplay und die Auseinandersetzung um sachliche Themen bereits von klein auf. Später hat das Einfluss auf die Berufswahl, bei der sich junge Frauen überwiegend für Berufe entscheiden, in denen sie ihre soziale Kompetenz einsetzen können oder kulturelle oder soziale Aufgaben für die Gemeinschaft übernehmen – und im Normalfall sind das die schlechter bezahlten Berufe in der Gesellschaft. Jungen dagegen wählen Berufe, die sie fachlich interessieren, die ihren persönlichen Ehrgeiz befriedigen, oder die die Aussicht auf ein hohes Einkommen bieten, womit sie sicherstellen, dass sie später eine Familie ernähren können.

Gründe für die unterschiedliche Wahl von Studienfächern

Sicherlich ist diese Rollenverteilung nicht mehr so starr wie noch vor zwanzig Jahren. Aber gültig ist sie nach wie vor. Studienanfängerinnen entscheiden sich immer noch mehrheitlich für geistes-, kultur- und sozialwissenschaftliche Fächer, während Jungen die naturwissenschaftlichen und technischen Berufe erlernen, mit denen ihre Chancen auf dem Arbeitsmarkt später deutlich höher sind.

Die Entscheidung zum Studium trifft man als Schüler, oft ohne besondere Ahnung davon zu haben, was einen in Studium und Beruf tatsächlich erwartet. Während sich Schülerinnen im Gymnasium durchaus noch für die Leistungskurse Mathematik oder Biologie entscheiden, wird daraus dann eher selten auch eine Studienentscheidung in diese Richtung. Frauen, so haben Untersuchungen ergeben, benutzen die Technik zwar, nehmen aber keinen Einfluss auf deren Entwicklung oder Gestaltung.

Gründe dafür sind in der Erziehung und der oben erwähnten unterschiedlichen Lebensperspektiven von Mädchen und Jungen zu suchen. Untersuchungen haben aber ergeben, dass nicht eine allgemeine Distanz von Frauen zur Technik verantwortlich ist für das Fehlen von Frauen in technisch-naturwissenschaftlichen Berufen, sondern dass das soziale Umfeld, in dem die Fähigkeiten erlernt und ausgeübt werden, eine wesentlich größere Rolle spielt. Dieses Umfeld ist überwiegend von Männern dominiert und orientiert sich an ihrer Denk- und Lebensweise. Frauen sind dort weitgehend alleine und haben wenig weibliche Verbündete oder Vorbilder. Sie müssen sich immer noch mit offenen oder versteckten Vorurteilen auseinander setzen und werden in ihren technischen Kompetenzen nicht so selbstverständlich anerkannt wie Männer. Bereits an der Uni werden Frauen damit konfrontiert. Haben Frauen bis zum Ende des Studiums durchgehalten, ist es für sie schwerer als für Männer, einen Arbeitsplatz zu bekommen. Die Arbeitslosenrate unter Frauen ist in diesem Bereich dreimal so groß wie unter Männern.

▨ *Frauen für Technik und Naturwissenschaften*

Bereits seit etlichen Jahren versuchen verschiedene Projekte, die jungen Frauen über technische oder naturwissenschaftliche Berufe und Studiengänge zu informieren und sie dafür zu interessieren: Die Palette reicht von Mädchen-Technik-Tagen in Unternehmen über Informationsveranstaltungen für Mädchen in Schulen, Schnupperpraktika und spezielle Aktionen der Arbeitsämter.

Jetzt wird auch das Mentoring als Mittel entdeckt, Mädchen den beruflichen Alltag als Technikerin, Informatikerin, Ingenieurin oder Naturwissenschaftlerin schmackhaft zu machen. Durch den persönlichen Kontakt mit Frauen, die in diesem Bereich arbeiten, soll ihnen bewusst werden, dass Frauen sich in diesem Umfeld durchsetzen können. Die Mentorinnen sollen als Vorbilder auf junge Frauen und Mädchen wirken und sie in ihrem Wunsch bestärken, technische oder naturwissenschaftliche Berufe anzustreben.

Durch die Vernetzung mit anderen Studentinnen und Berufspraktikerinnen können junge Frauen sich Unterstützung und Rückenstärkung holen. Ihnen soll deutlich werden, dass Frauen nicht mehr als Einzelkämpferinnen wirken müssen und sie sich in Netzwerken gegenseitig unterstützen und gemeinsam versuchen können, das soziale Umfeld zu verändern beziehungsweise erträglicher zu gestalten. Nicht zuletzt soll jungen Frauen gezeigt werden, dass in technisch-naturwissenschaftlichen Berufen die besseren Verdienst- und Aufstiegsmöglichkeiten bestehen.

Mentoring-Programme und ähnliche Initiativen in diesem Bereich gibt es für:

- Schülerinnen, die von Studentinnen betreut werden;
- Studentinnen, deren Mentorinnen berufstätige Frauen sind.

Als Nebeneffekt entstehen durch diese Programme Netzwerke zwischen Frauen, die in diesen Berufen arbeiten und in die auch Studentinnen von Anfang an einbezogen werden.

Praxisbeispiel
Mellow – europäischer Vorreiter

Mellow ist die Abkürzung von »Life long Mentoring of Women in and/or towards technical jobs«, in Deutschland bekannt unter: »Mentoring von Mädchen und Frauen in oder auf dem Weg zu technischen Berufen«. Es wurde auf Initiative der niederländischen VHTO, einer Organisation für Frauen in höheren technischen Studiengängen und Berufen, entwickelt. Beteiligt sind Partner aus den Niederlanden, Deutschland, Österreich, Irland und England. In den einzelnen Ländern wurden zwischen 1995 und 1998 Pilotprojekte durchgeführt, die im Rahmen des Aktionsprogramms LEONARDO DA VINCI der Europäischen Kommission finanziert wurden. Insgesamt zwölf Institutionen, Universitäten oder Unternehmen beteiligten sich an Mellow, von deutscher Seite aus nahm die UETP ComEast daran teil. Die Trainingsorganisation in Ostdeutschand widmet sich unter anderem der Aufgabe, den Kontakt zwischen Universitäten und Unternehmen zu verbessern.

Frauen in verschiedenen Stadien der Berufsvorbereitung oder -ausübung wurden in den Pilotprojekten mit Mentoring unterstützt:

- Schülerinnen der Sekundarstufe begleiteten einen Tag lang eine Ingenieurin bei der Ausübung ihres Berufes, um eine Vorstellung von deren Arbeit zu bekommen. Projekte dieser Art wurden in Irland realisiert.
- Studentinnen in technischen Studiengängen wurden von einer erfahrenen Ingenieurin im Zeitraum von sechs Monaten vor Abschluss des Studiums bis drei Monate danach als Mentorin begleitet. In den Niederlanden und in England wurden Pilotprojekte in diesem Bereich organisiert.
- Ingenieurinnen am Beginn ihrer Berufstätigkeit wurden von erfahrenen Ingenieurinnen als Mentorinnen bei der Entwicklung ihrer beruflichen Karriere unterstützt. In den Niederlanden, in Deutschland und in Österreich wurden Projekte dieser Art umgesetzt.

125 Mentees wurden in den Pilotprojekten von einer Mentorin betreut. Über die Projekte, die in den einzelnen Ländern organisiert wurden, informiert ein Handbuch, das von der niederländischen VHTO herausgegeben wurde und auch auf Deutsch erhältlich ist:

»Mellow – Good Practice Handbuch. Mentoring von Mädchen und Frauen in oder auf dem Weg zu technischen Berufen«.

Vor allem in Deutschland und Österreich trug das Projekt dazu bei, Mentoring als effektives Mittel, um Frauen in technischen Berufen in ihrer Karriere zu unterstützen, besser bekannt zu machen. Zu der Zeit gab es in beiden Ländern kaum Mentoring-Projekte. In einem speziell entwickelten Mentoren-Training wurden über 100 Frauen darin geschult, als Mentorinnen zu wirken. Die Beteiligung von zwölf verschiedenen Organisationen aus fünf Ländern machte es auch möglich, sehr verschiedene Erfahrungen mit Mentoring zu gewinnen und eine Art Qualitätssiegel für gelungenes Mentoring zu entwickeln (Zu Trainings, siehe Kapitel Training und Supervision, Seite 300).

In einem Nachfolgeprojekt wird Mellow in acht Ländern umgesetzt. Griechenland, Spanien und Finnland kommen als neue Partner hinzu. Ziel ist jetzt vor allem, Mentoring in Unternehmen umzusetzen und dort zu einer regulären Maßnahme der Personalentwicklung werden zu lassen. Auch werden nicht mehr nur Frauen in technischen Berufen angesprochen, sondern auch Frauen, die zu ethnischen Minderheiten gehören oder in Bereichen arbeiten, die von Männern dominiert werden.

Praxisbeispiel
Ada Lovelace – Mentoring mit Vorbild

Ada Byron Countess of Lovelace lebte von 1815 bis 1852. Sie war eine der ersten Frauen, die sich mit der Programmierung von Rechenmaschinen auseinander setzte und darüber auch eine kommentierte Übersetzung aus dem Italienischen herausgab. Zusätzlich bekam sie drei Kinder. Die Programmiersprache ADA ist nach ihr benannt.

Inzwischen ist sie auch Namensgeberin eines Mentoring-Projekts an der Universität Koblenz-Landau. Seit August 1997 wird dort ein Mentorinnen-Netzwerk aufgebaut mit dem Ziel, mehr Frauen für Technik und Naturwissenschaften zu gewinnen. Andere Universitäten und Fachhochschulen kooperieren: Neben der Uni und der FH Koblenz sind das die Uni und FH Mainz, Uni und FH Trier, Uni und FH Kaiserslautern und die Fachhochschulen in Bingen und Worms. An jeder Hochschule steht den Studentinnen eine Professorin und eine Dozentin als Ansprechpartnerin und Betreuerin zur Verfügung. Die zentrale Koordinierungsstelle an der Universität Koblenz-Landau wird von Dr. Sylvia Neuhäuser-Metternich geleitet. Dort kann man sich über das Projekt informieren, und von dort werden die Workshops und Schulungen organisiert. Finanziert wird das Projekt vom Ministerium für Kultur, Jugend, Familie und Frauen, vom Ministerium für Bildung, Wissenschaft und Weiterbildung sowie vom Ministerium für Arbeit, Soziales und Gesundheit des Landes Rheinland-Pfalz sowie von den Arbeitsämtern in Mainz und Koblenz. Seit 1999 trägt auch die Europäische Union ihr finanzielles Schärflein dazu bei. Dadurch hat das Projekt auch europäische Partner bekommen. Das sind das Institut Supérieur de Technologie in Luxemburg und das Institut für angewandte Informatik im österreichischen Linz. Außerdem unterstützen verschiedene Vereine, Verbände und Betriebe das Projekt.

Es gibt zwei Varianten, die beide Mentoring genannt werden. In der ersten, die derzeit ausschließlich praktiziert wird, betreuen Studentinnen Schülerinnen mit dem Ziel, sie für Technik zu interessieren. Die Beratung ist eine Mischung aus engagierter, persönlicher Informationsvermittlung und dem »Lernen am Modell«: Schülerinnen sollen in den Studentinnen Vorbilder finden können, durch die sie ermutigt werden, selbst in diesem Bereich ein Studium zu wählen. Regelmäßige individuelle Beratungsgespräche zwischen Studentin und Schülerin über einen längeren Zeitraum mögen sich zufällig ergeben. Die zweite Variante, die »echtes« Mentoring zwischen Absolventinnen und Frauen aus technisch-naturwissenschaftlichen Berufen vorsieht, ist derzeit im Aufbau.

1. Studentinnen informieren Schülerinnen

Studentinnen der technisch-naturwissenschaftlichen Studiengänge der Universitäten und Fachhochschulen in Rheinland-

Pfalz versuchen Schülerinnen für diese Studienrichtungen zu interessieren. Sie gehen an Gymnasien, Realschulen, Fachoberschulen und Berufsschulen, um die Schülerinnen zu informieren, berichten über ihren persönlichen Lebensweg, über ihre Studienplatzentscheidung und ihr Studium und beantworten den Schülerinnen Fragen. Die Initiative geht von den Studentinnen aus: Sie nehmen den Kontakt zur Schule auf und bereiten selbst Vorträge und Unterlagen vor. Außerdem laden die Studentinnen interessierte Schülerinnen an ihre Hochschule ein.

Ehe sie solche Veranstaltungen in Schulen durchführen, werden die Studentinnen an ihrer Hochschule in Moderations- und Gesprächsführungsmethoden geschult und während ihrer Tätigkeit von Psychologinnen oder Pädagoginnen betreut. Außerdem erhalten sie als Honorar die Vergütung einer studentischen Hilfskraft. Auslagen werden ihnen erstattet. Beenden sie ihre Tätigkeit, bekommen sie ein Zeugnis über ihre zusätzlichen Qualifikationen im Bereich organisatorischer, kommunikativer und sozialer Kompetenz.

Bis Februar 2000 engagierten sich etwa 100 Studentinnen im Ada-Lovelace-Projekt und erreichten zirka 2000 Schülerinnen. In Befragungen nach solchen Besuchen erklärten Schülerinnen, dass sie durchaus ein anderes Bild von technisch-naturwissenschaftlichen Studiengängen gewonnen hätten und diese jetzt interessanter fänden als vorher.

Seit Januar 2000 wurde das Modell ausgeweitet: Auch Auszubildende in technischen und medienrelevanten Berufen, vor allem im Bereich der Informations- und Telekommunikationstechnik, gehen jetzt an die Schulen, um Mädchen ab der 8. Klasse für eine Ausbildung in diesem Bereich zu gewinnen.

▦ *Mentoring?*

Die Beratungsleistung der Studentinnen mag an sich noch kein »echtes« Mentoring sein. Durchaus würden sich aber daraus Mentoring-Beziehungen ergeben, meint Sylvia Neuhäuser-Metternich von der Zentralen Koordination des Ada-Lovelace-Projektes. Der Zielgruppe der jungen Mädchen entsprächen auch Eins-zu-eins-Beziehungen mit den älteren Studentinnen nicht unbedingt. Eher ergäbe sich eine Art Gruppen-Mentoring, wenn die Studentinnen von bestimmten Mädchengruppen in Schulen immer wieder angesprochen und eingeladen werden. Da kämen oft enge Beziehungen zustande. Gelegentlich würde auch eine Studentin mal eine Facharbeit einer Schülerin betreuen, wodurch ein intensiverer Austausch entstünde. Auch für Studentinnen im ersten Semester könnten durch das Projekt Beratungs-Beziehungen entstehen, durch die sie sich leichter im Studium orientieren könnten. Da die Regel sei, dass immer eine ältere und eine jüngere Studentin in die Klassen gingen, entstünden zwischen den beiden Studentinnen engere Kontakte und oft ein intensiver Austausch auch über Studieninhalte und -ziele.

2. Mentoring für Studentinnen

Im Aufbau ist derzeit ein Mentoring-Projekt, in dem Expertinnen aus der Praxis die Mentorenschaft für Studentinnen im letzten Studienabschnitt übernehmen sollen. Etwa 20 Expertinnen haben sich dazu schon bereit erklärt, meint Sylvia Neuhäuser-Metternich. Derzeit werden sie auf ihren eigenen Wunsch hin in Kommunikation und Coaching geschult. Ende 2000 fand eine erste größere Veranstaltung mit Ada-Lovelace-Expertinnen und Studentinnen naturwissenschaftlich-mathematischer Studiengänge an der Universität in Mainz statt.

Praxisbeispiel
MentorinnenNetzwerk Hessen

An hessischen Universitäten und Fachhochschulen entsteht seit 1997 ein Netzwerk zwischen Studentinnen aus naturwissenschaftlich-technischen Studiengängen und Fachfrauen, die in diesem Bereich arbeiten. Die Technische Universität Darmstadt und die Fachhochschule Frankfurt am Main haben das »MentorinnenNetzwerk« auf die Beine gestellt. An diesen beiden Universitäten startete ebenfalls 1997 zunächst ein Modellprojekt, das ein Jahr lang wissenschaftlich begleitet wurde. Inzwischen wird das Projekt aufgrund seines großen Erfolges auf andere Universitäten in Hessen ausgeweitet und soll von einem hessischen Koordinierungsbüro von Frankfurt aus geleitet werden.

Gezielt hat man sich bei dem Netzwerk auf Frauen konzentriert. Studentinnen sollen weibliche Vorbilder erhalten und sehen, dass es durchaus Frauen gibt, die in dieser männlich geprägten Domäne erfolgreich berufstätig sind. Speziell weibliche Erfahrungen und Durchsetzungsstrategien in diesem Bereich sollen so an jüngere Frauen weitergegeben werden, damit langfristig gesehen hier der Frauenanteil unter den Studierenden und Berufstätigen erhöht wird. Außerdem sollen die Frauen, die immer noch oft allein unter Männern arbeiten, miteinander vernetzt werden.

Initiiert wurde das Projekt vom Hessischen Ministerium für Frauen, Arbeit und Sozialordnung, inzwischen wird es vom Ministerium für Wissenschaft und Kunst finanziert.

■ *Organisation*

Die Nachfrage nach dem Projekt ist hoch: Bis Mai 2000 haben sich 161 Mentees und 130 Mentorinnen bei dem Projekt angemeldet, insgesamt 84 Tandems wurden zusammengebracht. Inzwischen müssen die Organisatorinnen kaum noch für ihr Projekt werben, die Mund-zu-Mund-Propaganda sorgt für regen Zulauf.

In einem Erhebungsbogen äußern interessierte Studentinnen und Praktikerinnen Wünsche und Erwartungen hinsichtlich einer Mentee beziehungsweise der Mentorin und geben biographische Auskünfte über sich. Aufgrund dieser Angaben werden sie von den Koordinatorinnen des Projekts gematcht. Die Mentee setzt sich dann selbst mit der ihr zugeteilten Mentorin in Verbindung. Auch Schülerinnen, die sich für einen Studiengang in der Naturwissenschaft oder Technik interessieren, können über das Projekt Kontakt zu einer Mentorin bekommen. Bisher hat aber nur eine Schülerin diese Gelegenheit wahrgenommen.

Alle drei bis vier Monate finden Vernetzungstreffen statt, in denen Mentorinnen und Mentees sich gegenseitig kennen lernen und über das Mentoring hinaus Kontakte knüpfen können. Den Mentorinnen wurde außerdem eine zweieinhalbtägige Fortbildungsveranstaltung am Frankfurter Burckhardt Haus angeboten, in denen sie ihre Rolle klären und die Umsetzung von kollegialen Beratungsverfahren trainieren konnten. Neu eingeführt wurde, in Anbetracht der ersten Erfahrungen in den Tandems, dass eine Koordinatorin vor dem Beginn der Mentoring-Beziehung ein persönliches Gespräch mit der Mentee führt, um sicherzustellen, dass sie sich der Möglichkeiten des Mentoring bewusst wird.

 ## Mentoring in der Praxis – Ergebnisse einer Befragung

Eine nicht an der Planung und Durchführung des Projektes beteiligte Soziologin befragte Mentorinnen und Mentees nach den Ergebnissen des Mentoring. Sie interviewte im Frühjahr 1999 17 Mentees und 15 Mentorinnen. Sechs Monate später sprach sie mit neun Mentees und zehn Mentorinnen aus dieser ersten Gruppe noch einmal. Alle beteiligten Mentees und Mentorinnen wurden außerdem im November 2000 telefonisch nach ihren Erfahrungen befragt.

Die Ergebnisse zeigten, dass vor allem eine umfassende Information der Beteiligten nötig ist. Trotz Einführungsveranstaltung und Informationsmaterialien der Organisatorinnen herrschte Unklarheit darüber, wie Mentoring im Einzelnen umgesetzt werden könnte. Die Mentees waren sich unsicher, wie oft sie ihre Mentorin kontaktieren könnten. Manche dachten, dass sie sich nur bei konkreten Schwierigkeiten an sie wenden sollten und nutzten daher das Mentoring nicht in dem Maß, wie von den Planerinnen des Projektes eigentlich vorgesehen. So stand eher eine punktuelle Beratung der Mentees im Vordergrund.

Mentees und Mentorinnen trafen sich im Schnitt nur ein- bis zweimal persönlich.

Bei einigen Tandems entwickelte sich dennoch ein reger Austausch per E-Mail und Telefon. So gaben vier Tandems an, dass sie die Treffen bereits am Telefon hinsichtlich der Zielsetzungen und Erwartungen vorbereitet hätten und dann bei der persönlichen Begegnung gleich intensive und fruchtbare Gespräche geführt hätten. Themen der Gespräche waren etwa die Unterstützung bei Studienproblemen, was bis zu gezielter Nachhilfe ging, oder die Hilfe bei der Studienplanung. Außerdem wurden Diplomarbeiten vermittelt, Stellenangebote weitergeleitet und die Mentees konnten die Arbeitsplätze ihrer Mentorinnen besichtigen.

Mentoring auf Initiative einer Forschungseinrichtung

Praxisbeispiel
Muffin – Mentoring für Informatikerinnen

Ein weiteres Mentoring-Projekt, das sich an Studentinnen in naturwissenschaftlichen Fächern richtet, entsteht beim GMD Forschungszentrum Informationstechnik in St. Augustin bei Bonn. Nicht die Universität ist hier Organisatorin eines Projekts, sondern eine wissenschaftliche Einrichtung, deren Beauftragte für Chancengleichheit langfristig den Frauenanteil unter den angestellten Wissenschaftlerinnen erhöhen möchte. Das Projekt heißt »Muffin«, was für »Mentoring zwischen Universität und Forschung für Informatikerinnen« steht.

So oft habe es bei der GMD schon geheißen: »Wir würden gerne Informatikerinnen einstellen, aber es gibt ja keine!« Das wollte sich Ulrike Petersen, die als Wissenschaftlerin und zusätzlich als Beauftragte für Chancengleichheit bei der GMD arbeitet, nicht mehr anhören und deshalb beschloss sie: Qualifizierte Studentinnen müssen in der GMD sichtbar gemacht werden, damit potenzielle Nachwuchswissenschaftlerinnen zur

Verfügung stehen. In der GMD waren im Jahr 1999, als das Mentoring-Programm startete, 79 Wissenschaftlerinnen beschäftigt, sie stellen zirka zwölf Prozent der Belegschaft dar. Weniger als die Hälfte von ihnen sind Informatikerinnen. Ihren Anteil möchten die Organisatorinnen von Muffin erhöhen. Wenn unter den Postdoktorandinnen der GMD im Bereich Informatik mehr Frauen sind, dann stehen auch für Stellenbesetzungen mehr Kandidatinnen zur Auswahl, und das Argument des »Wollens, aber nicht Könnens« zieht nicht mehr.

Deshalb wendet sich Muffin gezielt an Studentinnen der Informatik. Sie sollen schon während des Studiums eine Mentorin aus der GMD zur Seite bekommen, die sie dabei unterstützt, ihre berufliche Karriere gezielt zu planen. Der »Arbeitsplatz Forschung« soll ihnen nahe gebracht und ihre Qualifikation als künftige qualifizierte Wissenschaftlerinnen durch das Mentoring sichtbar gemacht werden – vor allem in der GMD versteht sich. Auch Netzwerke zwischen Mentorinnen und Mentees sollen dazu beitragen, dass mehr Studentinnen für die Forschung gewonnen werden und in diesem Bereich Karriere machen können.

▓ *Organisation*

Das Mentoring-Projekt organisiert die GMD gemeinsam mit der Universität Bremen. Im Rahmen des dortigen Sommerstudiums »Informatica Feminale« werden die Studentinnen angesprochen und für das Mentoring interessiert. Das Managerinnen Kolleg Köln berät die GMD bei der Umsetzung des Projektes und führt die Fachveranstaltungen durch. Es ist im Internet auf der Homepage der GMD beispielhaft dokumentiert. (Adresse siehe Serviceteil)

Im August 1999 trafen sich die Beteiligten das erste Mal, um die Umsetzung des Projekts in Angriff zu nehmen. Zunächst wurden die Mentorinnen ausgewählt. Zwölf Wissenschaftlerinnen aus der GMD hatten sich für das Amt der Mentorin interessiert, neun erklärten sich schließlich bereit, mitzuwirken. Sie präsentierten sich, entweder persönlich oder in Form einer schriftlichen Selbstdarstellung auf der »Informatica Feminale« in

Bremen, sodass potenzielle Mentees auswählen konnten, welche Mentorin sie interessiert.

Die Mentees sollten im letzten Drittel ihres Informatik-Studiums sein. Sie wurden auf der Sommerakademie über das Projekt informiert und konnten sich über die Homepage der GMD mittels eines Fragebogens für das Mentoring bewerben. Zufälligerweise bewarben sich genau neun Mentees für das Projekt. Anschließend nahmen die Organisatorinnen gemeinsam mit den Mentorinnen die endgültige Zuordnung vor. In einem Vorbereitungstreffen lernten sich die Tandems kennen, anschließend arrangierten sie selbst individuelle Treffen.

Workshops und Netzwerke

Im Oktober 1999 starteten sie in das Mentoring-Programm, das Ende 2000 endete. Den Mentees wurden zusätzlich drei Workshops angeboten, in denen sie Erfahrungen austauschen und mithilfe einer Supervisorin anstehende Fragen klären konnten. Außerdem wurden sie gebeten, eine Art Tagebuch über ihre Erfahrungen während des Mentoring zu führen.

Die Mentorinnen trafen sich insgesamt zweimal zu einem Erfahrungsaustausch. Neben Auftakt- und Abschlussveranstaltung trafen sich Mentees und Mentorinnen noch ein weiteres Mal, um sich gegenseitig besser kennen zu lernen und ihre Erfahrungen auszutauschen. Die Pilotphase des Projekts wurde mit einer Veranstaltung für alle mittelbar Beteiligten im November 2000 abgeschlossen. Die Mentees und Mentorinnen werden jedoch darüber hinaus bei der Fortsetzung ihrer Mentorship-Beziehungen bis Ende 2001 projektmäßig unterstützt.

Erfahrungen

Die mit dem Projekt gesammelten Erfahrungen werden in einem Abschlussbericht zusammengefasst, der nach Beendigung des Projekts über die GMD zu beziehen sein wird. In einem Zwischenbericht nannten die Mentees auf die Frage, was ihnen das Mentoring bisher gebracht habe, unter anderem folgende Aspekte:

- Einblick in ein Forschungszentrum außerhalb der Uni und den Arbeitsalltag dort;
- Einblick in Projektarbeit;
- Motivation für das Studium, neue Impulse;
- Netzwerke knüpfen (zu anderen Mentees, zu GMD-Beschäftigten);
- Feedback der Mentorin zu eigenen Überlegungen der Mentee zum Studienverlauf;
- Anregungen zum Umgang mit Problemen, wie etwa freie Reden halten, Umgang mit Prüfungen und Lernstress;
- Tipps zum Umgang mit (unterschwelligen) Diskriminierungen;
- Teilnahme an Seminaren;
- Neue Perspektiven für die eigene Situation/das eigene Verhalten;
- Bestärkung in der eigenen Arbeit (Fachschaft, Frauenarbeit, Studieninhalte).

Maßnahmen-Mix zur Chancengleichheit

Mentoring ist ein Weg, um den Anteil an Informatikerinnen in der GMD möglicherweise zu erhöhen. Es wird durch weitere Maßnahmen unterstützt:

- Beauftragte für Chancengleichheit: Eine halbe Stelle für eine Beauftragte für Chancengleichheit wurde eingerichtet und mit der Wissenschaftlerin Ulrike Petersen besetzt. Sie ist bereits aktiv im Arbeitskreis »Frauen in Forschungszentren« der Hermann-von-Helmholtz-Gemeinschaft deutscher Forschungszentren.
- Veränderung der Ausschreibungstexte für Stellen: Qualifizierte Frauen werden besonders aufgefordert, sich zu bewerben.
- Mehr Marketing: Die Wissenschaftlerinnen stellen ihre Arbeit auf Messen und Berufswahl-Veranstaltungen für Schülerinnen vor.

- Kontakt mit der Zielgruppe: Wissenschaftlerinnen der GMD wirken als Dozentinnen auf der »Informatica Feminale« mit.
- Situationsanalyse: Eine Analyse zur Situation von Frauen in der GMD wird derzeit erstellt.

Teil Teil Teil Teil
Teil Teil Teil Teil
Teil Teil Teil Teil
Teil Teil Teil Teil

TEIL **II**

Teil Teil Teil Teil
Teil Teil Teil Teil
Teil Teil Teil Teil
Teil Teil Teil Teil
Teil Teil Teil Teil
Teil Teil Teil Teil
Teil Teil Teil Teil
Teil Teil Teil Teil
Teil Teil Teil Teil
Teil Teil Teil Teil
Teil Teil Teil Teil
Teil Teil Teil Teil
Teil Teil Teil Teil
Teil Teil Teil Teil
Teil Teil Teil Teil
Teil Teil Teil Teil
Teil Teil Teil Teil
Teil Teil Teil Teil
Teil Teil Teil Teil
Teil Teil Teil Teil
Teil Teil Teil Teil
Teil Teil Teil Teil
Teil Teil Teil Teil
Teil Teil Teil Teil
Teil Teil Teil Teil
Teil Teil Teil Teil
Teil Teil Teil Teil
Teil Teil Teil Teil
Teil Teil Teil Teil
Teil Teil Teil Teil
Teil Teil Teil Teil
Teil Teil Teil Teil
Teil Teil Teil Teil

Mentoring nutzen und organisieren

In Teil II erfahren Sie, wie Sie Mentoring selbst nutzen und organisieren können:

- Wie profitieren Sie als Mentee, welche Aufgaben haben Sie?
- Was erwartet Sie als Mentor oder Mentorin?
- Wie können Sie Mentoring-Gespräche gestalten?
- Wie werden Mentoring-Programme organisiert?
- Inwiefern unterstützen Training und Supervision das Mentoring?

Es empfiehlt sich, dass Sie als Mentee ebenso das Kapitel der Mentoren lesen und umgekehrt. Dann verstehen Sie die andere Seite. Auch wenn Sie nicht vorhaben, ein Mentoring-Programm selbst zu organisieren, mag es interessant für Sie sein, eine Vorstellung davon zu bekommen, wie ein solches Programm aufgebaut ist und welche zusätzlichen Trainings Ihnen angeboten werden können. Das mag Ihren Entschluss fördern, als Mentee oder Mentor mitzuwirken.

8 Mentee sein –
Wie Sie Ihre Chance nutzen

Chancen für Mentees

Mentoring bietet Ihnen in vielerlei Hinsicht die Chance, sich persönlich und beruflich weiterzuentwickeln.

- **Entwicklung der Persönlichkeit:** Mentoring macht Ihre Qualifikationen für andere sichtbar und gibt Ihnen Gelegenheit, sie noch zu erweitern. Im Dialog mit Ihrem Mentor oder Ihrer Mentorin können Sie Ihre Fähigkeit, Probleme zu analysieren, verbessern und Ihre Urteilsfähigkeit schärfen. Dadurch stärken Sie Ihr Selbstbewusstsein.
- **Orientierung:** Mentoring erweitert Ihren Horizont, weil Sie durch Ihren Mentor andere Perspektiven und andere Erfahrungen kennen lernen.
- **Qualifikation:** Sie lernen in fachlicher Hinsicht Neues hinzu: Das können der Einblick in die Berufspraxis oder in andere Berufsfelder sein, oder Themen wie Führungstechniken, die Vorbereitung von Besprechungen, die Durchführung einer Präsentation und Ähnliches.
- **Soziale Kompetenz:** Sie trainieren Ihre soziale Kompetenz und können mit Ihrem Mentor/Ihrer Mentorin gezielt daran arbeiten (siehe auch Kasten Seite 209).
- **Karriereplanung:** Sie gewinnen Klarheit über Ihre beruflichen und persönlichen Ziele und können mit Ihrem Mentor/Ihrer Mentorin Ihre nächsten Karriereschritte planen. Sie haben die Möglichkeit, individuelle Lösungen, eventuell auch für die Vereinbarkeit von Familie und Beruf, zu erarbeiten.
- **Eintritt in Netzwerke:** Über neue Netzwerke können Sie Tipps für freie Stellen erhalten sowie weitere Ratgeber oder

Ratgeberinnen kennen lernen. Sie erhalten kollegiale Kontakte und informelle Informationen.

Unterschiedliche Programme

Mentoring-Gespräche in unternehmensinternen Programmen verlaufen zwar ähnlich wie bei externen Programmen, unterscheiden sich aber dennoch, was Zielsetzung und Ergebnisse betrifft. Wenn Sie vor der Frage stehen, bei welchem Programm Sie sich bewerben wollen, dann finden Sie im Kapitel 1 »Was ist Mentoring?« nähere Informationen über Möglichkeiten und Grenzen der jeweiligen Programme.

Was sollten Sie von Mentoring nicht erwarten?

Mentoring ist kein Wundermittel. Sie können viel, aber sollten nicht zu viel davon erwarten. Vor allem keine schnellen Erfolge. Vielleicht erhalten Sie von Ihrem Mentor oder Ihrer Mentorin unmittelbar wirksame Ratschläge für Ihren Beruf oder eine andere aktuelle Situation. Aber wenn Sie an Ihren Fähigkeiten arbeiten, wie zum Beispiel sich selbst zu präsentieren oder Mitarbeiter anzuleiten, dann dauert es erfahrungsgemäß eine gewisse Zeit, bis das eigene Verhalten sich dauerhaft ändert. Haben Sie also Geduld und überfordern Sie sich (und Ihren Mentor) nicht.

Ihr Mentor wird Ihnen nicht in kurzer Zeit Ihren Traumjob vermitteln. Er kann Ihnen jedoch dabei helfen, Ihre Fähigkeiten zu schulen, um Ihre beruflichen Ziele zu erreichen. Aber schaffen müssen Sie es immer noch alleine.

Die Wahl einer Mentorin/eines Mentors

Gelegentlich hat man das Glück, von einem Mentor oder einer Mentorin angesprochen zu werden, ob man deren Mentee werden will. Andere Mentoring-Beziehungen ergeben sich nach und nach: Sie fragen eine Person Ihres Vertrauens um Rat, wenn

Was ist soziale Kompetenz?

Soziale Kompetenz ist für künftige Führungskräfte wichtig. Sie wird durch das Mentoring geschult. Aber was ist eigentlich soziale Kompetenz? Die Universität Osnabrück hat in einem Projekt unter Leitung des Diplom-Psychologen Bernd Runde ein »mulitmediales Diagnosesystem zur Erfassung sozialer Kompetenzen« entwickelt, in dem schlüssig definiert wird, aus welchen Teilfähigkeiten soziale Kompetenz besteht:

1. **Soziale Wahrnehmungskompetenz:** »Die Fähigkeit, Situationen und Personen bezogen auf das persönliche Ziel angemessen wahrzunehmen und relevante Signale korrekt zu interpretieren.«

2. **Eigenes Selbst- und Stimmungsmanagement:** »Die Fähigkeit, eigene Stimmungen und Emotionen wahrzunehmen, zu steuern und gegebenenfalls der Situation angemessen auszudrücken.«

3. **Aktive Rolle:** »Die Fähigkeit, von sich aus die Initiative zu ergreifen und eigene Meinungen und Interessen anderen gegenüber aktiv durchzusetzen.«

4. **Kommunikationsfähigkeit:** »Die Fähigkeit, sich auf verbaler und nonverbaler Ebene verständlich auszudrücken, und Signale angemessen zu interpretieren.«

5. **Konflikt- und Kritikfähigkeit:** »Die Fähigkeit, der Situation angemessen mit Konflikten umzugehen sowie Kritik zu äußern und anzunehmen.«

6. **Beziehungsmanagement:** »Die Fähigkeit, soziale Kontakte zu anderen aufzunehmen, aufrechtzuerhalten und gegebenenfalls zu vertiefen, beziehungsweise abzubrechen.«

7. **Teamkompetenz:** »Die Fähigkeit, aufgaben- und zielorientiert mit den Mitgliedern der Gruppe zu kooperieren, Prozesse in einem Team zu steuern und voranzutreiben.«

8. **Führungskompetenz:** »Die einzelnen Mitarbeiterinnen und Mitarbeiter müssen ihren Fähigkeiten und Fertigkeiten sowie ihrem Bedürfnisstand entsprechend konstruktiv angeleitet und betreut werden. In Gruppensituationen bezeichnen Führungskompetenzen die Fähigkeit, Gruppen konstruktiv und produktiv anzuleiten und zu betreuen und das Teamklima und die Teamdynamik zu verbessern.«

Sie ihn gerade brauchen. Daraus kann sich eine kontinuierliche Beziehung entwickeln.

Wenn Sie an internen oder externen Mentoring-Programmen teilnehmen, wird Ihnen ein Mentor oder eine Mentorin häufig zugeteilt, beziehungsweise für Sie ausgesucht. Dennoch können Sie Einfluss auf diese Wahl nehmen, indem Sie eigene Wünsche äußern.

Sie können auch selbst auf die Suche nach einem Mentor oder einer Mentorin gehen. Dazu sollten Sie sich vorher Gedanken machen

- über Ihre eigenen Ziele;
- über Ihre Erwartungen an Mentor oder Mentorin;
- darüber, was Sie nicht wollen.

▪ *Die eigenen Ziele definieren*

Um das Profil Ihres »Wunschmentors« beziehungsweise Ihrer »Wunschmentorin« aufzustellen, müssen Sie wissen, was Sie selbst erreichen wollen. Dann können Sie auch sagen, wer Ihnen dabei helfen kann. Fragen Sie sich also:

- Wo stehen Sie im Moment? Was haben Sie bereits erreicht?
- Was wollen Sie in fünf Jahren, was im nächsten Jahr erreicht haben?
- Wo wollen Sie in fünfzehn Jahren stehen?
- Wo liegt Ihre Kompetenz, was sind Ihre Stärken?
- Welche Fähigkeiten wollen Sie verbessern oder erwerben?
- Welche beruflichen Themen möchten Sie vertiefen, welche neuen Gebiete kennen lernen?
- Was können Sie selbst dazu beisteuern, um Ihre persönlichen und beruflichen Ziele zu erreichen?
- Was brauchen Sie von anderen?

Diese Fragen lassen sich nicht in einem zehnminütigen Brainstorming beantworten. Nehmen Sie sich Zeit dafür, besprechen Sie sie mit anderen Menschen. Auf den Seiten 212 und 213 finden Sie weiterführende Fragen, die Ihnen bei der Klärung Ihrer Ziele behilflich sein können.

Ihre beruflichen Ziele sind nicht nur für die Auswahl eines Mentors oder einer Mentorin wichtig. Auch im Mentoring bilden sie die Grundlage der Gespräche und der Beratung. Deshalb kann es hilfreich sein, sich in diesem Punkt beraten zu lassen. Ein professioneller Karriere-Coach kann Sie dabei unterstützen, Ihre beruflichen Wünsche weder zu niedrig anzusiedeln noch zu hoch zu stecken.

▪ *Stellen Sie ein positives Bild Ihres künftigen Mentors/Mentorin auf!*

Im nächsten Schritt entwerfen Sie für sich ein Bild Ihres zukünftigen Mentors beziehungsweise Ihrer Mentorin. Folgende Fragen können Ihnen dabei weiterhelfen:

- In welcher Branche, in welcher Tätigkeit sollte der Mentor/die Mentorin arbeiten, um Ihre Ziele unterstützen zu können?
- Welche Kompetenz sollte er/sie haben? In welchem Gebiet sollte er/sie beschlagen sein?
- Was für persönliche Eigenschaften sollte der Mentor/die Mentorin haben?
- Über welche Insiderkenntnisse und Kontakte sollte er/sie verfügen?

▪ *Setzen Sie im Voraus Ihre Grenzen fest*

- Mit welcher Art Mensch kommen Sie absolut nicht zurecht?
- Was wäre für Sie außerdem nicht akzeptabel? (Beispielsweise bestimmte Bereiche, Eigenschaften des Mentors, hierarchische Bezüge.)

▪ *Wo finden Sie einen Mentor?*

Suchen Sie eine informelle Mentoring-Beziehung, dann prüfen Sie Ihr eigenes Netzwerk, ob eine geeignete Person darunter ist. Machen Sie Ihren Wunsch bei Freunden, Bekannten und Kolle-

Schritte zur Zielklärung

Die folgenden Schritte können Ihnen helfen, Klarheit über Ihre Ziele zu gewinnen. Sie müssen den Schritten nicht akribisch folgen. Nehmen Sie sie als Anregung für Ihren Denkprozess.

1. Was wollen Sie beruflich verändern?
   - Können Sie sich diese Veränderungen konkret vorstellen?
   - »Aufhör-« und »Tu-Nicht-Verträge« funktionieren auf Dauer nicht! Also zum Beispiel: »Ich will aufhören, meine Zeit zu verschwenden.« Oder: »Ich werde nicht mehr hektisch unter Druck.« Wenn Sie »negatives« Verhalten ändern wollen, dann versuchen Sie herauszufinden, warum Sie dieses Verhalten bisher brauchten. Formulieren Sie Ihre Änderungswünsche positiv.
   - Nehmen Sie sich keine allgemein gefassten Ziele vor und formulieren Sie sie nicht im Komparativ (»mehr« verdienen, »höher« aufsteigen). Ziele müssen konkret, spezifisch und beobachtbar sein. Also: »100 000 DM im Jahr verdienen.« Oder »Abteilungsleiter werden.«

2. Überprüfen Sie, ob die erwünschte Änderung für Sie möglich ist.
   - Wenn Sie Ihre gegenwärtige Situation und Mittel berücksichtigen: Können Sie das Ziel erreichen?
   - Betrifft diese Veränderung andere? Sie können nur sich selbst verändern!

3. Woran stellen Sie/andere fest, wann Ihr Ziel erreicht ist?
   - Sehen/hören andere, was Sie anders machen?
   - Mit wem (konkret) wollen Sie was (konkret) anders machen?

4. Ist Ihr Ziel für Sie ungefährlich?
   - Besteht dadurch keine körperliche/gesundheitliche Gefahr? Zum Beispiel durch dauerhaften Stress.

- Welche Auswirkungen hat Ihr Ziel auf Ihre Familie und Ihr persönliches Umfeld? Ändert das etwas an Ihrer Motivation für Ihr Ziel?

5. Wünschen Sie sich Ihr Ziel für sich selbst oder haben Sie den (geheimen) Wunsch, damit anderen gefällig zu sein?
   - Was bringt die Veränderung Ihnen persönlich? Was ist Ihre Motivation?

6. Was ist der Preis, der Sie Ihr Ziel kostet?
   - Was müssen Sie investieren? (Geld, Zeit für Familie oder Freunde, Aufgabe von Gewohnheiten, etc.)

7. Hat sich Ihr Ziel durch das Nachdenken über die genannten Aspekte verändert? Wollen Sie es immer noch?

8. Welche Schritte führen zum Ziel?
   - Schreiben Sie die einzelnen Schritte auf, die Sie tun müssen, um Ihr Ziel zu erreichen.
   - Welchen Zeitplan geben Sie sich?
   - Womit können Sie sofort anfangen?

9. Welche Unterstützung von anderen brauchen Sie?
   - Was genau kann ein anderer/Ihr Mentor oder Ihre Mentorin beitragen?
   - Wie können andere Menschen (Familie, Freunde, Kollegen, Vorgesetzte) Ihnen helfen?

10. Bilanz
    - Wie (und mit wem) überprüfen Sie, ob Sie Ihr Ziel erreicht haben?
    - Wie belohnen Sie sich für das Erreichen des Ziels?

gen publik. Unter Umständen können diese einen passenden Kontakt herstellen. Sie können sich auch an Netzwerke und Verbände, bei denen Sie Mitglied sind, oder an Karriereberatungsstellen wenden und um Unterstützung bei der Suche nach einem Mentor bitten.

Nicht jeder kennt Mentoring und Sie werden bei Ihren Bemühungen vielleicht auch auf Unverständnis oder Ablehnung stoßen. Bleiben Sie hartnäckig. Machen Sie deutlich, was Sie wollen. Wenn Sie Ihr Anliegen klar darlegen und begründen können, öffnen Sie sich unter Umständen die Tür zum Mentoring. Und Sie tragen den Gedanken des Mentoring weiter – zu Ihrem Nutzen und dem anderer.

Besonders Frauen fällt es oft nicht leicht, andere vom eigenen Wert zu überzeugen. Und dann soll »frau« noch jemanden bitten, die eigene Person als Mentor oder Mentorin zu unterstützen? Die englische Mentoring-Expertin Lily Segerman-Peck schreibt dazu in ihrem Buch »Frauen fördern Frauen«: »Viele Blumen haben schon im Verborgenen geblüht und ihren Duft ins Leere verströmt, weil zufällig niemand vorüberging. Genauso ergeht es vielen Frauen: Getreu dem typisch weiblichen Grundsatz, dass alles Gute irgendwann einmal belohnt wird, warten sie geduldig darauf, dass man ihre Leistungen anerkennt.«

▨ *Warten Sie nicht ab!*

Zwei Faktoren sind wesentlich, wenn Sie einen Mentor oder eine Mentorin finden wollen:

1. **Reden Sie mit vielen Leuten:** Suchen Sie den Kontakt zu interessanten Leuten, kommen Sie mit ihnen ins Gespräch und stellen Sie Fragen nach deren Beruf und Karriereweg. So finden Sie heraus, was andere machen, welchen Erfahrungshorizont sie haben, ob das für Sie selbst interessant ist. Sie merken, wie aufgeschlossen jemand ist, ob man auf einer Wellenlänge liegt und diese oder jene Person eventuell als Mentor oder Mentorin infrage kommt.

Netzwerke aufbauen und pflegen

Mentoring bietet die Chance, Netzwerke auszubauen und neue Kontakte zu bekommen. Warum sind Netzwerke im Berufsleben so wichtig?

- **Stellenvermittlung:** Offene Stellen werden häufig nicht in Zeitungen oder Jobbörsen ausgeschrieben, sondern informell weitergegeben. In Netzwerken erfahren Sie davon oder werden direkt von anderen Mitgliedern des Netzwerks angesprochen. Für Selbstständige sind Netzwerke wichtige Gemeinschaften, um sich bekannt zu machen, Kundenkontakte zu pflegen und neue Geschäftsverbindungen herzustellen.

- **Geschäftskontakte pflegen:** Viele Geschäfte kommen auf informellen Wegen zustande, weil man sich kennt und versteht. Netzwerke bieten Ihnen die Möglichkeit, potenzielle Geschäfts- oder Kooperationspartner kennen zu lernen.

- **Informationsbörse:** Wichtige informelle Informationen werden weitergegeben, die Sie unter Umständen nicht in Branchenblättern nachlesen können.

- **Weiterbildung:** Netzwerke bieten ihren Mitgliedern meist berufs- oder fachspezifische Veranstaltungen zur Fort- und Weiterbildung an, oft zu vergünstigten Preisen.

- **Tipps und Unterstützung holen:** Sie können sich bei wichtigen Fragen mit anderen besprechen, Erfahrungen und Feedback einholen. Sie finden für spezielle Fragen unter Umständen erfahrene Expertinnen. Sie werden auch merken, dass Sie mit so manchem Problem keineswegs allein dastehen.

- **Rollenvorbilder:** Besonders Frauen in von Männern dominierten Berufen können in diesbezüglichen Netzwerken Rollenvorbilder finden und sich von ihnen bestärken lassen.

Die englische Mentoring-Expertin Lily Segerman-Peck rät: »Sie können ein Netzwerk nur optimal nutzen, wenn Sie bereit sind, die Initiative zu ergreifen. Versuchen Sie, verschiedene Funktionen in Ihren Netzwerken wahrzunehmen, damit Sie mit den erworbenen Fähigkeiten wieder an Ihrem Arbeitsplatz wuchern können.«
Und weiter: »Vergessen Sie nicht, auch nach außen hin deutlich zu machen, wie und wo Sie engagiert sind. Von Netzwerk zu Netzwerk muss bekannt sein, wer Sie sind und was Sie tun, damit Sie ins Gesichtsfeld möglichst vieler Menschen rücken und Ihren Zielen näher kommen.«

2. **Signalisieren Sie deutliches Interesse:** Warten Sie nicht, dass Ihr Wunschmentor oder Ihre Wunschmentorin auf Sie zukommt. Gehen Sie von sich aus auf andere zu, bitten Sie um ein Gespräch, schlagen Sie vor, gemeinsam zum Mittagessen zu gehen oder fragen Sie um Rat bei einem konkreten Anliegen. Halten Sie einen einmal entstandenen Kontakt, indem Sie sich immer wieder melden. Fragen Sie offen, ob der andere Zeit und Interesse hat, sich mit Ihnen zu unterhalten und Ihnen Rat zu geben.

■ Wie »erklären« Sie sich?

Reagiert Ihr Gegenüber aufgeschlossen, geht es darum, zu klären, welche Aufgaben und Verpflichtungen mit Mentoring verbunden sind und welche Vorteile es für beide mit sich bringt. Vorbehalte und Einwände auf Seiten der Mentoren haben oft gar nichts mit Ihrer Person zu tun, sondern mit dem vermuteten hohen Zeitaufwand oder der Unklarheit über die eigene Rolle und die Aufgaben als Mentor. Legen Sie fest, wie viel Zeit jeder von Ihnen investieren will und was Ziele des Mentoring sein könnten. Erst dann startet die eigentliche Mentoring-Beziehung. Dann allerdings ist es ratsam, eine (schriftliche) Vereinbarung über das weitere Vorgehen zu treffen. Darüber und über die Gestaltung von Mentoring-Gesprächen erfahren Sie mehr in Kapitel 10.

Es muss für den potenziellen Mentor die Möglichkeit geben, Nein zu sagen, weil er oder sie keine Zeit hat oder sich aus anderen Gründen nicht darauf einlassen möchte. Das sollten Sie Ihrem Gegenüber ausdrücklich zugestehen. Von einer halbherzigen Unterstützung haben Sie vermutlich nichts.

Mentor oder Mentorin?

Wollen Sie lieber einen Mentor oder eine Mentorin? Bei einer gleichgeschlechtlichen Wahl sind die Identifikationsmöglichkeiten unter Umständen größer. Sind Sie eine Frau, interessiert es Sie vielleicht mehr, wie eine erfahrene ältere Frau beispielsweise Beruf und Familie vereinbart oder sich in einer Männerbranche durchgesetzt hat. Vielleicht ist auch das Verständnis für manche geschlechtsspezifische Probleme und Fragen etwas höher. Untersuchungen haben erwiesen, dass Menschen grundsätzlich dazu neigen, ihr »Ebenbild« zu fördern, also ein Mann eher einen Mann unterstützt als eine andere Frau und umgekehrt.

Auf der anderen Seite ist der Erfolg einer Mentoring-Beziehung mehr von der Persönlichkeit abhängig als vom Geschlecht. Die Trainerin Sabine Asgodom, die einige Mentoring-Programme begleitet hat, weiß aus ihrer Erfahrung: »Ich glaube, dass eine Mentee von einem guten Mentor, der das aus Überzeugung macht, genauso viel hat, wie von einer Mentorin. Wenn jemand, egal ob Mann oder Frau, das macht, nur weil das Politik des Hauses ist oder es von ihm gefordert wird, dann ist das Mentoring sehr oft erfolglos.« Wichtig ist, dass die Mentoren überzeugt von der Sache sind und sich wirklich einbringen wollen.

Manches spricht auch dafür, dass Sie sich als Frau bewusst einen männlichen Mentor suchen, besonders wenn Sie die »Spielregeln der Macht« erlernen wollen. Streben Sie eine Führungsposition an, können Sie von Männern über informelle Regeln, Netzwerke und Strukturen vieles erfahren und haben unter Umständen einen einflussreichen Unterstützer, der Sie in diese Kreise einführt.

Ob Sie sich für einen Mann oder eine Frau entscheiden, hängt also mehr von Ihnen selbst ab, und was Ihnen in Ihrer jeweiligen Situation am besten weiterhilft. Mentoren sind auch keine »ewigen« Begleiter. In verschiedenen Phasen Ihres Lebens können unterschiedliche Mentoren, mal Mann, mal Frau, wichtig sein.

Was »macht« eine Mentee?

Wenn Sie einen Mentor oder eine Mentorin gefunden haben, wie nutzen Sie Ihre Chance? Was erwartet der Mentor von Ihnen und was sind Ihre Aufgaben?

Rolle

Eine Rolle ergibt sich aus den Erwartungen, die von außen an den oder die Rollenträger(in) gerichtet wird. An Mentees werden folgende Erwartungen gestellt:

- Sie haben beruflich und/oder persönlich hoch gesteckte Ziele, wollen Erfolg haben und sich dafür aktiv einsetzen.
- Sie sind in der Lage, Beziehungen zu anderen Menschen aufzubauen und zu pflegen.
- Sie sind bereit, sich selbst kritisch infrage zu stellen, Ratschläge von außen anzunehmen und umzusetzen.
- Sie sind ehrlich, vertrauenswürdig und ihrem Mentor gegenüber loyal.
- Sie sind für sich selbst verantwortlich und fällen ihre eigenen Entscheidungen.

Aufgaben der Mentee

Aus dieser Rolle heraus ergeben sich bestimmte Aufgaben, die Sie als Mentee im Mentoring-Prozess zu erfüllen haben, wenn Sie das Mentoring optimal gestalten wollen.

▨ *Ziele setzen*

Klären Sie, was Sie durch das Mentoring erreichen wollen und über welche Themen Sie mit Mentor oder Mentorin sprechen wollen. Mentoring bedeutet nicht, dass Sie die Mentorin nur dann anrufen, wenn Sie ein aktuelles berufliches Problem haben. Wiederum stellt sich also die Frage nach Ihren Zielen. Je klarer Sie diese definieren können, desto eher kann Ihr Mentor oder Ihre Mentorin Sie darin unterstützen. Auf keinen Fall sollten andere über Ihre Ziele bestimmen.

▨ *Aktiv sein und Kontakt halten*

Sie merken es sicherlich: Ihre Hauptaufgabe besteht darin, aktiv zu sein. Es ist Ihre Sache, den Kontakt zu halten und neue Termine auszumachen. Wenn Sie aktuelle Fragen haben, dann rufen Sie den Mentor zwischen den vereinbarten Treffen an oder senden Sie eine E-Mail. Merkt Ihr Mentor, dass Sie die Beziehung ernst nehmen und seinen Rat wollen, wird er sich auch entsprechend Zeit dafür nehmen. Eine Mentoring-Beziehung braucht, so die schwedische Mentoring-Autorin Gunilla Arhen, »ständig neuen Brennstoff, um am Leben zu bleiben.«

▨ *Offen sein*

Prinzipiell bringt Mentoring nur etwas, wenn Sie sich öffnen und sich nicht nur von Ihrer »Schokoladenseite« präsentieren. Im Mentoring haben Sie die Chance, aus Fehlern oder schwierigen Situationen zu lernen. Deswegen wird ja auch Verschwiegenheit im Mentoring vereinbart, damit man vertrauliche Dinge erzählen kann. Trotzdem müssen Sie, besonders in Unternehmen, abwägen, ob Sie sich mit einer vertraulichen Information über sich selbst eventuell schaden. Besonders innerhalb von Unternehmen ist der Mentor zwar nicht der Vorgesetzte, gehört aber doch zur Chefriege des Unternehmens. Ihre Offenheit hängt von dem Vertrauen ab, das sich zwischen Ihnen und dem Mentor beziehungsweise der Mentorin entwickelt.

▦ *Themen setzen, Lösungsansätze erarbeiten*

Bringen Sie die Themen in das Gespräch ein, die Sie interessieren. Dazu sollten Sie sich bereits im Vorfeld Gedanken machen. Natürlich kann auch Ihr Mentor Vorschläge machen oder es kann ihm wichtig sein, Sie auf bestimmte Dinge aufmerksam zu machen. Aber letztlich wissen nur Sie, was Sie interessiert.

Haben Sie aktuelle Fragen, die Sie mit dem Mentor besprechen wollen, dann überlegen Sie schon vorher mögliche Lösungen. Sie können bereits eine Grundlage schaffen, auf der Sie zusammen mit Ihrem Mentor weiterarbeiten.

▦ *Dinge umsetzen*

Bleiben Sie nicht im Planen und Fragen stecken, sondern setzen Sie Dinge um. Wenn Sie nur zuhören, Diskussionen führen und sich Notizen machen, aber ansonsten alles wie immer handhaben und keine Veränderung bemerkbar ist, verliert der Mentor möglicherweise das Interesse an Ihnen.

Geben Sie zu, wenn Sie etwas nicht »erfolgreich« oder wie mit dem Mentor besprochen umsetzen konnten. Dann haben Sie die Chance, daraus weiterzulernen.

Was können Sie selbst geben?

Auf den ersten Blick mag es so scheinen, als seien Sie diejenige, die am meisten von der Mentoring-Beziehung profitiert. Aber Mentoren bekommen eine Menge zurück für ihr Engagement. Lesen Sie, was Mentoren und Mentorinnen unter den Überschriften »Mentoring in der Praxis« in diesem Buch von ihren Erfahrungen berichtet haben. Und vergegenwärtigen Sie sich die im anschließenden Kapitel »Warum Sie Mentor oder Mentorin sein sollten« beschriebenen Chancen, die sich für Mentoren aus einer solchen Beziehung eröffnen können (siehe Seite 228). Daraus können Sie ermessen, dass es sich für Mentoren durchaus lohnt, sich für Mentees zu engagieren.

Sie können auch selbst dazu beitragen, Ihren Mentor oder Ihre Mentorin von der Beziehung profitieren zu lassen.

- **Geben Sie Feedback:** Ihr Mentor will wissen, wie Sie seine Ratschläge umgesetzt und welche Erfahrungen Sie damit gemacht haben. Erzählen Sie von Ihren Erfolgen, denn Ihr Mentor hat seinen Anteil dazu beigetragen.
- **Ziehen Sie Bilanz:** Verfassen Sie kurze Protokolle der Gespräche und lassen Sie ihm diese zukommen. Das zeigt die Entwicklung und Erfolge Ihrer Gespräche.
- **Gehen Sie auch auf seine Interessen ein:** Wenn Sie mitbekommen, dass Ihr Mentor sich für bestimmte Themen interessiert, in denen Sie versiert sind, dann lassen Sie ihm gelegentlich Material zukommen oder bringen Sie ihn in Kontakt mit Personen, die ihn interessieren könnten.
- **Tragen Sie zu seinem guten Ruf bei:** Erwähnen Sie, wenn Sie es passend finden, vor anderen, dass und welcher Mentor oder Mentorin Sie unterstützt. Das trägt zu seinem oder ihrem guten Ruf bei.
- **Bedanken Sie sich:** Das mag selbstverständlich erscheinen, trotzdem sei es erwähnt. Ein schlichtes Danke tut auch seine Wirkung.

Kritische Situationen

Nicht immer laufen Mentoring-Beziehungen positiv. Wenn es Schwierigkeiten gibt, kann das an einem der folgenden Gründe liegen. Erkennen Sie solche Situationen frühzeitig, so können Sie sie vermeiden oder klären.

▦ *Abhängigkeitsverhältnis*

Vor allem in einem Unternehmen, aber auch in externem oder informellem Mentoring, kann es passieren, dass der Mentor Sie für eigene Zwecke instrumentalisieren will. Er braucht Parteigänger, hat einen bestimmten Posten für Sie vorgesehen, über den er Einfluss ausüben will, oder benutzt Sie, indem er Ihnen Aufträge gibt, die letztlich ihm zugute kommen. Wenn Sie den Eindruck gewinnen, dass das Mentoring mehr Ihrem Mentor als Ihnen selbst dient, dann besprechen Sie das mit den Organisatoren, in einer Supervison oder mit Freunden. Die Abgrenzung ist innerhalb eines Unternehmens schwieriger als in externen Mentoring-Programmen, wo Sie die Verbindung lösen können, ohne dass Ihnen daraus Schaden entsteht. Prinzipiell sollten Sie aber keine Aufgaben übernehmen, die Sie nicht ausführen wollen. Sinn des Mentoring ist nicht, dass Sie für den Mentor, sondern dass Sie an sich arbeiten.

Ein Abhängigkeitsverhältnis kann auch umgekehrt entstehen: Wenn Sie nichts mehr anpacken, ohne Ihren Mentor vorher konsultiert zu haben. Manchmal können solche »Opfer-Retter«-Verhältnisse sehr subtil von beiden Seiten gewünscht werden. Sie sollten im Mentoring persönlich wachsen und Ihre Selbstständigkeit und Eigenverantwortung ausbauen und nicht verlieren. Seien Sie deshalb selbstkritisch und überlassen Sie Ihrem Mentor nie die Verantwortung für Ihre Entscheidungen.

Um sich nicht von einem Mentor abhängig zu machen, sollten Sie nicht nur einen Mentor haben. Besonders in Unternehmen ist es wichtig, von mehreren Personen unterstützt zu werden. So vermeiden Sie, einem bestimmten »Lager« zugeordnet zu werden.

▓ *Das Umfeld*

Nehmen Sie an einem unternehmensinternen Mentoring teil, dann ist es wichtig, dass Ihr Vorgesetzter davon informiert wird. Er muss Sie die nötige Zeit freistellen. Außerdem darf er nicht das Gefühl bekommen, er sei jetzt nicht mehr für Ihre Karriere zuständig. Es ist immer noch Ihr Vorgesetzter, der unmittelbaren Einfluss auf Ihre nächsten Karriereschritte nimmt. (Zur Einbeziehung von Vorgesetzten siehe auch Kapitel 11.)

Probleme kann es in Unternehmen auch mit dem Neid von Kollegen geben. Neid kann allerdings bei jeder Fördermaßnahme entstehen. Mentees berichten immer wieder, dass sie auf Verständnis bei Kollegen stießen, sobald sie erklärten, was Mentoring eigentlich ist. (Zu Neid bei Mentoring-Programmen für Frauen siehe auch Seite 298.)

Wenn Sie an einem externen Mentoring-Programm teilnehmen, müssen Sie Ihr Unternehmen nicht unbedingt informieren. Vielleicht ist Ihr Ziel ja gerade, den Bereich oder das Unternehmen zu wechseln, was Sie in Ruhe vorbereiten wollen.

▥ *Berufliche Krisen*

Wie reagieren Sie, wenn Ihr Mentor in eine berufliche Krise gerät und beispielsweise seinen Posten oder Einfluss verliert? Die britische Mentoring-Beraterin Lily Segerman-Peck rät, die Mentoring-Beziehung dann sofort zu lösen: »Das mag zynisch klingen, ist aber nur vernünftig. Ihre Mentorin kann in diesem Fall nicht mehr viel für Sie tun, zumindest nicht in dem betreffenden Unternehmen. (...) Wenn sich schon eine persönliche Beziehung zu Ihrer Mentorin entwickelt hat, können Sie diese durchaus fortsetzen, aber für Ihre berufliche Weiterentwicklung sollten Sie sich nach jemand anderem umsehen.«

Umgekehrt sollten Sie von Ihrem Mentor keine Rettung erwarten, wenn Sie selbst in eine berufliche Krise geraten. Sie können die Umstände mit ihm besprechen und vielleicht kann er Ihnen entscheidend helfen. Aber möglicherweise weiß auch er keinen Rat. Sind Sie in einer beruflichen Krise, die oft auch zu einer privaten wird, ist es besser, sich von einem professionellen Coach beraten zu lassen.

Mann-Frau-Beziehungen

Haben Sie einen gegengeschlechtlichen Mentor gewählt, können daraus schnell Gerüchte entstehen. Davon sind hauptsächlich junge Frauen betroffen, die männliche Mentoren haben. Die exklusive Zweierbeziehung, die Treffen unter vier Augen und den ungewöhnlich intensiven Kontakt können andere zum Anlass nehmen, dahinter eine sexuelle oder romantische Beziehung zu vermuten.

▨ *Wie können Sie reagieren?*

Wie können Sie auf solche Gerüchte oder anzügliche Bemerkungen reagieren? Sie können sie mit Spott (»An was anderes kannst du wohl gar nicht denken!«), Ernst (»Ich kann dir gerne genauer erklären, was Mentoring ist und worum es dabei geht.«) oder mit Stillschweigen quittieren. Die wirkungsloseste Reaktion ist wahrscheinlich, Ihren Ärger zu zeigen (»Das ist ja eine unverschämte Unterstellung!«), weil sich Neider dadurch meist bestätigt fühlen.

▨ *Wenn eine Liebesbeziehung entsteht*

Tatsache ist aber auch, dass durchaus romantische Gefühle entstehen können. Schließlich ist eine Voraussetzung für eine Mentoring-Beziehung die gegenseitige Sympathie und Anteilnahme. Daraus kann auch mehr werden, wenn man sich näher kennen lernt. Wichtig ist, dass beide sich bewusst machen, was die Konsequenzen sind.

Entwickelt sich tatsächlich eine Liebesbeziehung, sollten Sie die Mentoring-Beziehung nicht weiterführen. In die Beratung spielen dann zu stark persönliche Absichten, Wünsche und Erwartungen hinein.

▨ *Sexuelles Interesse des Mentors*

Es kann auch sein, dass ein Mentor sich deshalb für eine Mentee einsetzt, weil er ein erotisches Interesse an ihr hat. Wenn das deutlich wird, gibt es zwei Möglichkeiten, wie Sie ablehnend reagieren können:

1. Sie brechen die Mentoring-Beziehung ab. Sie ist nicht verlässlich und vertrauensvoll. Aller Wahrscheinlichkeit nach schlägt das Verhalten des Mentors irgendwann ins Gegenteil um, wenn er sein Ziel nicht erreicht. Besser ist es, sich früh-

zeitig diplomatisch zurückzuziehen. In organisierten Mentoring-Programmen sollten Sie das Organisationsteam informieren und sich mit ihnen oder in einer Supervision über die beste Vorgehensweise beraten.

2. Sie besprechen das Thema mit dem Mentor. Sie riskieren dabei, dass der Mentor alles abstreitet, sich zurückzieht und Ihnen die »Schuld« gibt. Deshalb sollten Sie sich ein solches Gespräch vorher gut überlegen und mit anderen besprechen. Es kann aber auch sein, dass der Mentor Ihr klares »Nein, so nicht!« akzeptiert und Sie weiterhin als Mentor unterstützt. Wichtig ist in so einem Gespräch, dass Sie klar und eindeutig auftreten, da manche Männer ein »Nein!« als ein »Erobere mich!« verstehen.

Beenden einer Mentoring-Beziehung

Die meisten Mentoring-Beziehungen sind von vornherein auf einen bestimmten Zeitraum begrenzt. Das macht Sinn, denn ist ein Ende in Sicht, wird die Zeit bis dahin erfahrungsgemäß besser genutzt. Außerdem kommt auch in Mentoring-Beziehungen der Zeitpunkt, an dem die Mentee von ihrem Mentor gelernt hat, was er weiterzugeben hat.

▨ Das »richtige« Ende finden

In zeitlich begrenzten Mentoring-Beziehungen kann das offizielle Ende dazu benutzt werden, eine Bilanz über das Erreichte zu erstellen. Auch Punkte oder Fragen, die noch offen geblieben sind, können aufgelistet werden. Daraus kann sich dann ergeben, dass beide Seiten die Mentoring-Beziehung informell weiterführen wollen.

Sie sollte aber weiterhin in regelmäßigen, vorher vereinbarten Abständen überprüft werden. Vielleicht ist es Ihnen irgendwann unangenehm, weiterhin in der Rolle des Mentee zu sein. Oder Mentor beziehungsweise Mentorin haben das Gefühl, jetzt genug beigetragen zu haben. Für beide Seiten muss es möglich sein, die Mentoring-Beziehung jederzeit zu beenden. Das bedeutet nicht den Abbruch des Kontaktes. Sie können eine neue Art der Beziehung finden, die Ihrem Verhältnis besser entspricht. Viele Mentoring-Beziehungen gehen in freundschaftliche oder kollegiale Verhältnisse über.

Ein ausdrückliches, miteinander vereinbartes Ende zum »richtigen Zeitpunkt« verhindert, dass sich einer oder beide Partner schleichend aus der Beziehung verabschieden. Das merkt man daran, dass man keinen gemeinsamen Termin mehr findet, über unwichtige Details redet oder über vergangene Erlebnisse plaudert. Gibt es keine Ergebnisse mehr zu protokollieren, dann sollten Sie die Mentoring-Beziehung für beendet erklären und lieber alle Vierteljahr gemeinsam zum Mittagessen gehen oder von Zeit zu Zeit telefonisch Kontakt halten. Ehemalige Mentoren und Mentorinnen werden Ihnen auch bei sporadischem Kontakt wohlgesonnen bleiben und können Ihnen immer noch hin und wieder einen Rat geben oder einen Kontakt vermitteln.

▦ *Vorzeitiges Ende*

Stimmt die Chemie in einer Mentoring-Beziehung nicht, dann ist es besser, sie frühzeitig zu beenden. Zwingt man sich, trotz Differenzen bis zum offiziellen oder vorher vereinbarten Ende durchzuhalten, kann es zu unnötigen und belastenden Konflikten kommen. Eine Mentoring-Beziehung sollte von gegenseitiger Akzeptanz getragen sein und keiner der beiden Partner muss Rat geben oder annehmen, wenn er die Person des anderen innerlich nicht akzeptiert.

Sie sollten eine Mentoring-Beziehung nicht vorzeitig abbrechen, ohne sich nicht mindestens zwei- bis dreimal getroffen zu haben. Vielleicht finden Sie doch noch einen gemeinsamen Weg. Mentoring kann auch funktionieren, wenn man sich respektiert, einen sachlichen Austausch führt und dennoch abends kein Bier zusammen trinken möchte.

In einem Unternehmen ist ein frühzeitiger Ausstieg schwierig, weil Mentoren und Mentees einen Ruf im Unternehmen zu verlieren haben. Niemand möchte als »schwierig« gelten. Wie ein vorzeitiges Ende oder ein Wechsel des Mentors geregelt werden kann, hängt vom Programm ab. Sie sollten sich in einem solchen Fall mit dem Organisationsteam besprechen oder das Thema in der Supervision, sofern eine angeboten wird, einbringen. Mithilfe von Dritten lässt sich die Frage vielleicht einvernehmlich regeln. Ansonsten ist es besser, die Mentoring-Beziehung offiziell weiterlaufen zu lassen, aber sich nur selten zu treffen und sie inhaltlich nicht zu nutzen.

9 Chancen und Voraussetzungen für Sie als Mentorin oder Mentor

Sicherlich ist es schmeichelhaft, wenn Sie gefragt werden, ob Sie Mentor oder Mentorin für jemanden sein möchten. Vielleicht zögern Sie aber auch und fragen sich, was damit auf Sie zukommen würde. Befürchtet wird von vielen vor allem ein hoher Zeitaufwand, weil man sich ja, vermeintlich intensiv, um eine andere Person kümmern soll. In diesem Kapitel erfahren Sie, was es tatsächlich bedeutet, wenn Sie sich als Mentor oder Mentorin betätigen. Sie erhalten Antworten auf folgende Fragen:

- Warum sollten Sie Mentor/Mentorin werden? Welche Chancen bieten sich Ihnen dadurch?
- Was sind die Voraussetzungen, um Mentorin oder Mentor zu werden?
- Welchen Zeitaufwand erfordert Mentoring?
- Wie sehen die Rolle und die Aufgaben von Mentoren aus?

Über die Gestaltung der konkreten Mentoring-Gespräche erfahren Sie Näheres im darauf folgenden Kapitel »Mentoring-Gespräche gestalten«.

Warum Mentor oder Mentorin sein?

Auf den ersten Blick wird die Rolle von Mentoren oft als die der »Gebenden« wahrgenommen. Sicherlich geben Mentoren einiges: Zeit, Ratschläge, Kontakte. Aber Sie bekommen meistens einiges zurück.

▨ Chancen für Mentoren

- **Selbstreflexion:** Die Fragen und Ansichten der oder des Mentee regen dazu an, den eigenen beruflichen Werdegang bewusst zu reflektieren.
- **Feedback:** Der oder die Mentee sieht Ihr Verhalten als Außenstehende(r) und kann Ihnen interessante Rückmeldung darüber geben. Aus der Perspektive der Mentee erhalten Sie unter Umständen Aufschlüsse, wie Ihr eigenes Führungsverhalten auf jüngere Mitarbeiter wirken könnte.
- **Stärkung der Beratungskompetenz:** Sie üben aktives Zuhören und einfühlsame Beratung.
- **Informelle Informationen:** Sie erhalten Informationen über interne Abläufe im Unternehmen, Einblick in Fragen und Probleme von einer anderen Ebene des Unternehmens.
- **Image:** Sie stärken Ihren Ruf als einflussreiche und gute Führungskraft und als Förderer von Talenten.
- **Einfluss auf Personalentwicklung:** Sie können über die Förderung der oder des Mentee Einfluss auf die Personalentwicklung nehmen, zusätzliche Maßnahmen vorschlagen, Anregungen geben.
- **Netzwerke:** Sie erweitern Ihre eigenen Netzwerke.
- **Weitergabe eigener Werte:** Sie können Ihre eigenen Werte und Überzeugungen weitergeben, unter Umständen nimmt sie der oder die Mentee auf.
- **Persönliche Bindung:** Sie können eine persönliche Beziehung zu einem jüngeren Menschen aufbauen, was in Führungspositionen zu Kollegen oft nicht möglich ist.

Sabine Asgodom weiß von vielen Mentorinnen: »Es war auch ein Schritt aus der Einsamkeit, denn diese Frauen in den Führungspositionen sind oft ziemlich auf sich gestellt. Da war dann eine junge Frau, die ihnen zuhörte. Der konnten sie auch mal erzählen, was sie frustet. Das kann man in der eigenen Firma in so einer Position nicht.«

Über ihre eigene Erfahrung als Mentorin meint sie: »Mir hat es sehr viel Ermutigung gebracht. Besonders als ich mich als Beraterin selbstständig machte. Ich erzählte meiner Mentee, was ich so vorhabe und da kam so viel Begeisterung zurück, das fand ich unglaublich. Ich konnte gleich testen, was ich Leuten anbieten will. Wenn die Mentee das Gähnen angefangen hätte, hätte ich gesagt, das schmeiße ich gleich weg. Das war für mich wie ein Spiegel.«

▨ *Mentoring und Führungsrolle*

Mentoring ist ein Teil Ihrer Führungsrolle: Sie fördern und entwickeln jüngere Mitarbeiter, die Ihnen aber nicht direkt unterstellt sind. Damit übernehmen Sie Verantwortung für Mitarbeiter aus anderen Bereichen und, bei internen Programmen, für Ihr Unternehmen.

In Nordeuropa wird Mentoring teilweise schon als fester Bestandteil der Führungsrolle gesehen. Mentoring-Expertin Nadja Tschirner stellte bei ihren Untersuchungen für das Deutsche Jugendinstitut fest: »Schwedische Unternehmen etablieren Mentoring so, dass es als Qualifikation der Führungskräfte wahrgenommen wird. Bewirbt sich eine Person um eine Führungsposition, ist es für sie von Vorteil, wenn sie Mentoring nachweisen kann.« Und Christopher Conway schreibt in der Ashridge-Studie über britische Mentoring-Programme: »CEOs (Geschäftsführer) beschließen zunehmend, dass die persönliche Entwicklung und Management-Nachfolge zu große Verantwortlichkeiten sind, um sie zu delegieren.«

Qualitäten von Mentoren

Mentor oder Mentorin ist eine Rolle, die neben fachlicher vor allem soziale Kompetenz voraussetzt. Eine erfolgreiche Führungskraft ist nicht per se ein guter Mentor. Welche Qualitäten sollten Sie als Mentor haben?

▧ *Interesse an anderen und Bereitschaft, andere zu unterstützen*

Sie sind an Ihrem Mentee oder Ihrer Mentee wirklich interessiert und haben die Bereitschaft, ihn zu fördern und zu seiner Entwicklung beizutragen. Dazu gehört, dem Mentee zuzuhören, sich auf ihn einzulassen und seinen Blickwinkel verstehen zu wollen. Dazu gehört auch, die Person des Mentee zu respektieren und ihm mit Wertschätzung zu begegnen. Sie unterstützen andere gerne und sind breit, Ihr Wissen und Ihre Erfahrungen weiterzugeben. Sie erwarten nicht, dass für jede Leistung eine Gegenleistung erfolgt.

Als Mentor wollen Sie Ihren Mentee auch nicht dahingehend beeinflussen, Dinge so zu machen, wie Sie das für richtig halten. Sie bringen Ihre Ansicht zum Ausdruck und überlassen es dem oder der Mentee, selbst zu entscheiden. Gerade dieser Punkt erfordert viel Ehrlichkeit und Selbstreflexion von Seiten des Mentors.

Vielleicht trägt das Mentoring dazu bei, dass Ihr Mentee beruflich vorankommt und sich persönlich weiterentwickelt. Machen Sie sich vorher klar, dass Ihr Mentee Sie langfristig in Ihrer Karriere einholen oder sogar überholen könnte und prüfen Sie sich, ob Sie damit innerlich leben können.

▧ *Berufs- und Lebenserfahrung*

Als Mentor sind Sie in Ihrem Berufsfeld erfahren und können auf eine längere Berufskarriere zurückblicken. Sie haben bereits verschiedene Konflikte und Krisen im Beruf und wahrscheinlich auch in Ihrem Leben erfolgreich bewältigt und aus ihnen gelernt. Darüber sind Sie auch bereit zu reden. Sie sollten es nicht nötig haben, sich als erfolgreicher Macher zu präsentieren, der scheinbar problemlos alles erreichte, was er wollte. Daraus kann eine Mentee nicht wirklich etwas lernen.

Berufs- und Lebenserfahrung bedeutet jedoch nicht, dass Mentoren über ein bestimmtes Mindestalter verfügen müssen.

Sie sollten nur im Vergleich zu Ihrer Mentee und in Anbetracht ihrer Ziele über entsprechend größere Erfahrungen verfügen. Das heißt, eine Studentin kann die Mentorin einer Schülerin werden, während eine junge Führungskraft von einem Mentor oder einer Mentorin begleitet werden sollte, die mindestens zwei Hierarchiestufen weiter ist als sie.

Bedingung ist nicht, dass der Mentor noch im Berufsleben steht. Auch pensionierte Führungskräfte können sich als Mentoren betätigen. Sie kennen das Unternehmen, Ihre Branche und die Berufspraxis und verfügen immer noch über ein Netzwerk. Wer Interesse daran hat, in Kontakt mit jungen Leuten – und eventuell auch mit seinem Unternehmen – zu bleiben, findet darin vielleicht eine interessante Aufgabe.

▓ *Fähigkeit, Wissen zu vermitteln und Lernprozesse zu begleiten*

Als Mentor sollten Sie darin geschult sein, lösungsorientiert zu beraten, ohne diese Lösungen vorzugeben. Zur Vermittlung von Wissen gehören vor allem kommunikative Kompetenz, um die Themen klar und strukturiert zu vermitteln.

▓ *Einfluss, Insiderwissen und Kontakte*

Als Mentor sollten Sie über Einfluss und Macht verfügen und einen guten Ruf bei Kollegen genießen. Sie kennen die internen Strukturen Ihres Unternehmens, beziehungsweise die informellen Regeln Ihrer Branche. Und Sie haben die Bereitschaft, Ihr Insiderwissen preiszugeben und über informelle Regeln und Abläufe zu sprechen. Dabei geht es aber nicht darum, über den Mentee einen weiteren Parteigänger zu gewinnen und ihn als Gefolgschaft benutzen zu wollen, um eigene Ziele durchzusetzen.

Sie verfügen außerdem über ein gutes Netzwerk und umfangreiche Kontakte. Und Sie haben die Bereitschaft, dieses für Ihren Mentee zu nutzen und ihm so manche Tür zu öffnen.

Zeitaufwand

Wie viel Zeit »kostet« nun eine Mentoring-Beziehung? Das ist meist eine der ersten Fragen, die künftige Mentoren und Mentorinnen stellen, weiß die Trainerin Sabine Asgodom: »Mentorinnen haben natürlich Angst, dass jetzt noch mehr Arbeit auf sie zukommt, sie schuften ja eh schon viel. Man muss ihnen ganz deutlich sagen, dass das eine lockere Verbindung ist. Sie sind nicht verantwortlich für die Mentee, sie nehmen ihr nicht die Planung ab, die sitzt nicht den ganzen Tag bei ihnen und wird nicht jeden Tag anrufen. Im Gegenteil, die Mentees fragen meiner Erfahrung nach viel zu selten nach.«

Alle vier bis sechs Wochen müssen Sie etwa zwei Stunden einplanen, in denen Sie Gespräche mit Ihrer Mentee führen. Dazwischen führen Sie möglicherweise ein- oder zweimal ein Telefongespräch oder haben per E-Mail Kontakt. Das Ganze zieht sich je nach Vereinbarung über mindestens ein Jahr, manche Mentoring-Beziehungen gehen auch über zwei oder mehrere Jahre.

> ### Vereinbarungen über die Zeit schließen
>
> Sie haben zu Beginn des Mentoring die Möglichkeit, Vereinbarungen über den Zeitaufwand zu treffen. Beide Seiten legen fest, wie viel Zeit sie investieren wollen und wo die Grenzen liegen. So können Sie beispielsweise sagen, dass Sie von Ihrer Mentee immer erst ab 16 Uhr angerufen werden wollen oder nur an bestimmten Tagen. Sie können ausmachen, dass Sie offen sagen, wenn es Ihnen gerade nicht passt und dass Sie dann zurückrufen.
>
> Stellen Sie den Zeitaufwand auch in Relation zum Ergebnis: Oft wird der Zeitaufwand als zu hoch angesehen, weil man denkt, in dieser Zeit widmet man sich ausschließlich jemand anderem. Wenn Sie sich aber klar machen, wie Sie selbst vom Mentoring profitieren, wird Ihnen der Zeitaufwand vielleicht gar nicht mehr so hoch erscheinen.

Wer hält den Kontakt?

Prinzipiell ist es Aufgabe der Mentee, den Kontakt zu Ihnen zu halten. Sie weiß, wann sie einen Rat braucht und sollte von sich aus auf Sie zukommen. Gerade in der Anfangsphase einer Mentoring-Beziehung können Sie aber Ihren Teil dazu beitragen, dass die Mentee sich traut, bei Ihnen anzurufen:

- Nehmen Sie sich Zeit, wenn der oder die Mentee Sie anruft, beziehungsweise rufen Sie zuverlässig zurück.
- Machen Sie im Voraus zwischen den Treffen mindestens einen Telefontermin aus, der die Möglichkeit bietet, Fragen zu klären oder einfach nur »Hallo« zu sagen und kurz zu plaudern.
- Signalisieren Sie anfangs öfter, dass die Mentee Sie anrufen kann, wenn sie Fragen hat.

Wie finden Sie eine(n) Mentee?

Meist werden Mentoren oder Mentorinnen von Organisatoren eines Programmes persönlich angesprochen. Sie können sich aber auch Ihrerseits melden und Ihre Unterstützung anbieten. Wie das Matching mit einer Mentee in solchen Programmen erfolgt, erfahren Sie im Kapitel »Mentoring-Programme organisieren« (siehe Seite 268).

Sie können aber auch von sich aus eine Mentee suchen und beraten. Vielleicht haben Sie schon jemanden in Ihrem Bekanntenkreis, dem oder der Sie öfter einmal mit Rat zur Seite stehen. Wenn Sie nicht sicher sind, wen Sie als Mentee wollen, dann lesen Sie im Kapitel 8 nach – über »Die Wahl eines Mentors/einer Mentorin«. Sie können mit dieser Vorgehensweise auch eine Mentee finden.

Die Rolle von Mentoren

Die Rolle des Mentors ist keine väterliche oder mütterliche Rolle, wie sie gelegentlich in der Literatur beschrieben wird. Erstens ist sie ist nicht »lebenslänglich« wie die Elternschaft. Und zweitens verleitet diese Rollenbeschreibung dazu, den Mentee als einen Abhängigen zu betrachten, für den man sorgen muss.

▨ *Partnerschaftlichkeit*

So ist es aber nicht. Der Mentee trifft seine eigenen Entscheidungen und behält die Verantwortung für sich. Der Mentor unterstützt ihn darin. Gegenseitiger Respekt, Anerkennung und Wohlwollen sind die Voraussetzungen für diese partnerschaftliche Beziehung. Mentees und Mentoren sind grundsätzlich gleichberechtigt in der Gestaltung der Beziehung. Beide können entscheiden, worüber und wie intensiv sie Gespräche führen wollen.

Das Prinzip der Partnerschaftlichkeit ist allerdings in Unternehmen nicht realistisch. Der Mentor ist hierarchisch höher gestellt, auch wenn er nicht der direkte Vorgesetzte ist. Beide werden die hierarchischen Bezüge im Hinterkopf haben, was ein partnerschaftliches Verhältnis einschränken kann. Trotzdem kann in solchen Mentoring-Beziehungen gegenseitiger Respekt und Anerkennung herrschen.

Die Rolle von Mentoren umfasst folgende Aspekte:

▨ *Ratgeber und Wissensvermittler*

Der Mentee kommt mit Fragen und Themen aus seiner aktuellen beruflichen Situation zu Ihnen. Sie können dazu Ihre Einschätzung abgeben, ihn beraten sowie eigene Erfahrungen und Ihr Wissen um informelle Strukturen und Spielregeln beisteuern. Geht es um fachliches Wissen, können Sie dem Mentee theoretischen Input geben und gemeinsam überlegen, wie er das in die Praxis umsetzen kann. Das kann auch in Rollenspielen geübt werden. Geht es beispielsweise um Themen wie Mitarbeitergespräche oder Bewerbung, so können Sie in vertauschten Rollen üben, wie diese Gespräche ablaufen und welche Schwierigkeiten auftreten könnten.

Wissen vermitteln können Sie auch, indem Sie den Mentee an Sitzungen, Meetings oder Kundengesprächen teilnehmen lassen oder ihn, bei externem Mentoring, ein Praktikum in Ihrer Organisation absolvieren lassen. Dann sieht er aus direkter Anschauung, wie Sie bestimmte Dinge angehen und Sie können anschließend gemeinsam darüber reden.

▪ »Geburtshelfer«

Ein Ziel des Mentoring ist, dass die Mentee bisher unentdeckte oder wenig genutzte Fähigkeiten ausbaut. Aus Ihrer Erfahrung heraus erkennen Sie vielleicht nach einer Weile, dass die Mentee über bestimmte Fähigkeiten verfügt. Unterstützend kann sein, wenn die Mentee in dieser Zeit ein Assessment-Center oder Tests durchläuft, in denen ihre Stärken und Potenziale ermittelt werden. Vielleicht kennt sie sie auch selbst bereits. Sie wirken an der Entwicklung ihrer Stärken wie eine Art »Geburtshelfer« mit: Sie machen ihr diese Stärken immer wieder bewusst und überlegen gemeinsam mit ihr, in welchen Situationen sie diese nutzen und ausbauen kann. Sie ermutigen sie zu neuen Verhaltensweisen und besprechen die Erfahrungen, die sie damit macht. Unter Umständen können Sie ihr Arbeiten, Projekte oder Aufgaben vermitteln, in denen sie diese Fähigkeiten trainieren kann.

▪ »Sparring-Partner«

Angeblich behalten wir zehn Prozent dessen, was wir hören, 60 Prozent dessen, was wir sehen und 90 Prozent dessen, was wir selbst tun. Aus eigener Erfahrungen lernen wir am meisten. Deshalb ist es auch Aufgabe des Mentors, den Mentee darin zu bestärken, eigene Erfahrungen zu machen. Sie dienen dabei im Vorfeld als Übungspartner. Sie nehmen seine Ideen und Initiativen ernst, besprechen mit ihm seine Vorgehensweise, erörtern mögliche Konsequenzen und bilanzieren anschließend mit ihm seine Erfahrungen. Dabei darf der Mentee Ihnen Fragen stellen, die »man« sonst im beruflichen Kontext nicht ohne weiteres stellt, etwa wie man sich in bestimmten Kreisen oder auf bestimmten Veranstaltungen verhalten sollte.

Karriere-Berater

Ein weiterer Aspekt des Mentoring ist, die Mentee in ihrer Karriere voranzubringen. Besprechen Sie mit ihr, welche Ziele sie hat und in welchen Schritten diese erreicht werden könnten. Aus Ihrer Erfahrung wissen Sie sicherlich, was die Karriere unterstützt, beziehungsweise verhindert. Sie können mit Ihrer Mentee besprechen, welche Schwierigkeiten auftreten und wie sie bewältigt werden könnten.

»Türöffner«

Sie können Ihrer Mentee Kontakte vermitteln, die Sie für nützlich halten. Sie können sie in Netzwerke einführen und sich mit ihr darüber austauschen, wie sie selbst nützliche Kontakte machen und pflegen kann. In Mentoring-Programmen, in denen Nachfolger eingearbeitet werden, ist der Übergang der Kontakte auf den oder die Mentee ein wesentlicher Bestandteil.

Checkliste: Wie fördern Sie Ihre(n) Mentee?

- **Zuhören und Fragen stellen:** Das Anliegen oder die Situation wirklich verstehen wollen.
- **Bestätigen und ermutigen:** Den Mentee dabei unterstützen, seine eigenen Fähigkeiten realistisch ein- und wertzuschätzen.
- **Beraten:** Durch gezielte Fragen den Mentee die eigene Lösung finden lassen. Eventuell eigene Ansichten und Erfahrungen beisteuern.
- **Vorausschauen und schützen:** Den Mentee auf mögliche Hindernisse und Schwierigkeiten aufmerksam machen.
- **Üben:** Neues Verhalten durch Rollenspiel oder Gespräche trainieren.
- **Beistehen:** Bei Fehlern und Schwierigkeiten Anteilnahme zeigen, ermutigen und gemeinsam nach Lösungen suchen.
- **Konfrontieren:** Wenn nötig, unproduktives Verhalten des Mentees ansprechen.

Aufgaben im Mentoring

Über Ihre Rolle hinaus, können Sie als erfahrenerer Partner im Mentoring zum Gelingen beitragen, indem Sie bestimmte Aufgaben übernehmen. Je nachdem wie alt und erfahren Ihre Mentee ist, üben Sie diese alleine oder gemeinsam aus.

▨ (Ein)führende Rolle übernehmen

Sie sollten am Anfang einen großen Teil der Verantwortung für die Struktur übernehmen. Womöglich ist der Mentee nicht sicher, was er Sie fragen und von Ihnen erwarten darf. Sie können von Anfang an Klarheit schaffen, indem Sie die Rahmenbedingungen für das Mentoring ansprechen und mit dem Mentee eine Vereinbarung darüber treffen (siehe dazu Seite 245).

▨ Mentoring-Kultur erzeugen

Mentoring sollte in einer Vertrauenskultur stattfinden, in der Fehler akzeptiert werden und Lernen als etwas Positives angesehen wird. Sie können als Mentor oder Mentorin dazu beitragen, indem Sie Ihren Mentee weiterhin unterstützen, auch wenn etwas schief gelaufen ist. Sie können ihm dabei helfen, aus dieser Situation zu lernen.

Zum Vertrauen trägt ebenfalls besagte Vereinbarung bei. Eine Vertrauenskultur entwickelt sich nicht von heute auf morgen. Trotzdem sind die ersten Treffen meist schon ausschlaggebend dafür, wie sie sich entwickelt.

▨ Eigene Rolle reflektieren

Im weiteren Verlauf des Mentoring sollten Sie immer wieder Ihre eigene Rolle reflektieren. Damit verhindern Sie, dass Sie »zu viel« geben oder gegenüber der oder dem Mentee in eine »Retterrolle« verfallen. Kann sie Situationen oder Probleme mit Ihrer Hilfe nicht bewältigen, dann ist es nicht Ihre Aufgabe, die Mentee zu »retten«. Sie haben nicht die Verantwortung dafür übernommen, dass es ihr gut geht und in ihrem Beruf alles klappt.

Bringt die Mentee Themen, bei denen Sie aus Ihrer Erfahrung heraus und mit Ihrem Wissen nicht weiterhelfen können, dann müssen Sie ihr das sagen und sich abgrenzen. Manche Themen lassen sich besser mit einem professionellen Coach besprechen und Sie sollten sich nicht gedrängt fühlen (oder sich überschätzen), diese Rolle eines Profis zu übernehmen.

Umgekehrt kann es sein, dass durch die Gespräche mit der Mentee eigene Erlebnisse aus Ihrer Vergangenheit hochkommen und Sie belasten. Dann können auch Sie sich Beratung durch einen Coach holen. Ein belastendes Thema zu bearbeiten ist besser als, im Extremfall, das Mentoring zu beenden, weil man mit etwas nicht konfrontiert werden will.

▨ *Ist Mentoring für weibliche Mentees anders?*

Im Prinzip geht es bei weiblichen Mentees um die gleichen Themen wie bei männlichen. Aber es kommen noch weitere hinzu, die Männer im Berufsleben (noch) nicht besonders betreffen: Vereinbarkeit von Beruf und Familie, geschlechtsspezifische Barrieren in der Karriere oder das Sichdurchsetzen in einer von Männern dominierten Branche. Außerdem ist es besonders bei Frauen wichtig, ihnen Mut zu machen, zu den eigenen Fähigkeiten zu stehen und sich durchzusetzen.

Kein Job für Profis

Mentor zu sein ist ein berufliches Engagement, aber kein eigenständiger Beruf. Wer professionell Menschen berät und dafür Honorare empfängt, ist Coach, Trainer oder Supervisor und hat dafür eine fundierte Ausbildung (siehe Kasten auf der nächsten Seite). Mit ihrer Beratung bestreiten sie ihren Lebensunterhalt. Mentoring-Expertin Nadja Tschirner findet es unlauter, wenn Coaching-Profis mit der Berufsbezeichnung »Mentor« Kunden werben: »Es gibt Berater, die sich rühmen, Mentor oder Mentorin für etliche hundert Leute zu sein. Manche nehmen für ein Mentoring-Gespräch gutes Geld. Das ist eine Fehlleitung des Mentoring-Gedankens, in dem es gerade um eine unentgeltliche Unterstützung geht. Wir haben auch Anrufe von Leuten bekommen, die sagten, ich bin Beraterin und Coach, ich möchte jetzt gerne Mentorin sein, wie mache ich das? Sie wollten Mentoring als Beratungsleistung anbieten und letztlich Coaching machen.«

Im Mittelpunkt des Mentoring steht die persönliche Beziehung, die sich zwischen Mentor und Mentee entwickelt. Der Mentor fördert nicht Kunden, die ihn dafür bezahlen, sondern Menschen, die er selbst für gut befindet. Es ist eine persönliche Sache, von seinen Erfahrungen zu erzählen und selbst aufgebaute Kontakte weiter zu vermitteln. Das kann man nicht geschäftsmäßig betreiben. Ein Coach wird nur selten seine persönlichen Erfahrungen und Kontakte beisteuern.

Mentoring ist nicht Coaching

Mentoring ist nicht Coaching und der Mentor in der Regel kein Coach. Oft werden die beiden Begriffe synonym verwendet, was aber – trotz mancher Ähnlichkeit in der Rolle – nicht sinnvoll ist. »Ein Coach gibt keine vorgefertigten Lösungen vor, sondern hilft dem oder der ›Coachee‹, den eigenen Standort zu bestimmen, sich über die Situation klar zu werden, Handlungsalternativen und Lösungen zu finden. Im Coaching wird Selbsterkenntnis und das Finden eines eigenen Lösungswegs angestrebt«, schreibt Isabel Nitzsche in ihrem Buch »Erfolgreich durch Konflikte«. Damit ähnelt die Aufgabe des Coachs der eines Mentors. Der Unterschied ist aber: Mentoring beinhaltet auch die Wiedergabe eigener Erfahrungen und die Einführung in Netzwerke durch den Mentor. Der Mentor ist kein Profi in Sachen Persönlichkeitsentwicklung und nimmt nicht die neutrale Rolle eines Coachs ein. Sein persönliches Engagement für den oder die Mentee geht über das des Coachs hinaus.

Ein professioneller Coach hat eine fundierte psychologische Ausbildung, die ihn befähigt, das Umfeld, die Situation und die

Person des Gecoachten systematisch einzubeziehen. Und er verfügt über Techniken, die Person darin zu unterstützen, ihre individuelle Lösung zu finden. In diesem Sinne ist er qualifizierter als ein Mentor und verfügt über eine größere fachliche Kompetenz.

Coach kann sich allerdings jeder nennen und nicht alle, die das tun, sind entsprechend gut ausgebildet. Deshalb sollten Sie sich bei der Wahl eines Coachs vorher umhören und sich am besten jemanden empfehlen lassen. Isabel Nitzsche nennt in ihrem Buch beispielsweise Adressen von Coaches.

Im Mentoring ist es für beide Seiten wichtig, diese Grenzen zum professionellen Coaching zu erkennen, um den Mentor und die Mentoring-Beziehung nicht zu überfordern. Manche tiefer gehenden Probleme oder Konflikte sind besser mithilfe eines professionellen Coachs zu lösen. Es gibt keine Regel, wann das der Fall ist: Es ist von der Person des Mentors sowie von dem Thema abhängig und von Fall zu Fall zu entscheiden.

Kritische Situationen

Über kritische Situationen im Mentoring können Sie im Kapitel 8 und 11 Näheres erfahren. Im folgenden Kapitel lesen Sie, wie Sie Gespräche so planen und strukturieren können, dass kritische Situationen möglichst vermieden werden.

10 Mentoring-Gespräche gestalten

Worüber Sie im Mentoring reden, hängt ganz allein von Ihnen ab. Die Gesprächsthemen orientieren sich an den individuellen Zielen und Bedürfnissen der Mentee sowie am Interesse und der Kompetenz der Mentorin. Die Gespräche zu strukturieren und zu nutzen, erfordert Initiative und eigene Gestaltung. Dennoch löst so viel Freiheit anfangs oft auch Unsicherheit aus.

Worüber kann und darf man reden? Welche Themen bieten sich an? In diesem Kapitel finden Sie Vorschläge, Ideen und Erfahrungen, wie Sie, als Mentor beziehungsweise Mentorin und als Mentee, ein Mentoring-Gespräch strukturieren können. Außerdem erhalten Sie geeignete Grundlagen zur Gesprächsführung, die Sie darin unterstützen können, Ihre Gespräche effektiv zu führen.

Rahmenbedingungen für die Gespräche

In einem der ersten Gespräche sollten Sie die Struktur künftiger Gespräche miteinander regeln und eine Vereinbarung über die Spielregeln treffen, die für Ihre Mentoring-Beziehung gelten sollen. Geregelte Rahmenbedingungen sind wichtig, um eine offene Gesprächskultur zu erzeugen und das Vertrauen zu fördern. Wenn beiden Seiten klar ist, was »erlaubt« ist und wo die Grenzen liegen, können sich keine Fantasien darüber bilden. Zu den zu klärenden Themen gehören:

- Erwartungen
- Ziele
- Vereinbarungen

Erwartungen klären

Mentoren und Mentees sollten zu Beginn des Mentoring die Erwartungen an das Mentoring und aneinander klären. In organisierten Mentoring-Programmen wird das oft schon in vorbereitenden Workshops getan. Da diese aber meist für Mentees und Mentoren getrennt abgehalten werden, ist es wichtig, darüber auch noch einmal direkt miteinander zu sprechen. Das verhindert zum einen, dass Unmut aufkommt, weil nicht ausgesprochene Erwartungen unerfüllt bleiben. Zum Beispiel erhoffen sich Mentees oft, dass ihr Mentor direkten Einfluss auf ihre Karriere ausübt, ihnen Stellen anbietet oder vermittelt. Stellt der Mentor von vornherein klar, dass er dies nicht als seine Aufgabe sieht (was sie auch nicht ist), weiß die Mentee, woran sie ist. Der zweite Effekt solcher klärenden Gespräche ist, dass sie von Anfang an ein offenes Gesprächsklima erzeugen.

Um Ihre gegenseitigen Erwartungen abzuklären, können Sie sich an folgenden Fragen orientieren:

- Was erwarten Sie vom Mentoring allgemein?
- Was erwarten Sie von der Mentee, beziehungsweise vom Mentor/von der Mentorin? (Themen, Verhalten, Initiative, Pünktlichkeit, Verlässlichkeit, Verschwiegenheit ...)
- Gibt es Befürchtungen? Was darf nicht passieren? Was müsste passieren, damit einer von Ihnen enttäuscht oder nicht zufrieden mit dem Mentoring wäre?

Gibt es Erwartungen, die einer der beiden Partner nicht erfüllen kann, so haben Sie jetzt Gelegenheit darüber zu sprechen und zu klären, ob die Erwartungen in veränderter Form oder auf anderen Wegen vielleicht doch erfüllt werden können – beziehungsweise welche Konsequenzen entstehen, wenn die Erwartung nicht erfüllt wird. Um beim vorigen Beispiel zu bleiben: Mentor und Mentee können überlegen, wie sie auf andere Weise dem Karrierewunsch der Mentee nachkommen können. Zum Beispiel durch Gespräche über optimale Bewerbung, durch eine Analyse, in welchen Bereichen die Mentee am besten Karriere machen könnte oder durch Übungen, in denen die Mentee trainiert, ihre Stärken besser nach außen darzustellen.

▓ *Geheime Erwartungen und Befürchtungen*

Vielleicht hegen Sie aber auch geheime Erwartungen, Hoffnungen und Befürchtungen, die Sie sich aber nicht auszusprechen trauen. Dann stellen Sie sich selbst folgende Fragen:

- Was hindert mich daran, diese Erwartungen oder Befürchtungen auszusprechen?
- Was könnte mich dazu veranlassen, sie auszusprechen? Welche Zusicherungen oder Rahmenbedingungen brauche ich, um über diese zu reden?
- Was passiert, wenn diese geheimen Erwartungen nicht erfüllt werden? Was passiert, wenn meine geheimen Befürchtungen sich bewahrheiten?
- Was kann ich selbst tun, damit sich meine geheimen Erwartungen erfüllen? Wie könnte ich selbst dazu beitragen, dass nicht eintritt, was ich heimlich befürchte?

Vielleicht können die Antworten auf diese Fragen Sie veranlassen, doch noch darüber zu sprechen. Größtmögliche Offenheit ist eine Voraussetzung dafür, dass sich Vertrauen entwickeln kann und Sie im Mentoring auch über persönliche Themen sprechen können.

Ziele vereinbaren

Gesprächsthemen ergeben sich von selbst, wenn Sie die Ziele der Mentoring-Beziehung gemeinsam festgelegt haben. Diese wiederum ergeben sich aus den Zielen, die die Mentee für sich beruflich und persönlich definiert hat (siehe Seite 210). Zunächst geht es also darum, Mentor oder Mentorin über diese Ziele zu informieren und gemeinsam zu überlegen, ob und wie diese erreicht werden können. Der Mentor muss entscheiden, ob er sich kompetent fühlt, zum Erreichen dieser Ziele beizutragen oder ob bestimmte Ziele außerhalb seiner »Reichweite« liegen. Dann kann immer noch überlegt werden, wie die Mentee sie vielleicht auf anderem Wege erreichen könnte. Bedacht werden muss auch, ob die Zeit, die für die Gespräche zur Verfügung steht, ausreichend ist, um alle Ziele zu erreichen oder ob es sinnvoll ist, Prioritäten zu setzen. Allgemein können Ziele im Mentoring sein:

- Aufarbeiten und Besprechen des beruflichen Alltags;
- Stärkung bestimmter Kompetenzen;
- Besprechung eines bestimmten Projekts;
- Begleitung des Mentors auf bestimmte Termine oder Meetings und anschließende Besprechung; Praktika oder Hospitationen bei Mentor oder Mentorin;
- Erarbeitung eines Karriereplans oder Erreichen bestimmter Karriereziele;
- Vermittlung von Kontakten, Kennenlernen von bestimmten Netzwerken.

Vereinbarungen treffen

Es mag Ihnen seltsam vorkommen, eine Vereinbarung, eventuell auch noch schriftlich, miteinander einzugehen. Dennoch macht das aus folgenden Gründen Sinn:

- Eine Vereinbarung besiegelt die Gleichberechtigung der Partner. Sie können über Aspekte verhandeln oder auch klar Ihre Absage erteilen.
- Ziele, Aufgaben und Verantwortlichkeiten werden eindeutig geregelt. Leistung und Gegenleistung werden festgelegt, gegenseitige Erwartungen offen gelegt. Eine Vereinbarung schafft Verbindlichkeit über Aufgabenverteilung und Vorgehensweise. Das fördert das Vertrauen und die Partner übernehmen gemeinsam die Verantwortung für das Gelingen.
- Die Ergebnisse werden überprüfbar. Man kann zwischendurch nachschauen, was man sich vorgenommen hat und was schon erreicht wurde.

Elemente einer Mentoring-Vereinbarung

Im Folgenden erhalten Sie einige Anregungen, welche Aspekte ein solcher Vertrag umfassen kann. Erschrecken Sie nicht – Sie müssen nicht über alle hier aufgeführten Punkte reden! Suchen Sie heraus, was auf Sie zutrifft. Manche Themen mögen auch durch das Programm, in dessen Rahmen das Mentoring möglicherweise stattfindet, bereits vorgegeben sein.

Geschäftsvertrag
- Wann beginnt, wann endet die Vereinbarung?
- Wie häufig wollen Sie sich treffen? Wie viele Treffen wollen Sie mindestens abhalten?
- Wer ergreift die Initiative zu den Treffen?
- Sind auch telefonische Kontakte geplant? Wie häufig darf das sein? Gibt es bestimmte Zeiten, in denen Sie nicht angerufen werden wollen?
- Wie kurzfristig darf ein Termin verlegt werden?
- Wo wollen Sie sich treffen?
- Was erwarten Sie voneinander als Leistung/Gegenleistung?

Inhaltlicher Vertrag
- Welche Erwartungen haben Sie an das Jahr und aneinander?
- Welche Ziele haben Sie jeweils?
- Wer trägt was dazu bei?
- Welche Bereiche sollen nicht angesprochen werden?
- Woran werden Sie beide merken, dass Ziele erreicht wurden?
- Wie wollen Sie das Jahr abschließen/Bilanz ziehen?

Vertrauensvertrag
- Vereinbaren Sie ausdrücklich Verschwiegenheit und Vertraulichkeit. Welchem Personenkreis gegenüber gilt das? Was darf weitererzählt werden, was nicht?
- Wollen Sie sich gegenseitig die Erlaubnis geben, Konflikte und ungute Gefühle im Zusammenhang mit dem Mentoring-Prozess anzusprechen? In welcher Form soll das geschehen?

- Ist es grundsätzlich möglich, zusammen eine Supervision zu nehmen, falls Konflikte nicht gemeinsam lösbar erscheinen? Wie soll das angesprochen/dieser Wunsch geäußert werden?

Revisionsvertrag
- Wie kann thematisiert werden, dass der Vertrag von einer Seite nicht mehr eingehalten wird?
- Kann jede Seite das Mentoring-Verhältnis auflösen? Begründet oder unbegründet?
- Soll davor (grundsätzlich/auf gegenseitigen Wunsch) ein Vermittlungsversuch durch Dritte unternommen werden beziehungsweise eine Supervision genommen werden?
- Wer informiert die Organisatorin, falls es nicht überbrückbare Konflikte gibt? Geschieht das in gegenseitiger Absprache oder kann jede(r) von sich aus den Kontakt zur Organisatorin aufnehmen?

Die Begriffe Vereinbarung und Vertrag werden hier synonym verwendet. Es handelt sich bei diesem Vertrag aber nicht um eine juristische Angelegenheit. Sinn ist, möglichst viel Klarheit zu schaffen und anschließend Energie und Zeit nicht mehr auf Verfahrensfragen, sondern auf inhaltliche Aspekte der Zusammenarbeit zu verwenden.

▨ *Vor der Zustimmung zum Vertrag*

Ehe man einem Vertrag oder einzelnen Punkten zustimmt, empfehlen die Trainer Claus Nowak und Manfred Gellert, dass man sich selbst folgende Fragen stellt:

- Stimmt der Vertrag mit meinen Werten und Überzeugungen überein?
- Entspricht er meiner Einschätzung der gegenwärtigen Lage? Ist das stimmig und der Situation angemessen?
- Habe ich Lust, bin ich tatsächlich motiviert dazu?

Tauchen im Verlauf der Zeit neue Aspekte auf, sollte der Vertrag überarbeitet werden. Deshalb ist es auch ratsam zu vereinbaren, dass der Vertrag zu bestimmten Zeiten, etwa zur Halbzeit oder zweimal im Jahr, auf seine Gültigkeit hin überprüft wird.

Was können Sie für die »Chemie« tun?

Entscheidend für das Entstehen einer Vertrauenskultur in der Mentoring-Beziehung ist die »Chemie« und die gegenseitige Anerkennung, das haben Sie jetzt schon öfter gehört. Was können Sie dazu beitragen?

- Öffnen Sie sich und erzählen Sie »der Situation angemessen« von sich. Das bedeutet, Sie entscheiden, ob es für Sie in dieser Situation passend ist, von sich zu erzählen.
- Hören Sie zu und nehmen Sie am anderen Anteil. Stellen Sie Fragen und versuchen Sie den Standpunkt und die Perspektive des anderen wirklich zu verstehen.
- Sprechen Sie in regelmäßigen Abständen über die Mentoring-Beziehung: Sind beide zufrieden, haben Sie andere Erwartungen, was läuft nicht so gut, was könnte besser gemacht werden?

Mögliche Gesprächsthemen im Mentoring

Vorbereitung der Gespräche

Eine Mentoring-Beziehung ist meist zeitlich begrenzt. Dauert sie ein Jahr, können Sie davon ausgehen, dass Sie, bei einem Vier- bis Sechs-Wochen-Rhythmus plus Urlaubszeiten, Ihren Mentor vielleicht acht- bis zehnmal für zwei Stunden treffen. Angesichts der Fülle möglicher Themen ist das nicht viel Zeit und deshalb sollten Sie sie nutzen. Aber auch wegen der Effektivität der Treffen ist eine gute Vorbereitung anzuraten. Wollen Sie konkrete Ergebnisse, müssen Sie auch konkrete Themen vorschlagen und konkret sagen, was Sie wissen wollen.

Wie sieht eine gute Vorbereitung eines Gesprächs aus? Folgende Aspekte sollten Sie sich vorher überlegen:

- **Thema:** Definieren Sie es ganz klar, geben Sie eventuell ein Beispiel. Worauf wollen Sie genau hinaus? Das Thema Karriere beispielsweise lässt sich unter allen möglichen Aspekten diskutieren. Aber welcher Aspekt interessiert Sie? Möglicherweise will Ihr Mentor vorab informiert werden, welches Thema Sie auswählen, um sich darauf vorzubereiten.
- **Vorwissen:** Überlegen Sie sich, welches Vorwissen Sie bereits haben und erzählen Sie Ihrem Mentor davon. Sonst sagt er Ihnen womöglich Dinge, die Ihnen schon bekannt sind. Wenn Sie seinen Rat zu einer bestimmten Situation wollen, dann machen Sie sich ein paar Notizen, damit Sie keinen wichtigen Aspekt zu schildern vergessen. Oder Sie zeichnen bereits vorher ein Organigramm oder Ähnliches ans Flipchart und bringen es zum Gespräch mit. Lassen Sie dem Mentor nach Rücksprache mit ihm vorher Material zukommen, das er zur Vorbereitung braucht, etwa einen Bericht, den Sie geschrieben haben und zu dem Sie Feedback wollen.
- **Erste Überlegungen:** Wenn Sie eine Lösung für eine Frage suchen, dann erarbeiten Sie selbst erste Überlegungen, die Sie dann zur Diskussion stellen. Daran sieht Ihr Mentor auch, dass Sie nicht ihm die Problemlösung überlassen wollen, sondern selbst aktiv sind.
- **Beitrag des Mentors:** Was wollen Sie vom Mentor hören? Seine eigenen Erfahrungen? Welche Bücher er zu diesem Thema gelesen hat? Was im Unternehmen zu dem Thema gesagt wird? Ein Feedback auf Ihr Verhalten? Soll er Ihnen Fragen stellen und bei der Lösung eines Problems helfen oder soll er etwas von sich erzählen? Je genauer Sie Ihrem Mentor erklären, was Sie gerne hören wollen, desto mehr werden Sie mit seinen Antworten anfangen können.
- **Aktualität:** Bitten Sie um Unterstützung, wenn Sie sie brauchen. Rufen Sie Ihren Mentor an, wenn ein aktuelles Problem

auftaucht, auch wenn Ihr vereinbarter Termin erst in zwei Wochen ist. Wenn Sie das Problem erst dann vorbringen, wenn es eigentlich zu spät ist, wird sich der Mentor nicht ernst genommen fühlen. Überlegen Sie sich vorher, für welche Fragen Sie umgehend einen Ratschlag brauchen und was bei »regulären« Treffen besprochen werden kann.

Wovon hängen die Gesprächsthemen ab?

Nicht jedes Thema kann mit jedem Menschen besprochen werden. Hier sind einige Faktoren, von denen es abhängt, ob Sie ein Thema ansprechen können oder nicht. Klarheit verschafft letztlich nur die Absprache darüber:

- **Interesse am Thema:** Können beide mit dem Thema etwas anfangen? Hat es berufliche Relevanz oder persönliche Bedeutung für sie?
- **Fachliche Bezüge:** Können sich beide in die fachlichen Zusammenhänge eindenken? Oder ist das Thema zu speziell und »fachchinesisch«?
- **Kompetenz des Mentors:** Fühlt sich der Mentor kompetent, Rat zu geben oder Fragen zu stellen? Oder kann er nur wenig dazu beisteuern?
- **Vertrauen in der Beziehung:** Je besser man sich kennt, desto persönlichere Themen kann man einbringen. Dazu gehört auch die Sicherheit für beide, dass der Inhalt der Gespräche vertraulich ist und nicht weitererzählt wird.
- **Dauer der Beziehung:** Je länger eine Beziehung andauert, desto mehr Vertrauen kann sich entwickeln. Deswegen ist es ratsam, nicht gleich am Anfang die persönlichen Themen zu besprechen. Nach einer Weile kann man abschätzen, ob sie in guten Händen sind.
- **Gesprächskompetenz:** Je größer die Fähigkeit ist, sich klar auszudrücken und mögliche Barrieren im Gespräch zu überwinden, desto effizienter ist der Ablauf und desto klarer sind die Ergebnisse des Gesprächs.

Mögliche Themen im Mentoring

Die nachstehende Aufzählung ist nicht komplett, kann Ihnen aber sicherlich Anregungen für die Wahl Ihrer Themen geben.

▨ Kontext Unternehmen

- Mentees haben zu ihrer laufenden Arbeit Fragen.
- Bearbeitet die Mentee zusätzlich ein Projekt, können die Vorgehensweise geplant und auftauchende Schwierigkeiten besprochen werden.
- Zustand und Zukunft des Unternehmens und der Branche. Wo steht das Unternehmen, wo geht es hin? Welche Entwicklungen erwarten die Branche? Wie hat sich das Unternehmen verändert, seit der Mentor es kennt?
- Offizielle Unternehmensleitlinien können mit informellen Spielregeln und ungeschriebenen Gesetzen verglichen werden. Welche inoffiziellen Regeln gibt es im Unternehmen oder in der Branche?
- Beziehungen der Mentees zu Vorgesetzten, Mitarbeitern oder Kollegen sind schwierig: Ursachen und mögliche Lösungen können besprochen werden. Mentoren können eigene Erfahrungen und Beispiele beisteuern.
- Mentees befragen Mentoren nach Motiven und Gründen für Ihr Verhalten. Besonders wenn Mentees ihre Mentoren auf Sitzungen oder andere Veranstaltungen begleitet haben, ist die Nachbereitung dieser Treffen ein Gesprächsthema.
- Mentoren können Mentees darin unterstützen, Präsentationen, Meetings oder Kundengespräche vorzubereiten.

▨ Kontext Karriere

- Karriereziele der Mentee werden besprochen, wie sie erreicht werden können, was eventuell im Weg steht oder welche Qualifikationen oder Erfahrungen sie noch braucht.
- In welchen Tätigkeiten oder Unternehmensbereichen könnte sie eventuell (besser) Karriere machen?

- Informelle Spielregeln, die eine Karriere beeinflussen: Inwieweit betrifft das die Mentee?
- Mentoren erzählen, welche Erfahrungen sie bei ihrer Karriere gemacht haben und warum sie so weit gekommen sind.
- Welche Erfahrungen haben Mentoren mit eigenen Fehlern, Konflikten oder Krisen gemacht? Was haben sie daraus gelernt? Woran kann man frühzeitig Konflikte erkennen, wie kann man sie lösen?
- Vereinbarkeit von Familie und Beruf.
- Ist die Mentee eine Frau: diskriminierende Erfahrungen, besondere Karrierewege von Frauen. Welche Erfahrungen haben der Mentor, die Mentorin und die Mentee selbst gemacht oder von welchen durch Kolleginnen, Mitarbeiterinnen oder Bekannten gehört? Welche Strategien würden am besten dagegen helfen?
- Unterschiedliches Verhalten von Männern und Frauen am Arbeitsplatz und dessen Einfluss auf die Karriere.

Kontext Führung

- Die Rolle einer Führungskraft und deren Umsetzung im beruflichen Alltag.
- Wie führt man Mitarbeiter- oder Zielvereinbarungsgespräche? Wie gibt man konstruktives Feedback? Wie delegiert und kontrolliert man vernünftig?
- Verhandlungsstrategien mit Mitarbeitern.
- Auftreten gegenüber unterschiedlichen Gruppen von Mitarbeitern oder Kollegen.
- Unterschiedliche Führungsstile: Welchen Führungsstil hat der Mentor, welchen die Mentee? Vor- und Nachteile?
- Strategien des Mentors, um Ziele zu erreichen.
- Haben Männer und Frauen einen unterschiedlichen Führungsstil? Gibt es eine Synthese?
- Auswirkungen von hohen Führungspositionen auf das Privatleben.

▨ Kontext Netzwerke

- Welche Kontakte haben Mentoren oder Mentees, die für den anderen interessant wären?
- Netzwerke der betreffenden Branche und deren Bedeutung.
- Wie knüpft und pflegt man Netzwerke?
- Über welche informellen Wege erhält der Mentor Informationen über Kunden, Wettbewerber oder das Geschehen am Markt?

Nachbereitung

Es ist empfehlenswert, die Ergebnisse der Gespräche festzuhalten. Unter Umständen sind so viele interessante Aspekte dabei, dass Sie als Mentee am Ende gar nicht mehr wissen, was Sie sich schon anfangs merken wollten. Machen Sie sich deshalb Notizen und erstellen Sie anschließend ein Kurzprotokoll des Treffens. Das können Sie auch dem Mentor zur Verfügung stellen. Sie haben dann beide vor Augen, was Sie bereits besprochen und erreicht haben.

Vorteile einer Nachbereitung der Gespräche:

- Bilanzierung der Ergebnisse;
- eine Entwicklung wird möglicherweise sichtbar;
- eventuell noch offene Fragen werden deutlich;
- wenn das Protokoll beiden zugänglich ist: Missverständnisse können zutage treten.
- Sie haben Namen und Funktionen von Menschen, denen Sie auf Vermittlung Ihres Mentors begegnet sind, einmal schriftlich fixiert und können darauf zurückgreifen. Auch um sich bei der betreffenden Person später auf die Situation der Begegnung beziehen zu können.

Manche Organisatoren von Mentoring-Programmen empfehlen den Mentees, eine Art Tagebuch über das Mentoring zu schreiben. Das kann Aufschluss über die erreichten Ergebnisse und die eigene Entwicklung geben und bestimmte Erkenntnisse nach einer Zeit wieder ins Gedächtnis rufen. Wichtig ist, nicht nur aufzuschreiben, worüber man mit dem Mentor gesprochen hat, sondern auch welche Schlüsse man daraus gezogen hat.

Lily Segerman-Peck rät ebenfalls zur schriftlichen Aufzeichnungen: »Sie können Ihre Aufzeichnungen so oft lesen wie nötig und Ihre Erkenntnisse im Licht der Ereignisse, die seitdem stattgefunden haben, neu bewerten. Außerdem stärkt es Ihr Selbstvertrauen, wenn Sie sehen, welche Fortschritte Sie schon gemacht haben.«

Mentoring in der Praxis – Aus der Sicht eines Mentors und einer Mentee

Im folgenden Beispiel wird deutlich, wie wichtig es ist, Erwartungen vorab zu klären und welche breiten Möglichkeiten Mentoring bietet.

Erwartungen und Rollen geklärt

Heinz Benner ist Niederlassungleiter der Deutschen Telekom AG in Wuppertal/Hagen und kommissarisch auch für Recklinghausen und Essen. Im internen Mentoring-Programm der Telekom wurde er auf deren Wunsch Mentor von Tanja Lützenrath, heute Pressesprecherin bei der Deutschen Telekom, Kundendirektion für den Bereich Nordrhein-Westfalen mit Sitz in Düsseldorf, damals im Marketingbereich tätig.

▨ Erwartungsklärung

In einem der ersten Gespräche machte Heinz Benner deutlich, wie er seine Rolle als Mentor sieht, was er leisten will und was nicht. Er wollte dazu beitragen, dass Tanja Lützenrath Fähigkeiten entwickelt und ausbaut, die sie in die Lage versetzen, als Führungskraft erfolgreich tätig zu sein. Zu einer bestimmten Position wollte er ihr nicht verhelfen.

Anfangs hatte er durchaus den Eindruck gehabt, dass seine Mentee erwartete, das Mentoring-Programm würde sich direkt auf ihre Karriere auswirken. Er sah seine Rolle aber als Berater, der Empfehlungen gibt, seine Erfahrungen beiträgt und seiner Mentee Möglichkeiten eröffnet, ihre Führungskompetenzen in der Praxis zu testen. Tanja Lützenrath hatte zwar nicht die Erwartung, dass ihr Mentor direkten Einfluss auf ihre Karriere nehmen würde, rückblickend hält sie es aber für einen positiven Entwicklungsprozess zu lernen, dass viel Initiative von ihr ausgehen musste und dass der Fokus auf der Vermittlung von Erfahrungen lag.

▨ *Themen der Gespräche*

Heinz Benner lag vor allem daran, seiner Mentee situatives Führen zu vermitteln: Wie man als Führungskraft versuchen sollte, Situationen zu verstehen und nicht mit einem Rezept für Führung an alle Situationen heranzugehen.

In diesem Zusammenhang ermöglichte er es ihr, zweimal Führungskräfte für einige Wochen zu vertreten, um Erfahrungen in dieser Position zu sammeln. Wichtig war ihm dabei auch zu hören, wie das Umfeld Tanja Lützenrath wahrnahm. Seine Mitarbeiter erlebten sie in einer anderen Rolle als er in den Mentoring-Gesprächen und konnten andere Aspekte wahrnehmen. Dieses Feedback ließ er sich von seinen Mitarbeitern geben und spiegelte und besprach es mit Tanja Lützenrath anschließend in ihren Mentoring-Gesprächen. Das erlebte sie als sehr bereichernd.

Die Gespräche hätten eine Menge »gerade gerückt«, urteilt sie. Sie habe gelernt, wie man auch mit unangenehmen Situationen umgehen könne, wie man selbstbewusst auftreten könne ohne zu übertreiben. Authentisch bleiben, ist ihr Ziel geworden und gerade das schätzt sie auch an Benners Führungsstil. Ihn empfindet sie wegen der Klarheit, Authentizität und Geradlinigkeit als vorbildhaft: »Er sieht die Belange des Unternehmens, aber auch die Menschen.« Durch die Gespräche lernte sie auch, wie wichtig Kontakte sind. »Mit Fleiß alleine kommt man nicht voran, Netzwerke und Fürsprecher sind unbedingt notwendig.«

Das ›Lernen am Beispiel‹ war ein weiterer wichtiger Baustein des Mentoring. Heinz Benner nahm seine Mentee zu Besprechungen mit, etwa zu Regionalgesprächen, zum Führungskreis der Geschäftsleitung oder zum Führungskreis Vertrieb. Danach besprachen sie Vorgehensweisen und Strategien bei solchen Gesprächen. »Ich konnte beobachten, wie er sich zum Beispiel bei heiklen Diskussionen verhält, und ihn hinterher nach Gründen für seine Vorgehensweise fragen.«

Umgekehrt war Benner auch am Feedback von Tanja Lützenrath interessiert: »Ich bin mir nicht sicher, ob sie dabei die letzte Offenheit an den Tag legte, aber das Feedback war interessant. Das gibt auf jeden Fall Anlass zur Selbstreflexion«, meint Benner. Das und Anregungen für sein eigenes Führungsverhalten sind Aspekte, bei denen Benner seinen eigenen Profit an den Gesprächen sieht: »Man erfährt Situationen, die ich aus einer anderen Sicht kenne, aus der Perspektive der Mitarbeiter. Das ist interessant für das eigene Verhalten.«

Tanja Lützenrath wollte außerdem gerne ein Assessment-Center mitmachen, um ihre Stärken deutlicher zu erkennen. Da ein AC nicht organisierbar war, bat Benner zwei erfahrene Personalentwickler, gemeinsam mit Tanja Lützenrath deren Potenzial zu ermitteln. Anschließend besprachen Benner und Lützenrath die Ergebnisse, sowie mögliche Entwicklungsschritte und behandelten gezielt bestimmte Aspekte. Um Themen deutlich zu machen oder neues Verhalten auszuprobieren, arbeiteten sie beispielsweise mit Rollenspielen.

Die Mentoring-Gespräche führten Heinz Benner und Tanja Lützenrath regelmäßig einmal im Monat für zirka zwei bis drei Stunden. Dazwischen konnte Tanja Lützenrath ihn jederzeit anrufen, wenn sie etwas wollte. »Er hat die Termine strikt eingehalten. Wenn ich anrief und er war mal verhindert, kam immer nach kurzer Zeit der Rückruf. Mentorship heißt für meinen Mentor aktive Nachwuchsförderung«, meint Tanja Lützenrath.

Grundlegendes zur Gesprächsführung

An dieser Stelle werden einige grundlegende Themen der Gesprächsführung angesprochen, die Ihnen im Zusammenhang des Mentoring hilfreich sein können.

Kommunikation hat immer dann Chancen zu gelingen, wenn man eine Balance findet, bei sich und seinem Standpunkt oder Anliegen zu bleiben, den anderen zu verstehen und gleichzeitig den Kontext und die Situation, in der das Gespräch stattfindet, zu berücksichtigen. Auf diese drei Aspekte wird im Folgenden eingegangen.

Bei sich bleiben

Vielleicht kennen Sie die aus der Transaktionsanalyse stammenden drei übereinander gestellten Kreise. Sie dienen als Modell, um die menschliche Persönlichkeit in drei Ich-Zustände einzuteilen. Ziel ist, das Verhalten, aber auch das innere Erleben und Fühlen von Menschen darstellen, verstehen und erklären zu können.

Eltern-Ich

Erwachsenen-Ich

Kind-Ich

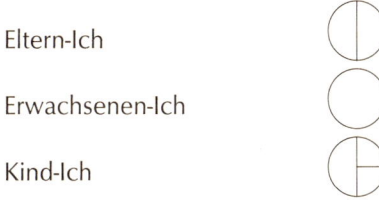

Eltern-Ich: Hier sind Werte, Überzeugungen, Verbote, Regeln und Verhaltensweisen gespeichert, die man von Autoritätspersonen als Kind vermittelt bekam. Das kann das sinnvolle Verbot sein, bei Rot nicht über die Ampel zu gehen wie auch das Vorurteil: »Ältere haben immer Recht.«

Das Eltern-Ich ist in zwei Hälften unterteilt. Man unterscheidet ein kritisches Eltern-Ich, das Regeln, Normen und Verbote enthält, und ein fürsorgliches Eltern-Ich, das Unterstützung, Schutz und Ermutigung gewährt.

Erwachsenen-Ich: Hier wird die Realität wahrgenommen und überprüft. Aus dieser Haltung heraus werden im Hier und Jetzt Entscheidungen getroffen, in welcher Weise man sich verhalten will.

Kind-Ich: Hier verhält, denkt und fühlt man so, wie man das in Kindertagen getan hat. Im so genannten angepassten Kind-Ich reagieren wir – damals wie heute – brav und folgsam auf all die Regeln und Vorschriften, die uns gemacht wurden, im so genannten rebellischen Kind-Ich genau gegenteilig: mit Widerstand, Rebellion und Empörung. Schließlich gibt es noch das so genannte freie-Kind, in dem wir ganz spontan und intuitiv handeln, kreativ sind oder spielerisch mit Situationen umgehen.

Für Sie wichtig ist diese Unterscheidung deshalb, weil Sie Ihre Kommunikation mit anderen anhand dieses Modells überprüfen können. Optimal ist, alle drei Ich-Zustände verfügbar zu haben: Je nach Situation, müssen Sie beispielsweise mal aus dem Eltern-Ich Regeln vorgeben, aus dem Erwachsenen-Ich sachlich prüfen und entscheiden oder aus dem Kind-Ich spontan reagieren, sich anpassen oder rebellieren.

Wenn Sie merken, dass Sie im Gespräch mit einer anderen Person über längere Strecken in einen bestimmten Ich-Zustand gedrängt werden, dann ist das ein sicherer Hinweis darauf, dass etwas nicht stimmt. Beispiel: Jemand redet mit Ihnen und Sie merken, dass Sie nur noch Ja sagen oder schweigen und Ihre Meinung gar nicht mehr einbringen. Der Verdacht liegt nahe, dass er aus dem Eltern-Ich spricht und Sie aus dem angepassten Kind heraus reagieren. Wenn Ihnen das bewusst wird, können Sie entscheiden: Will ich mich so verhalten? Wie kann ich anders reagieren? Was stimmt an der Beziehung nicht?

Betrachten Sie das Modell als eine Art »Frühwarnsystem«. Wenn Sie sich dauerhaft oder immer wieder (ungewollt) in ausschließlich einem der Ich-Zustände befinden, dann stimmt an der Gesprächssituation etwas nicht, denn nur ein Teil Ihrer Persönlichkeit wird »angesprochen«.

Den anderen verstehen

Manchmal läuft ein Gespräch deshalb schief, weil man eine unterschiedliche »Sprache« spricht. Man verwendet zwar die gleichen Begriffe, hat aber eine völlig andere Vorstellung davon, was sie bedeuten. Beispielsweise verstehen manche unter dem Begriff »Karriere machen« den Aufstieg in hohe Führungspositionen. Andere wiederum definieren ihn als persönlichen Berufsweg, bei dem selbst gesteckte Ziele erreicht werden sollten. Womit nicht unbedingt Führungspositionen gemeint sein müssen. Zwei Menschen mit diesen unterschiedlichen Vorstellungen reden unter Umständen völlig aneinander vorbei, wenn sie über Karriere debattieren.

Bezugsrahmen vergleichen

Es kann also auch im Mentoring sinnvoll sein, immer wieder zu klären, was der andere eigentlich meint, wenn er bestimmte Begriffe verwendet. Man vergleicht quasi seine unterschiedliche Sicht auf die Welt. In der Transaktionsanalyse wird das Bezugsrahmen genannt. Gemeint ist damit auch, dass man auf gleiche Situationen unterschiedlich reagiert, in der gleichen Szene unterschiedliche Dinge wahrnimmt und auf den gleichen Auslöser unterschiedliche Gefühle hat. Im Grunde entwickelt jeder Mensch, seit frühester Kindheit an, seinen eigenen individuellen Bezugsrahmen, mit dem er sich, die anderen und die Welt wahrnimmt und definiert.

Zwischen Nationen oder auch zwischen Geschlechtern gibt es durchaus Ähnlichkeiten in den Bezugsrahmen. Differenzen zwischen Männern und Frauen sind oft darauf zurückzuführen, dass sie, bedingt durch Sozialisation und Erziehung, unterschiedlich wahrnehmen und reagieren. Klassisches Beispiel: Sie hat ein Problem. Er gibt Ratschläge für eine Lösung. Sie wollte aber Anteilnahme und Verständnis. Ergebnis: Missverständnis und schlechte Stimmung.

Besonders in Mentoring-Beziehungen zwischen Mann und Frau bietet es sich daher an, immer wieder den Bezugsrahmen zu vergleichen und zu überprüfen, ob man dasselbe meint, wenn man vom Gleichen spricht. Aber ein unterschiedlicher Bezugsrahmen hat nicht nur mit dem Geschlecht zu tun. Es bietet sich in Mentoring-Beziehungen generell an, Begriffe immer wieder zu definieren und für ein gemeinsames Verständnis zu sorgen: Was bedeutet Führung? Was ist ein beruflicher Kontakt? Was versteht jeder unter informellen Regeln?

Ziel ist nicht, dass in Zukunft beide das Gleiche darunter verstehen müssen, sondern dass sie wissen, was der andere meint, wenn er den Begriff verwendet.

Den eigenen Bezugsrahmen erweitern

Missverständnisse in der Kommunikation entstehen oft auch dadurch, dass man am Bezugsrahmen des Gesprächspartners nicht sonderlich interessiert ist. Menschen tendieren dahin, den eigenen Bezugsrahmen, also das eigene Weltbild, bestätigt sehen zu wollen. Veränderungen erzeugen Unsicherheit und Angst und werden deshalb möglichst nicht wahrgenommen. Man sieht den anderen durch die eigene Brille und bekommt von ihm unter Umständen ein ganz anderes Bild als dieser von sich selbst hat oder es andere von ihm gewinnen würden.

Der Vergleich von Bezugsrahmen kann also zur Folge haben, dass man feststellt: Das eigene Weltbild ist »schief«. Beispiel: Im Bezugsrahmen eines Mannes sind Frauen sanftmütige, geduldige Wesen. Die Folge: Er wird sich möglichst mit solchen umgeben. Trifft er auf Frauen, die ungeduldig und streitbar sind, wird er diese Eigenschaften in seiner Wahrnehmung möglichst ausblenden oder diese Frauen nie akzeptieren und möglichst bekämpfen.

Ein Gespräch über unterschiedliche Bezugsrahmen setzt also voraus, dass man bereit ist, das eigene Weltbild infrage zu stellen und auch zu erweitern. Bezogen auf das oben erwähnte Beispiel etwa um die Erkenntnis: »Es gibt ungeduldige und streitbare Frauen und ich komme damit nicht klar.« Damit hat man das Problem nämlich da, wo es hingehört: bei sich selbst.

▨ Das »Vier-Ohren-Modell«

Manchmal glaubt man, dass man eine Information klar und eindeutig übermittelt hat und muss feststellen, dass der Gesprächspartner etwas völlig anderes verstanden hat, als gemeint war. Der Sozialwissenschaftler Friedemann Schulz von Thun hat ein leicht verständliches, praktikables Modell aufgestellt, um solche »Übertragungsfehler« zu erklären. Man hört, so erklärt er, nämlich bei einer Nachricht nicht nur mit einem »Sachohr«, sondern auch mit einem »Beziehungsohr«, einem »Selbstoffenbarungsohr« und einem »Appellohr«.

- »Sachohr«: Das ist der tatsächliche Inhalt der Nachricht. Etwa: »Ich habe in einer Viertelstunde einen Termin.«
- »Beziehungsohr«: Hier drückt sich aus, wie der Empfänger die Beziehung zum Sender empfindet. Er bezieht die Aussage auf sich persönlich und versteht zum Beispiel: »Er hat nur eine Viertelstunde Zeit für mich, eigentlich will er sich nicht mit mir unterhalten, er mag mich nicht.«
- »Selbstoffenbarungsohr«: Der Empfänger nimmt wahr, dass der Sender etwas über sich selbst aussagt, sich selbst darstellt. Was genau, obliegt natürlich der Interpretation des Empfängers und muss vom Sender nicht so gemeint sein. Beispiel: »Aha, er will mal wieder zeigen, wie wichtig er ist.«

- **»Appellohr«:** Der Empfänger vernimmt einen Appell und denkt, der Sender will Einfluss auf ihn nehmen. Beispiel: »Er will, dass ich mich beeile.«

Alle Wahrnehmungen auf Seiten des Empfängers sind Interpretationen. Was der Sender gemeint hat, weiß nur er selbst. Analog zu den Ohren gibt es nämlich auch vier »Münder«. Man kann mit einer Nachricht, oft sehr subtil, eine sachliche Botschaft übermitteln, eine Beziehung definieren, etwas über sich selbst sagen oder einen Appell an jemanden richten.

Im Mentoring-Gespräch lassen sich Missverständnisse aufklären, indem man die eigene Wahrnehmung offen legt und fragt, wie der andere das gemeint hat. Erzählt der Mentor beispielsweise etwas über seinen Führungsstil, kann beim Mentee der Eindruck entstehen, er solle das genauso machen. Das »Appellohr« hört die Botschaft. Fragt der Mentee: »Sollte ich das Ihrer Ansicht nach auch so machen?« legt er offen, dass er einen Appell gehört hat und der Mentor kann überprüfen, ob er das tatsächlich so gemeint hat oder nicht.

▪ *Übertragung vermeiden*

Im Mentoring kann es passieren, dass der Mentor oder die Mentorin vom Mentee »verwechselt« werden. Plötzlich sieht er in ihnen ein Elternteil, einen Lehrer von früher oder einen Vorgesetzten und verhält sich so, wie er sich diesem gegenüber verhalten hat. Umgekehrt kann das natürlich genauso stattfinden und der Mentor sieht im Mentee plötzlich seinen Sohn oder einen ehemaligen Mitarbeiter. Diese »Übertragung« einer anderen Person auf das aktuelle Gegenüber kann zum Beispiel durch ähnliches Aussehen, ähnliche Sprechweise, ähnliche Kleidung oder durch eine bestimmte Situation ausgelöst werden.

Dem »Übertragenden« ist sein unangemessenes Verhalten nicht bewusst, nur der Gesprächspartner hat plötzlich das Gefühl: Ich bin hier im falschen Film. So bin ich doch gar nicht.

Manchmal wird einem nur durch ein ungutes Gefühl deutlich, dass etwas nicht stimmt. Klären kann man die Situation, indem man nachfragt: »Ich habe das Gefühl, dass Sie mich jetzt gerade mit jemandem verwechseln. Kann es sein, dass sich jemand, den Sie kennen, ähnlich wie ich verhält und Sie sehen ihn im Moment in mir?« Meistens wird es dem Übertragenden dann bewusst, wenn er tatsächlich eine andere Person auf den Gesprächspartner projizierte.

Situation und Umfeld einbeziehen

Jedes Gespräch findet in einem bestimmten Kontext statt. Läuft die Kommunikation schief, kann das auch an der Situation oder dem Umfeld liegen. Das kann ganz einfach der Rahmen des Gesprächs sein: Wenn Sie sich etwa zum Mentoring-Gespräch im Zimmer des Mentors treffen, er sitzt im Chefsessel hinter dem großen Schreibtisch, der Mentee davor im Besucherstuhl. Da steht einem vertrauensvollen Gespräch ganz symbolisch eine Menge im Wege.

Es kann aber auch vielschichtiger sein. Vielleicht nimmt sich der Mentee nur wenig Zeit für ein Gespräch, weil sein Chef nicht dahinter steht. Oder der Mentor bringt sich nicht wirklich ein, weil die Geschäftsleitung signalisiert hat, dass das Mentoring-Programm keinen besonderen Stellenwert in der Personalentwicklung hat. Es kann auch am System liegen, wenn Kommunikation nicht klappt.

Beratungsgespräche führen

Um ein Beratungsgespräch zu führen, müssen Sie kein Profi sein, die meisten von uns haben Erfahrung darin, andere »informell« zu beraten. Die Trainer Claus Nowak und Manfred Gührs haben in ihrem Buch »Das konstruktive Gespräch« einen Leitfaden erstellt, mit dessen Hilfe ein Beratungsgespräch strukturiert werden kann. Das soll nicht als starres Muster gelten, sondern Anregungen geben, wie eine Beratungssituation gestaltet werden kann.

Ablauf eines Beratungsgesprächs

1. Grundlage klären
   - Das Thema kurz erklären

Als Mentor entscheiden Sie, ob Sie sich dafür kompetent fühlen, genügend Zeit haben und ob das Thema mit Ihrem Wertesystem vereinbar ist.

2. Problem beschreiben lassen
   - Das Problem so genau wie möglich beschreiben lassen
   - Nachfragen: Wann tritt es auf? Mit wem? Wie lange schon? Auch in anderem Kontext?
   - Klären Sie die Bedeutung, die das Problem für den Mentee hat. Wie sehr leidet er darunter?
   - Inwiefern ist es das Problem des Mentees? Was ist sein Anteil? Oder liegt das Problem bei jemand anderem?
   - Was hatte der Mentee bisher davon, die Situation so zu meistern?
   - Weshalb will der Mentee das Problem lösen?

Prüfen Sie als Mentor, ob Sie wirklich beim Mentee die Energie spüren, das Problem verändern zu wollen. Wenn nicht, sollten Sie das aussprechen. Es geht nicht nur darum, ein Problem mal erzählt zu haben, sondern es zu lösen. Unter Umständen spüren Sie die Einladung zu einem heimlichen Vertrag: »Bitte, löse du das Problem für mich!«

3. Bisherige Lösungsversuche abklären
   - Was hat der Mentee bisher zur Lösung des Problems unternommen und was hat er damit erreicht?
   - Welche Schlussfolgerungen zieht er daraus?
   - Hat er sich selbst daran gehindert, das Problem zu lösen?
   - Wie müssten gute Rahmenbedingungen für eine Lösung aussehen?

Sie bekommen hier einen Eindruck davon, wie aktiv der Mentee an einer Lösung arbeitet oder ob er darauf wartet, dass andere das Problem für ihn lösen. Eventuell wird auch deutlich, ob er seine bisherigen Lösungsversuche so organisiert hat, dass sie scheitern mussten. Dann geht es darum herauszufinden, was oder warum er verhindert, dass er eine Lösung findet.

4. Lösungen entwickeln
- Welche Lösungen gibt es? Zunächst ist es egal, wie realistisch sie sind, es geht darum, verschiedene Ansätze zu entwickeln, unter Umständen von einer ganz neuen Seite her.
- Welche Lösung passt am besten?
- Was ist der erste Schritt, wie sehen die nächsten aus?
- Was ist der Preis? Worauf muss der Mentee unter Umständen verzichten?
- Inwiefern lohnt sich die Lösung?

Zunächst sollten Sie durch Ihre Fragen die Fantasie und Kreativität des Mentee anregen. Vielleicht steckt in einem scheinbar unrealistischen Ansatz doch der richtige Weg. Lösungen, so Nowak und Gührs, sollten immer »konkret, positiv, sicher, legal und in der eigenen Macht stehend formuliert« werden »sowie in kleinen Schritten und in einem überschaubaren Zeitraum angegangen« werden. Wichtig ist, dass Sie sich nicht verleiten lassen, eigene Vorschläge zu machen. Sie können Anregungen geben, aber wenn Sie merken, dass immer ein »Ja, aber ...« kommt, dann drehen Sie sich im Kreis. Bei »Ja, aber-Spielen« werden vom Hilfesuchenden immer neue Einwände gefunden, um sich und dem anderen zu beweisen, dass es für sein Problem eben keine Lösung gibt. Beide fühlen sich dann anschließend deswegen schlecht.

Findet der Mentee wirklich keinen Lösungsansatz, kann das Gespräch auch vertagt werden und der Mentee denkt sich bis zum nächsten Gespräch eine Woche später als »Hausaufgabe« drei verschiedene Lösungsansätze aus. Ist der Widerstand so groß, dass Sie hier nicht vorankommen, sollten Sie dem Mentee empfehlen, das Problem in einer Supervision oder einem Coaching zu besprechen.

5. Strategien zur Umsetzung planen
- Der Mentee beschreibt Situationen, in denen er die Lösung umsetzen will.
- Unter Umständen üben Sie das mit ihm in Rollenspielen.
- Woran ist der Erfolg bemerkbar?
- Welche Unterstützung braucht der Mentee noch?
- Wie wird sich der Mentee belohnen, wenn die Lösung erfolgreich ist?

Hilfreiche Gesprächsregeln

Wichtige Regeln in solchen (und anderen) Gesprächen sind außerdem:

- In Kontakt bleiben: Wenn einer der Gesprächspartner innerlich abdriftet, kommt nichts mehr bei ihm an. Das ist meist an den Augen, der Körperhaltung oder seinen Äußerungen erkennbar.
- Im Hier und Jetzt arbeiten: Das Problem sollte einen aktuellen Bezug haben. Es darf nicht nur darum gehen, aufgestauten Frust abzulassen.
- »Ich« und »du«, beziehungsweise »Sie« verwenden, statt »wir« oder »man«, sonst werden die eigenen Bedürfnisse verschleiert und die Kommunikation zu allgemein.
- Paraphrasieren: Geben Sie immer mit eigenen Worten wieder, was der andere gesagt hat, besonders wenn Sie meinen, dass Sie das Problem noch nicht richtig verstanden haben. Das trägt enorm zum gegenseitigen Verständnis bei.
- Diskrepanzen zwischen Körperausdruck und Aussagen beachten: Jemand sagt »Das war ganz furchtbar« und lacht dabei. Das ist ein Hinweis, dass andere Gefühle oder Themen darunter liegen und das kann man dem Gesprächspartner bewusst machen.

Literaturtipps

Wenn Sie mehr zum Thema Gesprächstechniken erfahren wollen, hier zwei gute Literaturtipps:

Manfred Gührs und Claus Nowak: Das konstruktive Gespräch. Ein Leitfaden für Beratung, Unterricht und Mitarbeiterführung mit Konzepten der Transaktionsanalyse.

Friedemann Schulz von Thun: Miteinander Reden. Band 1: Störungen und Klärungen. Band 2: Stile, Werte und Persönlichkeitsentwicklung.

11 Mentoring-Programme organisieren

Vielleicht haben die praktischen Beispiele in Teil I Sie angeregt, selbst ein Mentoring-Programm auf die Beine zu stellen. In diesem Kapitel nun werden die einzelnen Bestandteile dargestellt, aus denen das Konzept für ein Mentoring-Programm bestehen kann. Allerdings gibt es für die Organisation eines Mentoring-Programmes kein »Rezept«, das auf alle Unternehmen oder Organisationen anzuwenden wäre. Mentoring ist ein flexibles Instrument, das sich auf die Bedürfnisse der Organisation zuschneiden lässt. Gute Planung im Vorfeld ist allerdings nötig.

Mentoring-Programme in Unternehmen und externe Programme unterscheiden sich in mancherlei Hinsicht. Auch darauf wird im Folgenden hingewiesen. Besonderheiten bei der Organisation von Mentoring-Programmen für Frauen finden hier ebenfalls Erwähnung. Auch als Mentor oder Mentee ist dieses Kapitel für Sie interessant, da Sie Verständnis für den gesamten Ablauf eines solchen Programms entwickeln können.

Schritte im Vorfeld

Bevor Sie anfangen, sollten Sie sich informieren. In Büchern und Broschüren (siehe Literaturverzeichnis) finden Sie Informationen darüber, wie andere Programme organisiert sind und welche Erfahrungen dort gemacht wurden. Sie können sich auch bei den Organisatoren selbst informieren: Viele von ihnen laden immer wieder Vertreter anderer Projekte und Interessierte zu Veranstaltungen zum Thema Mentoring ein, um Wissen und Erfahrungen über Mentoring auszutauschen. Im Serviceteil dieses Buch finden Sie Adressen von Organisatoren und Organisatorinnen von Mentoring-Programmen. Informationen zum Thema Mentoring erhalten Sie auch beim Deutschen Jugendinstitut in München, das seine Broschüre »Mentoring für Frauen« auf Anfrage kostenlos verschickt.

Externe Beratung oder internes Management?

Vor allem für Ihr Pilotprojekt sollten Sie sich Unterstützung von professionellen Beraterinnen und Beratern holen. Damit erhöhen Sie die Chancen, dass das Programm erfolgreich ist und fortgesetzt wird. Sicherlich muss an jedem Programm in der Fortsetzung gefeilt und verbessert werden. Aber auch schon beim ersten Versuch sollten die Beteiligten das Programm überwiegend positiv bewerten. Wenn bereits das Vorreiterprojekt allgemein als Misserfolg gesehen wird, ist es schwer, Mentoren und Entscheider für eine Fortsetzung des Programmes zu gewinnen. Die Hamburger Mentoring-Beraterin Gabriele Hoffmeister-Schönfelder weiß aus ihrer Erfahrung: »Wir als Berater werden oft erst im zweiten Programm ins Unternehmen gerufen, wenn schon einiges schief gelaufen ist. Es wird unterschätzt, dass gute Vorbereitung notwendig ist, vor allem eine große Sensibilisierung bei Mentoren, Mentees, Vorgesetzten und im Umfeld.«

Externe Beratung bedeutet nicht, dass sich in der Organisation selbst niemand mehr um das Programm kümmert. Die externen Beraterinnen kennen zwar Mentoring und haben Erfahrung im Management von Veränderungsprozessen, aber die Organisatoren kennen das Umfeld, das Unternehmen oder die Organisation, in der das Programm umgesetzt werden soll. Sie haben die Kontakte zu Entscheidern, Mentoren und Mentees. Beide, Berater und Organisatoren, bilden zusammen ein Team, das für die Planung und Umsetzung verantwortlich ist.

Ziel sollte sein, die Organisatoren zu befähigen, das Programm in der zweiten oder dritten Wiederholung dann selbst

managen zu können. Beratern, die immer weiteren Beratungs-
bedarf analysieren, sollten Sie mit Skepsis begegnen. Ausnahme: Die Organisation will Personal einsparen und beauftragt externe Beraterinnen oder Berater über eine längeren Zeitraum
mit der Abwicklung des Mentoring-Programms.

Das Engagement von externen Beratern kann in Unternehmen auch ein Signal sein: Das Programm wird von der Unternehmensspitze so ernst genommen, dass man das Geld für
professionelle Beratung investiert. Das kann bewirken, dass
Führungskräfte, Mentoren wie Vorgesetzte, das Programm
ernst nehmen.

Planung

Bei der Planung von Mentoring-Programmen geht es darum,
Überlegungen zu folgenden Aspekten anzustellen:

- Mentoring und Unternehmenskultur
- Zielsetzung und Zielgruppe des Programms
- Potenzielle Mentoren und Mentorinnen
- Dauer des Projekts
- Unterstützung von Entscheidern

Mentoring und die Unternehmenskultur

Mentoring ist mit seinem Prinzip der Kooperation und der
gegenseitigen Förderung das Gegenstück zu einer egoistischen,
auf Wettbewerb angelegten Kultur. Und mit seinem Prinzip der
Partnerschaftlichkeit auch der Gegensatz zu einer hierarchischen Befehlskultur. Deshalb kann es erfolgreich auch nur in
einem Umfeld praktiziert werden, in dem diese Prinzipien auf
fruchtbaren Boden fallen.

Organisationen, in deren Kultur sie nicht bereits verhaftet
sind, werden durch Mentoring auch nicht verändert werden.
Das heißt, in hierarchiebetonten Unternehmen, in denen Mitar-

beiter eher Ausführende als Gestaltende sind, werden Mentoring-Programme wahrscheinlich nicht genutzt werden.

Bevor Sie Mentoring in einem Unternehmen oder einer Organisation einführen, sollten Sie prüfen, ob deren Kultur Mentoring unterstützt. Mentoren und Mentees sollen sich aus freien Stücken für oder gegen eine Teilnahme entscheiden können. Mentoring funktioniert nur, wenn beide Partner freiwillig daran teilnehmen.

▨ *Mentoring für Frauen*

Mentoring-Programme für Frauen werden in Unternehmen eingesetzt, um damit eine Kultur zu fördern, in der die individuellen Fähigkeiten von Frauen ohne den Filter aus Vorurteilen und vorbewussten Einstellungen gegen sie wahrgenommen werden.

Das funktioniert aber nur dort, wo die Weichen bereits gestellt sind, wo es bereits Beauftragte beziehungsweise Maßnahmen für Chancengleichheit gibt. Mentoring alleine kann eine von Männern dominierte Kultur nicht entscheidend verändern. Es kann aber mit anderen Maßnahmen dazu beitragen, dass diese sich langfristig wandelt, da Männer als Vorgesetzte und Mentoren über ihre Mentees mit dem Thema Gleichstellung und weibliche Karriere in Berührung kommen.

Ziele festlegen

Die Zielsetzung genau zu überlegen, macht aus folgenden Gründen Sinn:

- Sie müssen die Zielgruppe überzeugen, dass Mentoring eine seriöse Sache ist und ihr nützt. Es gibt Programme, die plötzlich feststellen müssen, dass sich gar keine Mentees bewerben. Offenbar ist der Nutzen oder die Seriosität des Projekts nicht klar kommuniziert worden.
- Finanzierung: Sie müssen Entscheider oder externe Geldgeber überzeugen, dass Ihr Programm sinnvoll ist.

Mentoring mit oder ohne Männer?

In Mentoring-Programmen für Frauen stehen Sie auch vor der Frage, ob ausschließlich Frauen Mentorinnen sein sollen oder auch Männer. Wofür Sie sich entscheiden, hängt von Ihrer Zielsetzung ab:

* Besonders in Unternehmen sind Führungskräfte meist Männer. Als Mentoren können sie dazu beitragen, informelle Strukturen für Frauen zu öffnen. Gleichzeitig erweitern sie ihr eigenes Verständnis für Frauenkarrieren.
* Besonders externe Mentoring-Programme für Frauen in von Männern dominierten Branchen setzen oft bewusst nur Frauen als Mentorinnen ein. Sie wollen den Mentees mit diesen Frauen, die sich dort durchgesetzt haben, Vorbilder bieten, mit denen sie offen auch über Diskriminierung und mögliche Strategien dagegen reden können.

* Sie müssen in Unternehmen das Umfeld der Beteiligten davon überzeugen können, dass Mentoring sinnvoll ist und Mentoren und Mentees gewinnen.

Beispiele, für welche Zielgruppen und in welchen Zusammenhängen Mentoring eingesetzt werden kann, wurden ausführlich in Teil I dargestellt. Für alle Programme gilt aber: Mentoring ist kein Instrument, um eine breite Masse zu fördern. Die hier vorgestellten Projekte umfassen in der Regel höchstens 20 Tandems pro Jahr oder pro startender Runde.

Man muss geeignete Mentoren finden und zueinander passende Tandems zusammenstellen können. Das kann man nicht für hundert Mentees auf einen Schlag. Vor allem nicht in Unternehmen. Aber auch externe Programme würden das nur mit hohem Organisationsaufwand leisten können.

◼ *Zielsetzung und Zielgruppe definieren*

Wenn Sie die Zielsetzung Ihres Mentoring-Programmes definieren, sind folgende Fragestellungen hilfreich:

- Welche spezielle Zielgruppe soll unterstützt werden?
- Wozu soll die Zielgruppe durch das Mentoring befähigt werden? Was sollen sie damit anschließend erreichen können?
- Welche Ergebnisse sollen erreicht werden, damit das Programm als erfolgreich bewertet wird?
- Kann die Zielgruppe das Ziel auch wirklich erreichen?
- Besteht im Unternehmen eine entsprechende Vertrauenskultur, in der offene Gespräche zwischen Vertretern verschiedener hierarchischer Ebenen möglich sind?

Christa van Winsen, die als Beraterin die Einführung von Mentoring-Programmen begleitet, weist darauf hin, dass die Ziele, die Mentees mithilfe des Mentoring in Unternehmen erreichen sollen, auch tatsächlich erreichbar sein müssen: »Realistische Zielvorgaben sind absolut notwendig: Wenn die Mentees keine wirklichen Chancen auf Aufstieg haben, dann fühlen sie sich verschaukelt. Mentoring ist keine Garantie für Karriere, aber die Aufstiegschancen müssen realistisch sein. Mentoring muss deshalb mit anderen Unternehmensprozessen gut verankert sein, sodass Aufstieg möglich ist.« Deshalb ist es in Unternehmen wichtig, im Vorfeld auch zu überlegen, wie Mentoring mit der Personalentwicklung, beziehungsweise anderen Instrumenten der Qualifizierung für die Zielgruppe, verbunden werden kann. Christa van Winsen: »Die High Potentials als herausragende Gruppe zu fördern, ist richtig. Aber wenn das die einzige Maßnahme in einem Unternehmen ist, stößt das auf Widerstand. Auch bei den Mentees selbst, die sich wie auf dem Silbertablett präsentiert vorkommen. Wenn es außer Mentoring keine Personalentwicklung gibt, dann bewirkt es wenig und erzeugt viel Neid. Mentoring muss Teil eines guten Personalentwicklungs-Konzepts sein.«

■ Potenzielle Mentoren und Mentorinnen

Haben Sie Zielsetzung und Zielgruppe definiert, dann ist die nächste Überlegung, welche Mentoren und Mentorinnen für die potenziellen Mentees geeignet wären.

- Bestehen Chancen, ausreichend Mentoren und Mentorinnen zu gewinnen, die die Zielsetzung des Programmes unterstützen?
- Aus welcher Hierarchieebene sollen die Mentoren kommen?
- Bestehen bereits Netzwerke und Kontakte, um Mentoren und Mentorinnen anzusprechen?

Üblich sind meist zwei Hierarchiestufen Abstand zwischen Mentor und Mentee. Ist ein Mentor in der Hierarchie sehr hoch angesiedelt, hat er oft keine Zeit mehr, sich um Mentees zu kümmern. Deshalb hat es sich in verschiedenen Projekten als besser erwiesen, wenn Mentoren aus der mittleren Führungsebene kommen. Daraus kann man aber keine Regel machen, auch Topmanager können dieser Aufgabe Bedeutung und Zeit einräumen.

■ Dauer des Projekts

Wahrscheinlich ist Ihr Mentoring-Programm zunächst zeitlich befristet. In der Pilotphase sollte es aber möglichst zwei bis drei Jahre mit mehreren Gruppen laufen, um möglichst viele Erfahrungen zu sammeln. Sie haben als Organisatoren und Organisatorinnen dann auch die Möglichkeit, am Programm Korrekturen vorzunehmen.

»Sichtbare« Ergebnisse wie Karrieresprünge, Gehaltssteigerungen oder Jobwechsel stellen sich in der Regel erst nach einer gewissen Zeit und nicht unmittelbar nach Ende des Projekts ein. Je länger die Pilotphase läuft, desto eher besteht die Möglichkeit, auch solche Ergebnisse vorweisen zu können. Je mehr Mentoring-Tandems über positive Erfahrungen berichten, desto größer ist die Wahrscheinlichkeit, dass Mentoring als Instrument der Personalentwicklung im Unternehmen etabliert wird, beziehungsweise von Entscheidern und Geldgebern weiterhin unterstützt wird. Ziel sollte sein, Mentoring dauerhaft anzubieten. Es bringt in Unternehmen oder Organisationen vor allem dann etwas, wenn es über eine lange Zeit läuft und möglichst viele Mitglieder der Organisation damit in Berührung kommen. (Siehe auch »Mentoring und die Unternehmenskultur«, Seite 270.)

Die Mentoring-Tandems bleiben meist zwischen einem und drei Jahren zusammen. Ist die Zeit kürzer, bleibt mit Urlaub oder Krankheiten oft nur Gelegenheit für drei oder vier Treffen, was für intensive Gespräche zu wenig ist. Dauert die Mentoring-Beziehung länger als drei Jahre, erlahmt wahrscheinlich die Motivation und erschöpfen sich die Themen.

Entscheider gewinnen

Haben Sie Zielsetzung und Zielgruppe formuliert, können Sie ein Konzept für das Mentoring-Programm entwickeln, mit dem Sie Entscheider oder finanzielle Unterstützer des Projekts gewinnen können – sofern Sie nicht bereits in deren Auftrag handeln.

Es ist für den Erfolg eines Mentoring-Programms in einem Unternehmen sehr wichtig, dass die Unternehmensspitze das Projekt ausdrücklich fördert. Denn sie wirken vorbildhaft auf die anderen Führungskräfte im Unternehmen. Die Unternehmensleitung kann durch interne Information, Teilnahme an Auftakt- und Abschlussveranstaltung, Patenschaft für Mentoring-Gruppen (wie bei der Volkswagen AG, siehe Seite 90) oder indem sie sich selbst als Mentoren engagieren, nach außen deutlich machen, dass sie hinter dem Programm steht. Die Unterstützung von oben ist auch für die finanzielle Ausstattung eines Programmes wichtig.

Externe Programme müssen vor allem deshalb ein überzeugendes Konzept vorweisen können, weil sie meist öffentliche Geldgeber zur Finanzierung des Projektes brauchen. Diese Mit-

tel müssen in der Regel sehr frühzeitig vor Projektbeginn be-
antragt werden.

Für europäische Projekte, die von der Europäischen Union
mitfinanziert werden, müssen Sie überdies Partner mit ähnlichen
Projekten in Europa finden (Informationen dazu siehe Seite 98).
Berufsverbände oder Vereine können auch Unterstützung
durch die Patenschaft oder Schirmherrschaft einer prominenten
Persönlichkeit erhalten. Dadurch gewinnt das Programm an
Seriosität und ihm ist eine gewisse Aufmerksamkeit in den Medien gesichert. Das wiederum erleichtert die Suche nach Mentoren und Mentees.

Was kostet Mentoring?
Inhalt der Planungsphase ist auch, die nötige Finanzierung
für das Programm sicherzustellen. Mentoring mag im Vergleich
zu anderen Qualifizierungsmaßnahmen kostengünstig sein, um-
sonst ist es nicht. Neben den für die Arbeitszeit verschiedener
Personen entstehenden Kosten, müssen Organisatoren, je nach
Größe und Umfang des Programms, mit folgender Investition
rechnen:

- Catering für Auftakt-, Zwischen- und Abschlussveranstaltun-
  gen
- Kosten für Informationsmaterial
- Kosten für Presseunterlagen und Pressekonferenzen
- Einführungsworkshops
- Honorar für externe Beratung
- Supervisionshonorar
- Evaluation (falls extern ausgewertet)

Weitere begleitende Workshops, eventuell eine Assessment-Be-
ratung für Mentees (siehe Seite 289) kommen möglicherweise
noch dazu.

Durchführung

Projektgruppe bilden

Ist das Projekt durch die Geschäftsleitung genehmigt, beziehungsweise ist die Finanzierung sichergestellt, kann die Durchführung beginnen. Spätestens jetzt ist es Zeit, eine offizielle Projektgruppe zu bilden, die den Prozess steuert. In Unternehmen sollte diese in der Personalentwicklung angesiedelt sein oder diese mit einbinden. Ziel ist ja, Mentoring als dauerhaftes Instrument der Personalentwicklung zu etablieren. Gibt es externe Berater oder Beraterinnen, so sind diese ebenfalls Teil der Steuerungsgruppe.

Die kommunikativen und strategischen Kompetenzen der Mitglieder dieser Steuerungsgruppe sind sehr wichtig. Sie müssen anerkannte Ansprechpartner für alle Beteiligten sein, denen diese Rückmeldung geben, wenn Dinge schief laufen. Außerdem sollten sie sehr gute Kenntnisse der Organisation haben, um mögliche Schwierigkeiten frühzeitig erkennen und geeignete Mentoren auswählen zu können. In manchen Programmen vereint die Projektgruppe deshalb neben den Initiatoren und externen Beratern auch Vertreter anderer einflussreicher Gruppen in der Organisation, um Unterstützung und Absprache zu gewährleisten (etwa Mitglieder aus dem Betriebsrat, der Personalentwicklung, Frauenbeauftragte etc.). Um als Steuerungsteam arbeitsfähig zu sein, sollte es nicht mehr als sechs bis acht Mitglieder haben.

Information im Unternehmen

Führungskräfte beziehungsweise potenzielle Mentoren und Mentorinnen und die anvisierte Zielgruppe müssen auf das Programm aufmerksam gemacht werden.

Einführung von Pilotprojekten

Führen Sie ein neues Projekt in einem Unternehmen oder in der Öffentlichkeit niemals unter der Bezeichnung »Versuch« ein oder als ein Projekt, das »ausprobiert« oder »getestet« wird. Sie könnten Schwierigkeiten bekommen, Mitwirkende zu finden. Kaum jemand möchte gerne »Versuchskaninchen« sein. Pilotprojekt klingt dagegen so, als würden etliche weitere Mentoring-Runden folgen – was Sie ja auch anstreben.

■ *Führungskräfte und Vorgesetzte*

In Unternehmen müssen die Führungskräfte über das Programm informiert werden. Sie sollen verstehen, welche Ziele und Vorteile Mentoring hat, damit sie ihre Mitarbeiter als Mentees vorschlagen und im Verlauf unterstützen. Christa van Winsen weiß aus ihrer Erfahrung: »Am Anfang haben die meisten Berater die Rolle des Vorgesetzten unterschätzt. Als Dritter im Bunde wurde er zu wenig beachtet. Er kann aber die Karriere der Mentee stark beeinflussen.« Sie führt deshalb als Beraterin von Mentoring-Programmen inzwischen auch persönliche Gespräche mit den Vorgesetzten, in denen sie diese über das Mentoring informiert. »Es ist wichtig, dass sie ihre Befürchtungen aussprechen können und ihre Ängste und Befürchtungen gerade in Bezug auf Vertraulichkeit und Loyalität verlieren.«

Vorgesetzte sollen den Mentor nicht als Konkurrenten verstehen, der ihnen in ihre Führungsrolle gegenüber dem Mentee hineinredet. Auch die Mentoring-Beraterin Gabriele Hoffmeister-Schönfelder hat die Erfahrung gemacht, dass diese Frage äußerst sensibel zu behandeln ist: »Das größte Problem dabei ist die gekränkte Eitelkeit der Vorgesetzten. Sie haben leicht mal das Gefühl, dass sie nicht gut genug sind. Deshalb ist die Beratung und Information der Vorgesetzten essenziell. Schließlich müssen sie den Mentees die Zeit einräumen für

Gespräche, die Arbeit an Projekten oder die Begleitung des Mentors.«

Umgekehrt dürfen sie sich aber auch nicht aus der Verantwortung stehlen, nach dem Motto: »Der Mentor kümmert sich ja jetzt um diesen Mitarbeiter.« Mentoring soll von Vorgesetzten nicht als »externe Karriereplanung« verstanden werden. Dafür sind sie nach wie vor, gemeinsam mit der Personalabteilung, zuständig.

In einigen Mentoring-Programmen werden zur Information der Vorgesetzten besondere Workshops angeboten (siehe Seite 303). Auch die Mentees sollten ihre Vorgesetzten während des Prozesses informieren, wann die Gespräche stattfinden, ohne jedoch auf deren Inhalte einzugehen. Bei Schwierigkeiten zwischen Mentee und Vorgesetzten ist es Sache der Steuerungsgruppe, zu vermitteln. Der Mentor sollte möglichst aus diesem Prozess herausgehalten werden, er verwendet genügend Zeit auf die Mentoring-Gespräche. In einzelnen Fällen mag ein Gespräch zu dritt zwischen Mentor, Mentee und Vorgesetztem dennoch hilfreich sein. Grundsätzlich sollten Mentoring-Gespräche vertraulich zwischen Mentor und Mentee verlaufen.

Bekanntmachung im Unternehmen

In einem Unternehmen sollte das Mentoring-Programm vor dessen Auftakt bekannt gemacht werden, damit es bei nicht teilnehmenden Mitarbeitern nicht falsch aufgenommen wird. Es muss für alle Mitarbeiter nachvollziehbar sein, warum das Unternehmen diese Fördermaßnahme für diese bestimmte Zielgruppe für richtig hält. Gerade in Programmen für Frauen besteht hier die Möglichkeit, den Gedanken der Chancengleichheit in das Unternehmen hineinzutragen und dort auch zu dokumentieren, dass Chancengleichheit zur offiziellen Unternehmenspolitik gehört. Beiträge im Intranet oder in unternehmensinternen Zeitschriften können Mitarbeiter der Organisation informieren. Am überzeugendsten wirken persönliche Berichte, in denen Mentees und Mentoren selbst ihre Erfahrungen offen legen.

Auch während des Verlaufs sollte das Steuerungsteam in Unternehmen immer wieder dafür sorgen, dass das Mentoring-Programm innerhalb des Unternehmens auch wahrgenommen wird: »Wenn das Ziel ist, die Mentees im Unternehmen sichtbar zu machen, dann muss man dafür auch die Werbetrommel rühren«, meint Mentoring-Beraterin Nadja Tschirner.

Information der Öffentlichkeit

Besonders bei offenen externen Programmen, bei denen sich eine bestimmte Zielgruppe von außen als Mentees bewerben soll, ist frühzeitige Öffentlichkeitsarbeit ein wichtiger Aspekt. Über Berichte in den Medien und Informationsbroschüren, über Multiplikatoren und das Internet können potenzielle Mentees angesprochen werden. Natürlich sind erfolgreiche Mentoring-Programme, insbesondere für Frauen, auch für Unternehmen eine Möglichkeit, ihr Image zu verbessern und potenzielle qualifizierte Mitarbeiter und Mitarbeiterinnen zu rekrutieren.

Auswahl von Mentees und Mentoren

Auswahl der Mentoren

Der Erfahrung vieler Mentoring-Programme nach gewinnen Sie Mentoren und Mentorinnen am besten auf persönlichem Weg: In einem Vier-Augen-Gespräch können diese umfassend informiert und mögliche Befürchtungen über Zeitaufwand und Aufgaben abgebaut werden. Gleichzeitig können Informationen über Mentor und Mentorin und deren Wünsche an den oder die potenzielle Mentee gesammelt werden. Wo das nicht zu leisten ist, sollten Informationsveranstaltungen für Interessierte abgehalten oder möglichst umfangreiche Informationen schriftlich verschickt werden.

Für ein Pilotprojekt, besonders in Unternehmen, ist es wichtig, Mentoren auszuwählen, die vom Mentoring überzeugt sind und sich dafür engagieren. Diese können dann den Kollegen positiv darüber berichten und dazu beitragen, dass das Mentoring-Programm nach dem Pilotprojekt fortgesetzt wird. Läuft das Programm erst einmal, ist es leichter, Mentoren zu finden.

Gelegentlich berichten Organisatoren, dass sich Mentoren selbst zur Verfügung stellen. Dies ist eine Anerkennung für das Programm, kann aber auch Nachteile mit sich bringen: Nicht jeder, der sich als Mentor für geeignet hält, ist dies auch. Wer sich ausschließlich aus narzisstischen oder egoistischen Gründen als Mentor betätigen möchte, wird den Aufgaben eines Mentors wahrscheinlich nicht gerecht. Es liegt an den Organisatoren, die Rolle und Aufgaben eines Mentors deutlich zu machen, beziehungsweise einen Mentor diplomatisch nicht »unterbringen« zu können, wenn erhebliche Zweifel an seiner Eignung bestehen.

In externen Programmen werden meist die Anforderungen, die an Mentoren gerichtet werden, klar formuliert. Mentoren und Mentorinnen können hier auch in einem größeren Radius gesucht werden. In Pilotprogrammen von Unternehmen scheuen sich die Organisatoren meist, Anforderungen an Mentoren zu benennen. Sie wollen die Führungskräfte nicht abschrecken, sich als Mentoren zur Verfügung zu stellen. Haben sich die Programme aber in den Unternehmen etabliert, sollte klar formuliert werden, welche Anforderungen an Mentoren gestellt werden. Dadurch wird die Rolle des Mentors aufgewertet.

Keine Vorgesetzten als Mentoren!

Vorgesetzte sollten auf keinen Fall Mentoren für ihre Mitarbeiter sein. Das ist ein Widerspruch zu ihrer Rolle, in der sie weisungsbefugt gegenüber den Mitarbeitern sind und Unternehmensinteressen zu wahren haben. Für den Mentor steht dagegen die persönliche Entwicklung des Mentees im Vordergrund. Unter Umständen muss das auch einmal nicht im Interesse des Unternehmens verlaufen können, was in der Rolle des Vorgesetzten ausgeschlossen ist. Auch Martin Hilb warnt in seinem Buch »Management by Mentoring« vor scheinbaren Mentoring-Beziehungen, wie sie häufig zwischen Assistent und Chef zustande kommen: »In dieser Symbiose macht der junge Fachmann oder die junge Fachfrau eine besondere Erfahrung: Sie verlieren die Urheberschaft an Werken ihrer eigenen Kreativität, ihren Ideen, Aufsätzen und Argumenten. Nicht etwa sie könnten ihre Kreationen und Konstruktionen selbst und direkt in die große Firma einbringen, ihr Boss eignet sich die Urheberrechte persönlich an und brilliert mit fremdem Gedankengut.« Letztlich ginge es dem Chef um den eigenen Einfluss und den seiner Abteilung im Unternehmen.

▦ Kriterien bei der Auswahl der Mentoren

Über welche Qualitäten Mentoren verfügen sollten, wurde im Kapitel 9 ausführlich dargestellt. In internen wie externen Programmen entscheiden auch das Fingerspitzengefühl und die Kompetenz der Organisatoren darüber, ob geeignete Mentoren gefunden werden. Grundsätzlich gilt aber: »Nobody is perfect!« Letztlich liegt es an den Mentees, nicht funktionierende Beziehungen zu Mentoren notfalls zu beenden.

Weitere Kriterien bei der Auswahl der Mentoren sind:

- Sie müssen sich mit dem Ziel des Programmes identifizieren,
- Kann der Mentor absehen, ob in nächster Zeit für ihn ein Orts- oder Unternehmenswechsel ansteht?
- Ist der Mentor bereit, Zeit für das Mentoring zu investieren?

▦ Gezielte Suche nach Mentoren

Gerade externe Programme bieten den Mentees auch die Möglichkeit, ein Profil ihres Wunschmentors beziehungsweise ihrer Wunschmentorin zu erstellen. Die Organisatoren gehen dann ganz gezielt auf die Suche. Das hat den Vorteil, dass man nicht einen großen Pool an Mentoren anlegt, aus dem man die Hälfte unter Umständen später gar nicht vermitteln kann. Fragt man Mentoren, ob sie für eine bestimmte Person Mentor sein wollen, fällt ihnen die Entscheidung unter Umständen leichter. Mit diesem Auswahlverfahren sind beide Seiten für das Mentoring motivierter. Nachteil dieser Vorgehensweise ist, dass Mentees manchmal eine Weile auf die Vermittlung warten müssen, wenn sich nicht auf Anhieb ein passender Mentor finden lässt.

▨ *Auswahl der Mentees*

Die Auswahl der Mentees sollte unbedingt durch nachvollziehbare Kriterien erfolgen. Zufällige Prozeduren wie etwa ein Losverfahren bei der Auswahl der Mentees schaden dem Ansehen und der Akzeptanz eines Programms ungemein. Mentees, die »zufällig« durch Mentoring gefördert werden und nicht, weil das Unternehmen oder die Organisation sich eindeutig für sie persönlich entschieden hat, werden wahrscheinlich von Kollegen, aber auch von Führungskräften, mit Skepsis angesehen oder sind selbst nicht zur Teilnahme motiviert. Besonders in Programmen für Frauen ist es wichtig, dass auch die Mentees klar wissen, dass sie in erster Linie aufgrund ihrer Qualifikation gefördert werden.

▨ *Wollen Mentees sichtbar werden?*

Mentees im Unternehmen, beziehungsweise in einer Organisation bekannt und sichtbar zu machen, ist ein Ziel des Mentoring. Den Mentees muss das von vornherein klar sein. Sie müssen sowohl mit Neid von Kollegen rechnen, als auch damit, vor einer größeren Runde ein Projekt zu präsentieren, in einer Besprechung des Mentors die eigene Meinung zu sagen oder Ähnliches. Das Steuerungsteam kann mit den Mentees bereits bei der Auswahl besprechen, ob diese mit dem »Rampenlicht« umgehen können und wollen. Gabriele Hoffmeister-Schönfelder kennt aus Mentoring-Programmen, die sie berät, Fälle, in denen die Mentees »sehr gute Fachkräfte sind, aber nicht überall mitgenommen werden können, weil sie dafür nicht gewandt genug sind. Wenn ihnen zu viel abverlangt wird, kann das bei ihnen eher Schaden erzeugen als Gutes bewirken.« Manchmal merken der oder die Mentee erst während des Mentoring, dass sie eine Führungsposition gar nicht möchten. Gabriele Hoffmeister-Schönfelder: »Auch das ist einmal passiert, obwohl die betreffende Mentee eine Spitzenfachfrau war und ist. Trotzdem war Mentoring eine gute Sache für sie, weil sie selbst von falschen Voraussetzungen ausgegangen ist und sich auch durch ihr eigenes Agieren in den falschen Topf stecken ließ. Über einen solchen Fall müssen Organisatoren und Berater eine schützende Hand halten, dass den Betreffenden kein Schaden entsteht.«

▣ *Auswahlkriterien für Mentees*

Grundsätzliche Kriterien für die Auswahl von Mentees sind meistens:

- Sie wollen beruflich vorankommen und zeigen eigene Initiative und Engagement.
- Sie machen das Programm freiwillig mit, nicht weil ihr Vorgesetzter es angeordnet hat. Mentoring bringt nichts, wenn Mentees nicht selbst aktiv werden. Qualifizierungs-Programme, in denen Mentoring fester Bestandteil ist, ohne dass Mentees sich dafür oder dagegen entscheiden können, sind deshalb auch in ihrem Nutzen kritisch zu hinterfragen.
- Sie sind qualifiziert. Je nach Zielgruppe und Zielsetzung legt jedes Programm eigene Qualifikationskriterien fest.
- Sie sind bereits ein oder mehr Jahre in dem Unternehmen oder Mitglied in dem Verband.

▣ *Bewerbungsverfahren für Mentees*

Größere Unternehmen haben meist interne Verfahren, um künftige Führungskräfte auszuwählen und zu entscheiden, wer für welche Qualifizierungsmaßnahmen infrage kommt. Damit steht für sie bereits eine Vorauswahl an potenziellen Mentees fest.

Grundsätzlich kommen zwei Bewerbungsverfahren für Mentees infrage. In Unternehmen werden beide auch parallel eingesetzt:

1. **Potenzielle Mentees bewerben sich von sich aus für das Programm:** Die meisten externen Programme sehen vor, dass Mentees Fragebögen beantworten, Aufsätze zu bestimmten Themen schreiben und strukturierte Interviews mit den Bewerbern geführt werden. Das Organisationsteam kann sich so ein Bild der Bewerber und ihrer Eignung für das Programm machen und erhält Informationen, die anschließend für das Matching notwendig sind. Darüber hinaus erfordert es aktiven Einsatz von Seiten der potenziellen Mentees. Wer nicht wirklich motiviert ist, wird eine aufwändige Bewerbung nicht auf sich nehmen.

2. **Vorgesetzte schlagen geeignete Mitarbeiter für das Mentoring-Programm vor:** Diese Methode bezieht Vorgesetzte mit ein und ermöglicht, dass sie Mentoring als weiteres Instrument der Personalentwicklung anerkennen, mit dem sie Mitarbeiter fördern können.

Die endgültige Auswahl sollte durch die Organisatoren erfolgen. Das ist in Unternehmen auch deshalb wichtig, damit Vorgesetzte nicht Mitarbeiter für das Programm auswählen, mit denen sie selbst Probleme haben. Sie mögen sich von dem Programm erhoffen, dass ein Dritter, nämlich der Mentor, den Mitarbeiter »zurechtbiegt« und das Problem löst. Das ist natürlich nicht Sinn des Mentoring und sollte, falls Konflikte zwischen Bewerber und dessen Vorgesetzten erkennbar sind, von den Organisatoren kritisch hinterfragt werden.

Matching

Matching wird der Prozess genannt, in dem die Mentoring-Tandems zusammengestellt werden. Die passenden Partner füreinander zu finden, ist wesentlich für den Erfolg des Mentoring. Mentor und Mentee müssen nicht nur nach sachlichen Kriterien zusammenpassen, sondern vor allem auch menschlich.

Nur in informellen Mentoring-Beziehungen suchen sich Mentor und Mentee in der Regel gegenseitig selbst aus. In internen und externen Programmen ist es das Organisationsteam, das für das Matching verantwortlich ist. Es hat den besten Überblick, wer sich am Programm beteiligt. Aus Zeit- und organisatorischen Gründen können sich selten alle Mentees und Mentoren gegenseitig kennen lernen und sich den geeigneten Partner selbst aussuchen.

Im Münchner Mentoren-Modell an der Ludwig-Maximilians-Universität wurde diese Methode ausprobiert, aber wegen ihres hohen Aufwands als nicht besonders geeignet bewertet (siehe Seite 184). Meistens können Mentees und Mentoren aber bei der »Partnerwahl« mitreden und Wünsche äußern oder auch einen Partner ablehnen, wenn sie kein gutes Gefühl bei ihm haben.

Es gibt einige Kriterien, nach denen das Matching der Tandems erfolgen kann. Letztlich ist aber das gute »Fingerspitzengefühl« des Organisationsteams mit entscheidend für den Erfolg.

▪ *Voraussetzungen für das Matching*

Am besten ist sicherlich, wenn die Organisatoren Mentees und Mentoren vorher persönlich kennen gelernt haben. So lässt sich ein Gefühl dafür entwickeln, wer sich mit wem verstehen könnte. Das Organisationsteam kann auch vor dem Matching getrennte Veranstaltungen für Mentoren und Mentee organisieren, auf denen diese über Mentoring informiert werden, und die Organisatoren gleichzeitig die Gelegenheit haben, die Beteiligten persönlich kennen zu lernen. Auch Einzelinterviews mit Mentees und Mentoren können dem dienen. Je nach Größe des Programms lässt sich das allerdings nicht immer realisieren und die Organisatoren müssen auf schriftliche Selbstauskünfte der Beteiligten zurückgreifen.

In Fragebögen, Viten und/oder strukturierten Interviews sollten Informationen über folgende Aspekte zusammengestellt werden (die Liste kann je nach Zielsetzung des Programms verlängert werden):

- Alter, Wohnort, Beruf, Ausbildung, Werdegang;
- Motivation für das Mentoring;
- berufliche Ziele der Mentee;
- Erwartungen beider an das Mentoring;
- eventuell private Interessen;
- Wünsche hinsichtlich des Mentors, beziehungsweise der Mentee (Mann/Frau, aus welchem Beruf, besondere Wünsche);
- Was könnte das gegenseitige Verstehen beeinträchtigen?

Die Daten sollten keine »Informationsflut« beim Organisationsteam auslösen, sondern überschaubar sein. Trotzdem muss aus ihnen ein individuelles Bild jedes Mentors und jeder Mentee entwickelt werden können.

▪ *Kriterien für das Matching*

Folgende Kriterien begünstigen eine gelungene Zusammenstellung der Tandems:

- Berücksichtigung der Wünsche von Mentee und Mentor;
- ähnlicher beruflicher Hintergrund (außer die Mentee wünscht sich ausdrücklich Einblick in einen neuen Bereich);
- Mentoren müssen größere berufliche Erfahrungen haben als ihr Mentee.
- Es ist sinnvoll, dass Mentoren Erfahrungen in Bereichen gesammelt haben, in denen die Mentees tätig sind.
- Örtliche Nähe, um weite Anfahrtswege zu vermeiden;
- Ähnliche private Interessen können das Verstehen fördern.

Trotz aller Bemühungen kann eine Beziehung scheitern, weil man sich menschlich nicht versteht oder fachlich nicht zusammenpasst. Es sollte in Mentoring-Programmen immer die Möglichkeit geben, dass man Mentor oder Mentee nach beispielsweise drei Monaten wechseln kann. Das Mentoring sollte von Anfang an möglichst so präsentiert werden, dass die Beteiligten es nicht als »Makel« empfinden, eine Beziehung auch wieder aufzulösen und von der Regelung Gebrauch machen. Besonders in Unternehmen ist das aber schwer umzusetzen.

Auftakt

▨ Vorbereitung von Mentoren und Mentees

Vor Beginn des Mentoring-Programms sollten Mentees und Mentoren in getrennten Veranstaltungen auf das Mentoring vorbereitet und in ihre Rolle eingeführt werden. Es ist eine Erfahrung vieler Programme, dass dies ein wesentlicher Punkt ist, der zum Gelingen des Programmes beiträgt. Die vorbereitenden Workshops bieten die Gelegenheit, Fragen zum Mentoring zu stellen, und nehmen Unsicherheit in Bezug auf die eigene Rolle und die künftige Zusammenarbeit. Im Kapitel 12 finden Sie mehr Informationen zu den vorbereitenden Workshops.

Gibt es keine einführenden Workshops, sollte die jeweilige Ansprechpartnerin mit Mentees und Mentoren Einzel- oder Gruppengespräche führen, in denen sie sie über das Mentoring informiert, Erwartungen klärt und mit den Mentees realistische Ziele erarbeitet.

Bei externem Mentoring können die Workshops auch in mehreren kleinen Veranstaltungen stattfinden, um Mentoren und Mentorinnen mehrere Termine zur Auswahl anzubieten. In kleineren Gruppen haben sie außerdem eine bessere Möglichkeit, untereinander informelle Kontakte zu schließen.

▨ Auftaktveranstaltung

Auf der Auftaktveranstaltung des Programms begegnen sich Mentoren und Mentees das erste Mal in dieser Konstellation. Sie sollten dafür viel Zeit erhalten, um sich »beschnuppern« und erste Gespräche führen zu können. Unter Umständen werden sie schon bei diesem Treffen erste Vereinbarungen über Ziele und Themen des Mentoring treffen und Termine festlegen. In der Regel werden auf der Auftaktveranstaltung auch Informationen über Zielsetzungen und die organisatorischen Hintergründe des Programms gegeben. Die Auftaktveranstaltung ist außerdem für Mentoren und Mentees eine Gelegenheit, auch die anderen Beteiligten des Programms kennen zu lernen und ihr Netzwerk zu erweitern.

Wichtig ist, dass Auftaktveranstaltung und einführende Workshops in unmittelbarem Zusammenhang stehen, damit Fragen zu Ziel und Zweck des Mentoring möglichst bald beantwortet werden.

Es ist nicht empfehlenswert, Workshops und Auftaktveranstaltung am selben Tag anzusetzen. Bei der Fülle an Informationen und neuen Eindrücken könnte eine Menge der Informationen »verloren« gehen. Sind Mentoren und Mentees nicht an einem Ort, ist es besser, eine zweitägige Veranstaltung zu planen.

▪ *Unterstützende Maßnahmen*

Manche Programme erstellen zur Unterstützung der Mentoren und Mentorinnen schriftliche Leitfäden, die eine Hilfestellung für Beratungsgespräche geben.

Hilfreich für den Mentoring–Prozess kann auch sein, wenn Mentor oder Mentorin sich in der Beratung bereits auf eine Stärken-Analyse der Mentee stützen können. Das können die Ergebnisse aus einem Assessment-Center sein, das die Mentee durchlaufen hat, oder aus einem Workshop für die Mentees, in dem sie ihre Stärken und Ziele erarbeitet haben. Die Deutsche Telekom AG hat beispielsweise auf Wunsch ihrer Mentoren ein spezielles Instrument in Auftrag gegeben, mit denen Mentees ihr Potenzial vor Beginn des Mentoring messen lassen können (siehe Seite 83). Die Mentoring-Gespräche können dann schneller »in medias res« gehen.

Unterstützend sind auch, sofern möglich, Diskussionen mit Mentees oder Mentoren, die das Programm bereits durchlaufen haben und ihre Erfahrungen weitergeben können.

Projektarbeit

Soll die Mentee während ihrer Mentoring-Zeit noch ein spezielles Projekt bearbeiten oder nicht? Darüber sind die Ansichten gespalten, beide Möglichkeiten werden praktiziert.

Vorteile der Projektarbeit

Dafür sprechen folgende Argumente:

- Die Mentees haben die Möglichkeit, mithilfe eines erfahrenen Ratgebers an ihrer Seite ein Projekt zu organisieren und – unter Umständen in einem neuen Bereich – Erfahrungen zu sammeln.
- Ablauf und Fragen zum Projekt können Gegenstand der Gespräche sein.
- Die Mentees können ihre Projekte am Ende präsentieren. Sie üben sich in (Selbst-)Präsentation und können damit im Unternehmen sichtbarer werden. Das gelingt dann, wenn bei der Präsentation auch tatsächlich hochrangige Führungskräfte anwesend sind, wie etwa bei der Volkswagen AG ein Mitglied des Vorstands sowie hohe Führungskräfte.

Bearbeiten die Mentees zusätzlich ein Projekt, so sollte darauf geachtet werden, dass es sich zeitlich im Rahmen hält. Im Fall einer Projektarbeit ist die Unterstützung durch den Vorgesetzten der Mentee noch essenzieller, da er die Mentee im Zweifel etwas öfter freistellen muss. Prinzipiell werden aber Projekte innerhalb von Mentoring-Programmen von den Mentees in der Freizeit bearbeitet.

Nachteile der Projektarbeit

Dagegen spricht:

- Hohe zeitliche Belastung für die Mentees;
- Das Projekt nimmt zu viel Raum in den Mentoring-Gesprächen ein, andere Themen kommen zu kurz.

- Ist das Projekt thematisch im Bereich des Mentors angesiedelt, so widerspricht das dem Gedanken des Mentoring als einer partnerschaftlichen, weisungsunabhängigen Beziehung. Christoper Conway weist in der Ashridge-Studie zu Mentoring darauf hin, dass der Mentee durch das Projekt dem Mentor Bericht erstatten muss. (»It turns the relation into a reporting one.«)

Begleitung laufender Programme

Läuft das Mentoring-Programm, ist es Aufgabe der Organisatorinnen, Kontakt mit Mentoren und Mentees zu halten, um auch im laufenden Programm Korrekturen vorzunehmen, wenn das nötig ist.

Ansprechpartner(in) für Mentees und Mentoren

Im Unternehmen oder in der Organisation muss es eine Person im Steuerungsteam geben, an die sich Mentoren und Mentees bei auftauchenden Problemen wenden können. Sie sollte erfahren und geschult in psychologischer Gesprächsführung sein, ein gutes Gespür für Menschen und sehr gute Kenntnisse der Organisation haben. Sie sollte für beide Seiten eine Vertrauensperson darstellen, die die Kompetenz hat, zu vermitteln, auch wenn es sich auf Seiten der Mentoren um hochrangige Führungskräfte handelt. Hilfreich ist es in solchen Fällen, mit den Mentoren zu Beginn zu vereinbaren, in welcher Form kritisches Feedback durch die Ansprechpartnerin möglich ist.

Die Ansprechpartnerin hält während des Mentoring-Prozesses den Kontakt mit Mentoren und Mentees, fragt in regelmäßigen Abständen nach Verlauf und Ergebnissen. Das Steuerungsteam kann so rechtzeitig Maßnahmen für auftauchende Schwierigkeiten im Einzelfall oder für die Gruppe ergreifen. Der Ansprechpartner oder die Ansprechpartnerin kann auch Fragen beantworten, die bei Mentees oder Mentoren im Verlauf des Mentoring auftauchen: Etwa wenn eine Mentee nicht sicher ist, wie sie mit einem gestressten Mentor Termine ausmachen soll. Oder wenn ein Mentor nicht genau weiß, wie er sich gegen Themen abgrenzen kann, die ihm zu persönlich erscheinen. Diese Themen können zwar auch in den vorbereitenden Workshops oder in einer Supervision besprochen werden, manchmal tauchen sie aber plötzlich auf und brauchen eine umgehende Lösung.

Die Ansprechpartnerin verpflichtet sich, vertrauliche Informationen nicht an Dritte weiterzugeben und unterliegt keiner Berichtspflicht gegenüber Vorgesetzten in Bezug auf Gespräche, die sie mit Mentoren und Mentees führt. Damit ist die Vertraulichkeit solcher Gespräche gewährleistet.

▨ *Treffen für Mentoren und Mentees*

Ein Ziel des Mentoring ist auch, dass sowohl Mentoren als auch Mentees ein Netzwerk bilden können. Deshalb sollte ihnen auch während des Mentoring immer wieder die Gelegenheit gegeben werden, sich informell zu treffen. Dabei können Erfahrungen mit dem Mentoring ausgetauscht und neue berufliche Kontakte geknüpft werden. Das kann im Rahmen von regelmäßigen Stammtischen, Abendessen oder Treffen stattfinden, eventuell verbunden mit einem Vortrag, der die Mentees beziehungsweise Mentoren interessiert.

Diese Treffen können gemeinsam für Mentees und Mentoren organisiert werden oder auch getrennt. Letzteres bietet beiden Gruppen die Möglichkeit, sich noch offener über ihre Erfahrungen auszutauschen. Auf der anderen Seite haben Mentees bei gemeinsamen Treffen die Gelegenheit, auch die Mentoren der anderen Mentees kennen zu lernen und eventuell wichtige Kontakte zu knüpfen. Günstig ist es, Mentoren und Mentees bereits zu Beginn nach ihren Wünschen hinsichtlich der Häufigkeit der Treffen und Vortragsthemen zu fragen.

Die meisten Programme veranstalten außerdem ein Halbzeit-Treffen, bei dem Mentoren und Mentees mit den Organisatoren des Programms zusammenkommen und Erfahrungen austauschen.

◼ Workshops und Supervision

Auf welche Weise Workshops und Supervision das Mentoring sinnvoll unterstützen können, erfahren Sie im anschließenden Kapitel 12.

Abschluss eines Mentoring-Programms

Den Abschluss bildet wiederum eine gemeinsame Veranstaltung, zu der auch Mitglieder der Geschäftsleitung oder aus anderen Bereichen des Unternehmens eingeladen werden können. Ziel ist, gemeinsam Bilanz zu ziehen und Erfahrungen einzelner Tandems auch den anderen Beteiligten bekannt zu machen.

Die Gelegenheit der Abschlussveranstaltung kann auch dazu benutzt werden, dass die Mentoren von der Organisation für ihr Engagement ausgezeichnet werden. Christopher Conway stellt in der Ashridge-Studie über britische Mentoring-Programme in Unternehmen fest: »Die Anerkennung vom Unternehmen, dass sie gute Arbeit als Mentoren geleistet haben, ist eine starke Belohnung. Das bedeutet nicht, dass die Möglichkeit, Mentoren auch durch finanzielle Anreize zu motivieren, völlig außer Acht gelassen werden sollte.«

Die Mentoring-Beziehungen können natürlich informell weitergehen. Warum es dennoch wichtig ist, Mentoring-Beziehungen – zu welchem Zeitpunkt auch immer – ausdrücklich zu beenden, können Sie in Kapitel 8 nachlesen.

Evaluation von Programmen

Die Auswertung des Programms findet, wie oben beschrieben, bereits während des laufenden Prozesses durch persönliche Rückfragen der Ansprechpartnerin statt. Das ersetzt aber nicht eine abschließende Evaluation, in der dargestellt wird, wie Mentoren und Mentees die Ergebnisse des Programms einschätzen. Das sind wichtige Informationen für Entscheider und Beteiligte und geben auch den Organisatoren Aufschlüsse über zu verbessernde Aspekte im Programm. Welche Aspekte evaluiert werden, sollte bereits am Anfang geplant werden, damit die entsprechenden Prozesse auch rechtzeitig mitverfolgt und aufgezeichnet werden. Nachträglich Abläufe zu rekonstruieren ist meist schwierig.

Nadja Tschirner und Simone Schönfeld haben für das Deutsche Jugendinstitut verschiedene Mentoring-Programme evaluiert. »Die Schwierigkeit von Evaluationen in diesem Bereich ist, dass die Ergebnisse auf der subjektiven Einschätzung der Mentees und Mentoren beruhen«, meint Simone Schönfeld. Die beiden Mentoring-Expertinnen evaluierten die Programme nach folgenden Kriterien:

Bei den Mentees
- Psychosoziale Kriterien: Wie wird die persönliche Entwicklung infolge des Mentoring eingeschätzt? (Selbstbewusstsein, rhetorische Kompetenzen, Gesprächsführung etc.)
- Karriere-Kriterien: Inwiefern hat sich die Karriere entwickelt?

Bei den Mentoren und Mentorinnen
- Selbstreflexion der eigenen Situation und Karriere und Entwicklung
- Lerneffekte

Meistens sind die Erfolge nicht sofort sichtbar und, eben weil es persönliche Einschätzungen sind, auch nicht messbar. Oft ist es beispielsweise schwierig, so die Erfahrung der beiden Expertinnen, herauszufinden, was genau der Lerneffekt bei den Mentoren ist. Sie würden oft erst in einer späteren Situation, in der sie anders als früher handeln, Änderungen in ihrem Bewusstsein oder Verhalten bemerken. Etwa, wenn sie bewusster eigene Mitarbeiterinnen in ihrer Karriere unterstützen oder versuchen, mit einer Mitarbeiterin, die ein Kind bekommt, eine spezielle Lösung für die weitere Berufstätigkeit zu finden.

Für eine umfassende Evaluierung der Effekte, die Mentoring innerhalb eines Unternehmens oder einer Organisation hat, müssten sehr ausführliche Gespräche und Befragungen mit vielen Beteiligten durchgeführt werden. Da das kostspielig und zeitaufwendig ist, macht das der Erfahrung von Tschirner und Schönfeld nach keine Organisation. Mittelfristig kann die Wirkung der Programme in Unternehmen daran gemessen werden, ob Mentoring als Instrument der Personalentwicklung integriert wird. Die meisten Organisatoren evaluieren ihre Programme selbst mithilfe von Fragebögen, in denen Mentoren und Mentees ihre Einschätzung der Programme abgeben.

Check-Liste:
Erfolgsfaktoren für ein Mentoring-Programm

- **Entscheidung von oben:** Die Geschäftsleitung unterstützt die Umsetzung des Mentoring deutlich nach außen sichtbar.
- **Realistische Erwartungen:** Es werden keine schnellen Karrieresprünge erwartet. Das Potenzial soll gefördert werden und mittelfristig, aber dann dauerhaft wirken.
- **Kleine Pilotprogramme:** Neue Mentoring-Programme fangen relativ klein an, wachsen kontinuierlich und optimieren laufend das Konzept und dessen Umsetzung.
- **Gute Einführung für Mentees und Mentoren:** Die Beteiligten wissen, was ihre Rollen im Mentoring sind und können die Gespräche nutzen.
- **Einbeziehung der Vorgesetzten:** Führungskräfte erkennen Mentoring als Qualifizierungsmaßnahme für ihre Mitarbeiter an. Die Chefs der Mentees werden in Gesprächen über das Mentoring ausreichend informiert.
- **Kompetente Begleitung:** Mindestens eine Person aus dem Steuerungsteam ist anerkannte Ansprechpartnerin der Mentees und Mentoren. Sie hat gute Insiderkenntnisse und ein gutes Gefühl bei der Zusammenstellung der Tandems.
- **Teil eines Qualifizierungs-Programms:** Die Zielsetzung des Mentoring-Programms wird von anderen qualifizierenden Maßnahmen unterstützt.
- **Ständige Verbesserungen:** Feedback von Mentees, Mentoren und Vorgesetzten über Verbesserungsmöglichkeiten des Programms werden eingefordert und anschließend umgesetzt.

Cross-Mentoring-Programme

Bei Cross-Mentoring-Programmen zwischen mehreren Unternehmen gibt es noch einige besondere Aspekte zu berücksichtigen:

- Die Unternehmen müssen von der Größe und internationalen Ausrichtung in etwa zusammenpassen. Es ist wenig sinnvoll, ein mittelständisches Unternehmen mit einem Großunternehmen im Mentoring zu verbinden, weil Mentees und Mentoren verschiedene Aufgabenfelder und Blickwinkel auf die Wirtschaft haben.
- Für die Planung und Organisation brauchen Sie wahrscheinlich mehr Zeit, da mehr Entscheider damit befasst sind.
- Mentoring zwischen Konkurrenz-Unternehmen ist möglich, wie das Beispiel Deutsche Bank und Commerzbank zeigt (siehe Seite 110). Die Unternehmen können ein befristetes Abwerbeverbot vereinbaren. In der Praxis ist es aber für Mentees interessanter, Einblick in eine andere Branche zu bekommen.

Mögliche Schwierigkeiten

Auf mögliche Schwierigkeiten, die im Mentoring entstehen können, beziehungsweise auf Grenzen des Mentoring wurde bereits in den Kapiteln 8 und 9 eingegangen. An dieser Stelle wird auf mögliche Probleme eingegangen, auf die Organisatorinnen unter Umständen reagieren müssen.

Mentor und Mentee passen nicht zusammen

Auch wenn Sie sich beim Matching viele Gedanken gemacht haben, manchmal passt es eben nicht. Mentor und Mentee verstehen sich menschlich einfach nicht. Vielleicht kann die Mentee nichts mit den Ratschlägen des Mentors anfangen oder der Mentor empfindet die Mentee als zu passiv. Möglicherweise liegt das mangelnde Verständnis an einer unklaren Vorstellung vom Mentoring. Wenn man nicht so genau weiß, was man eigentlich miteinander anfangen soll, kann aus der Unsicherheit auch Ablehnung entstehen.

Als Organisatorin können Sie in Einzelgesprächen versuchen, die Ursachen für mögliche Missverständnisse herauszufinden und diese möglichst in einem gemeinsamen Gespräch mit beiden klären. Vorsicht allerdings vor der »Retterrolle«: Es liegt an Mentor und Mentee, sich einigen zu wollen und einen gemeinsamen Weg zu finden. Als Unabhängige können Sie dazu Ratschläge beziehungsweise Ihre Sicht von außen beisteuern. Aber Sie sollten weder Partei für einen von beiden ergreifen, noch das Kitten der Beziehung zu Ihrem persönlichen Anliegen machen. Eine weitere Möglichkeit ist auch, den beiden eine gemeinsame Supervision bei einer professionellen Supervisorin (siehe Seite 305) anzubieten. Wenn aber der Wille dazu fehlt oder es trotz Beratung nicht funktioniert, dann geht es eben nicht.

▨ *Das Mentoring wird nicht wirklich genutzt*

Organisatoren machen auch immer wieder die Erfahrung, dass, während es bei etlichen Tandems zu einem intensiven Austausch kommt, einige der Tandems das Mentoring nicht besonders intensiv nutzen. Sie treffen sich unregelmäßig und in großen Abständen. Oder anonyme Umfragen ergeben, dass Mentees oder Mentoren das Mentoring nicht besonders schätzen und auch in keinem intensiven Austausch miteinander stehen. Besonders in Pilotprojekten, wo es für Mentoring noch keine Vorbilder gibt, kommt das gelegentlich vor. Das kann daran liegen, dass Unklarheit hinsichtlich der eigenen Rolle und der Möglichkeiten des Mentoring besteht. Wichtig ist neben einer guten Einführung deshalb, dass Mentees regelmäßig die Möglichkeit haben, sich untereinander auszutauschen. Mentees, die das Mentoring intensiver nutzen, können anderen, die sich damit schwer tun, Anregungen und Ideen geben. Auch eine Supervision kann dieses Ziel unterstützen.

Das Gleiche gilt natürlich für die Mentoren. Auch sie kann ein gegenseitiger Austausch befruchten, allerdings steht dem oft Zeitmangel im Weg. Möglicherweise engagieren sich Mentoren aber auch nicht besonders, weil das Programm in der Organisation keinen hohen Stellenwert hat und sie keinen Grund sehen, sich »privat« dafür einzusetzen. Deshalb ist die Unterstützung der Geschäftsleitung oder von prominenten Persönlichkeiten, die als Vorbild wirken können, wichtig.

Widerstand gegen Mentoring kann auf Seiten der Mentees auch dann entstehen, wenn sie das Gefühl bekommen, dass sie dadurch »angepasst« werden sollen. Es darf nicht der Eindruck vermittelt werden, dass aufgrund des Mentoring dann alles so gemacht werden soll, wie die Älteren es machen. Mentoring muss deutlich als gegenseitiger Austausch deklariert werden, von dem auch die Älteren lernen können. Die Mentees müssen deshalb auch noch über das Mentoring hinaus auf andere Art und Weise fortgebildet werden und, zum Beispiel in Workshops und Seminaren, Neues lernen.

▪ *Ablehnung von Mentoring-Programmen für Frauen*

Programme nur für Frauen wecken gelegentlich Neid bei männlichen Kollegen. Sie sehen nicht ein, warum gerade sie persönlich für jahrhundertelange männliche Vorherrschaft die Rechnung »begleichen« sollen. Frauen werden plötzlich als Konkurrentinnen wahrgenommen, die scheinbar mehr Förderung erfahren als die Männer. Männliche Netzwerke, Vergleiche von Frauen- und Männeranteilen in Führungspositionen oder frauenspezifische Karrierefaktoren werden dann nicht wahrgenommen oder verdrängt. Eine Gleichstellungsbeauftragte eines großen Unternehmens wurde beispielsweise einmal polemisch gefragt, ob es denn künftig auch Förderprogramme für Linkshänder gebe.

Ganz grundsätzlich muss sich aber jeder, ob Mann oder Frau, dessen bewusst sein, dass die Luft, je höher man steigt, immer dünner wird. Wer Karriere macht, hat Förderer und Neider.

Ganz bewusst sagen deshalb viele Organisatoren von Mentoring-Programmen, dass es für die Mentees dazugehöre zu lernen, sich gegen neidische Kollegen zu wehren. Die meisten Programme bieten den Mentees Gruppen-Supervision an, in denen auch solche Themen besprochen werden können.

◾ *Begleitende Maßnahmen*

Das Ziel von Mentoring-Programmen für Frauen, dass langfristig mehr Frauen Führungspositionen einnehmen, kann alleine durch Mentoring nicht erreicht werden. Mentoring-Expertin Nadja Tschirner hält es für wichtig, dass auch andere Maßnahmen dazu beitragen, Chancengleichheit zu verwirklichen: »Man muss dazu auch neue Lösungswege erarbeiten. Volkswagen hat dabei beispielsweise einen guten Weg beschritten, das Thema Gleichstellung differenzierter zu sehen. Andere Unternehmen sind viel ausschließlicher an Karriere orientiert und thematisieren Gleichstellung und damit zusammenhängende Fragen viel weniger.« Die Deutsche Bank AG (siehe Seite 101) und das Stephansstift in Hannover (siehe Seite 98 und 100) haben ihre Programme in umfangreiche Maßnahmen zur Chancengleichheit eingebettet.

Eine andere Möglichkeit, Mentoring für Frauen zu realisieren, ohne damit zu viel Widerstand von Männern auf den Plan zu rufen, sind gemischte Programme, in denen für Frauen und Männer eine gleich hohe Anzahl von Plätzen reserviert ist. So wird keine Gruppe bevorzugt oder diskriminiert und dennoch sichergestellt, dass Frauen ebenso stark vertreten sind wie Männer.

12 Training und Supervision in Mentoring-Programmen

Mentoring-Programme können durch Workshops und Supervision sinnvoll unterstützt werden. Ziel ist zum einen, Mentoren und Mentees in ihre Rollen einzuführen und den Prozess so zu begleiten, dass in den Beziehungen möglichst wenig Konflikte entstehen, beziehungsweise frühzeitig geklärt werden. Workshops können auch dazu beitragen, dass Mentoring innerhalb der Organisation akzeptiert und integriert wird.

Zum anderen können durch Workshops und Supervision die persönliche und fachliche Weiterentwicklung von Mentees und auch Mentoren und Mentorinnen zusätzlich gefördert werden. Vorteil des Mentoring ist, dass das in Workshops Gelernte dann umgehend in die Praxis umgesetzt und anschließend mit dem Mentor oder in der Supervision besprochen werden kann. Da die Mentees untereinander meist in Kontakt stehen, können sie sich dabei unterstützen, das in den Workshops erlernte Wissen umzusetzen.

In externen Programmen werden teilweise sehr umfangreiche einführende und zusätzlich qualifizierende Workshops für Mentees und Mentoren angeboten. Beispiele sind etwa die Europäische Akademie für Frauen in Politik und Wissenschaft in Berlin (siehe Seite 139) oder das Bildungswerk der Thüringer Wirtschaft e.V. (siehe Seite 143). Beide Träger haben besonders die Mentees in mehrwöchigen Trainings vor und nach dem Mentoring geschult, um die Zielsetzung der Programme, die berufliche Qualifizierung der Mentees, noch zu unterstützen.

Oft vernachlässigt: Trainings für Mentoren

Auch Mentoren und Mentorinnen wird in externen Programmen öfter die Möglichkeit gegeben, sich in Beratungstechniken zu schulen. In Unternehmen dagegen wird meist auf begleitende Trainings, oft auch auf die einführenden Workshops verzichtet. Finden sie statt, dann in der Regel nur für die Mentees. Den Mentoren möchte man nicht zu viele Vorgaben machen, meist wird auf die Zeitknappheit der Führungskräfte verwiesen. Ausnahmen gibt es allerdings: Die Volkswagen AG sieht beispielsweise Mentoring als Gelegenheit, auch die Mentoren in ihrer Rolle als Berater zu schulen (siehe Seite 92). Auch das Stephansstift in Hannover bot im Rahmen des Programms StepUpNOW den beteiligten Unternehmen und Verwaltungen an, die Mentoren in Beratungstechniken zu qualifizieren.

Wichtig ist nicht nur, die Beratungskompetenz zu stärken, sondern auch anzuregen, sie selbstkritisch zu hinterfragen, betont Simone Schönfeld, Mentoring-Expertin vom Deutschen Jugendinstitut: »Den Mentoren muss klar werden, was sie eigentlich transportieren. Sie sollen sich selbst infrage stellen.«

Im Folgenden erhalten Sie einen Überblick darüber, welche Workshops in Mentoring-Programmen angeboten werden können und wie Supervision den Prozess unterstützt.

Einführende Workshops

Einführungs-Workshops werden meist getrennt für Mentoren und Mentees abgehalten. Ziel ist, mit Rolle und Aufgaben im Mentoring vertraut zu machen.

Inhalte von Einführungs-Workshops für Mentees können sein:

- Informationen über den Ablauf des Mentoring, dessen Organisation, mögliche Gesprächsthemen.
- Erwartungen an das Mentoring formulieren und auf die Umsetzungsmöglichkeiten hin überprüfen.

- Ziele festlegen: Welche persönlichen und beruflichen Ziele sollen im Mentoring verfolgt werden?
- Rolle und Aufgaben als Mentee festlegen;
- Fragen beantworten, Unsicherheiten ausräumen;
- Supervision vorstellen als Möglichkeit, die Mentoring-Beziehung zu reflektieren und Probleme zu klären.

Inhalte von Einführungs-Workshops für Mentoren können sein:

- Erwartungen und Wünsche an das Projekt klären;
- Eigene Vorstellungen von der Rolle als Mentor oder Mentorin formulieren. Welche Aspekte enthält diese Rolle?
- Know-how von Beratungstechniken erweitern und stärken: Fragen stellen, zuhören, Feedback geben;
- Coaching und Supervision vorstellen als Möglichkeit, eigene Fragen zur Beratung zu klären.

Vor allem Mentoren-Workshops sollten nicht überfrachtet werden, warnt Ilse Martin vom Managerinnen Kolleg Köln, die selbst Mentoring-Programme begleitet: »Mentoring ist ein Erfahrungsprozess, daher kann zu viel kognitives Wissen auch überlastend wirken.« Insbesondere bei Frauen entstehe schnell das Gefühl: »Mache ich auch alles wirklich richtig?«

Zusätzliche Workshops

Workshops für Mentees

Sinnvoll für Mentees sind vor allem Workshops zu Themen, die im Zusammenhang mit dem Mentoring oder der Zielgruppe und ihrer beruflichen Situation stehen: etwa Gesprächsführung, Führungskräfte-Training, Projektmanagement oder Selbst-Präsentation. Christa van Winsen weiß aus ihrer Erfahrung als Beraterin von Mentoring-Programmen in Unternehmen: »Mentoring darf nicht das einzige Instrument sein, um Mentees zu fördern. Ihre Wünsche nach anderen Weiterbildungsmaßnahmen müssen berücksichtigt werden. Wenn sie sich beispielsweise Workshops über ›Change Management‹ wünschen, weil sie das interessiert, dann muss so etwas möglich sein. Ich kenne viele Mentees, die enttäuscht darüber sind, dass das nicht möglich war. Ihr Wissenspotenzial wird dann nicht ausgeschöpft.«

▓ *Workshops für Mentoren*

Zusätzlich zu den Einführungs-Workshops können Mentoren und Mentorinnen Workshops angeboten werden, die sie in ihrer Beratungskompetenz stärken. Das können Workshops zum Thema »Coaching« und »Kollegiale Beratung« sein, aber auch zu Themen wie »Führung« oder »Change Management«.

▓ *(Gender-)Workshops für Vorgesetzte*

Im Programm StepUpNOW (siehe Seite 98) wurden spezielle Workshops für die Vorgesetzten der Mentees konzipiert, die sie gemeinsam mit den – in diesen Programmen ausschließlich weiblichen – Mentees besuchten. Ziel war zum einen herauszufinden, welche Auswirkungen Mentoring auf das Arbeitsverhältnis zwischen der Mentee und ihrem Vorgesetzten hat. »Manchmal vermeiden Mentees aus Unsicherheit das offene Gespräch über das Mentoring mit ihrem Vorgesetzten. Zum Beispiel, wenn es darum geht, für Projektarbeit freigestellt zu werden«, erklärt Petra-Johanna Regner, die das Seminar konzipiert hat. Im Workshop wurden solche Themen angesprochen, anschließend diskutierten Mentee und Vorgesetzter in Zweiergesprächen, wie sie das jeweilige Thema gemeinsam handhaben wollen. »In diesem geschützten Rahmen und wenn alle das tun, fällt den Mentees das wesentlich leichter«, so Petra-Johanna Regner. Klärung dieser Art sei von allen Beteiligten sehr positiv aufgenommen worden.

Das andere Ziel der Workshops war, die überwiegend männlichen Vorgesetzten für so genannte »gender«-Themen zu sensibilisieren. Das bedeutet, ihnen deutlich zu machen, wie unterschiedlich Wahrnehmung, Verhalten und Situation von Frauen und Männern in der Berufswelt sind. Darüber wurde nicht nur informiert und diskutiert, sondern auch Erfahrungen durch eigenes Miterleben inszeniert. Im so genannten »Fish-bowl-Verfahren« saß eine Gruppe, beispielsweise die Vorgesetzten, in einem Kreis um die Mentees, die sich über ein geschlechtsspezifisches Thema unterhielten, etwa über unterschiedliche Kommunikation von Frauen und Männern am Arbeitsplatz. Anschließend besprachen Vorgesetzter und Mentee die Beobachtungen in der Zweiergruppe. Umgekehrt beobachteten dann die Mentees ihre Vorgesetzten bei der Diskussion über ein Thema. »Das hatte große Wirkung auf beide, vor allem auch auf die Vorgesetzten«, meint Petra-Johanna Regner, die den Workshop konzipierte. »Oft hat die gegenseitige Beobachtung und das anschließende Gespräch den Ausschlag gegeben, dass Unterschiede bewusst wahrgenommen wurden.«

Der Erfolg dieses Teils des Workshops war überwiegend positiv. Die meisten Männer hätten sich sehr für diese Themen interessiert und sie auch in ihrer Organisation besprochen. Petra-Johanna Regner: »Es geht um einen kulturellen Wandel, das braucht Zeit.«

Von einzelnen Männern kam deshalb durchaus auch Widerstand und Ablehnung: »Da wurde gefragt, wie man Frauen denn eigentlich behandeln dürfe, ohne etwas falsch zu machen. Inzwischen seien doch alle gleichgestellt.« An diesen Einstellungen sei in den Workshops oft hart gearbeitet worden, so Petra-Johanna Regner, aber letztlich sei in den meisten Fällen ein Konsens gefunden worden.

▨ *Workshops für Personalverantwortliche*

Im Programm StepUpNOW wurde der ebenfalls neue Ansatz entwickelt, Workshops für so genannte »Key influence persons« und Multiplikatoren anzubieten. Gemeint sind damit Personalentwickler und andere Entscheider, die maßgeblich dazu beitragen können, dass Mentoring ein reguläres Instrument der Personalentwicklung und das Thema Chancengleichheit im Unternehmen auch in anderen Bereichen umgesetzt wird. Dazu wurden Workshops auf die jeweilige Situation in den Unternehmen beziehungsweise Verwaltungen zugeschnitten. Ziel war auch, die Organisatoren zu befähigen, das Programm in der nächsten Runde in eigener Regie ohne externe Beratung umzusetzen. Beispiele solcher Workshops sind:

- Personalleute und Frauenbeauftragte wurden darüber informiert, aus welchen Bausteinen ein Mentoring-Programm besteht, wie es auf Niederlassungen des Unternehmens ausgeweitet und wie es durch geeignete Öffentlichkeitsarbeit bekannt gemacht werden kann.
- Leitsätze für Chancengleichheit wurden formuliert, um das Thema in der Organisation zu verankern.
- Weitere Trainings zur Entwicklung von Führungskräften wurden konzipiert, die Rolle von Mentoring dabei erörtert.
- Gemischte Mentoring-Programme für Frauen und Männer wurden konzipiert, in denen aber das Thema »gender« in Workshops behandelt wurde, um es möglichst weit im Unternehmen zu streuen.

Supervision

Viele Mentoring-Programme bieten begleitende Supervision für Mentees an. Mit Supervision und Coaching ist die themen- und fallbezogene Beratung im beruflichen Bereich über einen bestimmten Zeitraum gemeint. Im Mentoring dient sie vor allem dazu, die Beziehung zwischen Mentee und Mentor beziehungsweise Mentorin zu unterstützen.

Ilse Martin vom Managerinnen-Institut in Köln gibt weiblichen Mentees in mehreren Mentoring-Programmen Supervision. Sie sieht Supervision als die Chance, in der Gruppe die individuelle Beziehungsarbeit zu reflektieren und bereits im Vorfeld an der Beziehungsverbesserung zu arbeiten: »Wenn die ›gute Chemie‹ Basis für die Arbeits- und Austauschbeziehung ist, kann Supervision ein Chemieaufbaukurs oder eine Chemiestunde für die Mentees sein.« In der Supervision können beispielsweise Kommunikationsstörungen durchleuchtet und verändert, Ängste abgebaut oder Erwartungen auf einen realistischen Boden gebracht werden.

Supervision kann der Mentee auch den Rücken für Konflikte mit dem Mentor oder der Mentorin stärken, meint die Mentoring-Beraterin Christa van Winsen: »Es hängt stark von der Mentee selbst und von ihrem Selbstbewusstsein ab, ob sie ihren Mentor konfrontiert und auch mal einen Konflikt wagt oder heikle Themen anspricht. Das kann durch Coaching und Supervision unterstützt werden.«

Auch die Rahmenbedingungen des Mentoring können in einer Supervision besprochen werden. »Das Marketing des Mentoringgedankens bis hin zur Selbstpräsentation als Mentee sind Themen der Supervisionen«, so Ilse Martin. Dabei verstärkt die Supervision in der Gruppe den Effekt: Man lernt auch von dem, was andere aus ihren Mentoring-Beziehungen berichten. Manchmal merken Mentees erst durch Berichte anderer, dass sie bestimmte Dinge in ihrer eigenen Mentoring-Beziehung klären müssen. Das können sie dann ansprechen, bevor es zum Konflikt kommt.

Regelmäßige Gruppensupervision bewirkt außerdem, dass sich ein Netzwerk unter den Mentees entwickelt. Darüber hinaus haben die Mentees, parallel zum Mentoring, in der Supervision die Möglichkeit, sich weiterzubilden. Es geht nicht nur darum, persönliche Themen zu klären, sondern auch theoretisches Wissen beispielsweise über Kommunikation, Konflikt, Rolle oder das Setzen von Prioritäten zu erwerben und in praktischen Übungen zu trainieren.

▨ *Supervision und Coaching für Mentoren*

Nur wenige Programme bieten Mentoren oder Mentorinnen Supervision an. Der Begriff stößt leicht auf Empfindlichkeiten, weiß Ilse Martin. »Es bestünde dringender Bedarf. Leider wird er zu wenig eingestanden. Es besteht Angst vor Imageverlust oder es kommen Einwände wie ›Dafür habe ich keine Zeit.‹ Oder: ›Das brauchen doch nur Sozialkrüppel.‹«

Supervision unter der Bezeichnung Coaching wird eher angenommen. Erfolgreich ist es nach Martins Erfahrung vor allem dann, wenn viele daran teilnehmen und ein Erfahrungsaustausch zustande kommt. »Dann können Mentorinnen und Mentoren ihre Art und Inhalte der Erfahrungsweitergabe prüfen und anpassen.« In solchen Coachings werden dann auch Themen wie Interessenskonflikte mit dem Vorgesetzen der Mentee, die Rolle als Mentor oder Mentorin oder Möglichkeiten einer Verbesserung der Chemie in der Beziehung besprochen und geklärt.

Einzelcoachings für Mentoren werden nach Ilse Martins Erfahrungen nur selten nachgefragt, aber »als Ankerangebot gerne gesehen. Nach dem Motto: ›Gut, dass ich es nicht brauche!‹« Mentoren und Mentorinnen haben Angst, Schwäche zu zeigen: «Das ist übrigens bei Männern und Frauen in der Mentorenrolle ähnlich«, meint Ilse Martin. »Für viele gilt immer noch: Erfahrene sind per se stark!«

13 Schlussbemerkung

Mentoring ist mehr als eine momentane Mode-erscheinung. Immer mehr externe wie interne Programme entstehen. Informelle Mentoring-Beziehungen werden bewusster wahrgenommen und nachgefragt, so die Erfahrung von Beratungsstellen, Coaches und Mentoring-Experten: »Einen Mentor haben, das wäre es!« Derzeit werden offizielle Mentoring-Programme vor allem eingesetzt, um Frauen dabei zu unterstützen, in berufliche Positionen zu gelangen, die ihren Qualifikationen entsprechen. Die Erkenntnis wächst, dass es neben den fachlichen und sozialen Qualifikationen vor allem die Netzwerke sind, die beim beruflichen Ein- und Aufstieg helfen. Es ist, für Männer wie für Frauen, ungemein wichtig, dafür ein »personifiziertes Vitamin B«, zum Beispiel in der Person eines Mentors oder einer Mentorin, zu haben. Mentoring ist deshalb auch ein positives Zeichen eines leichten kulturellen Wandels: Sich gegenseitig zu unterstützen und zu fördern ist keine exklusive Sache, die in feinen Clubs abläuft, sondern etwas, was jeder machen kann und machen sollte. Schön wäre es, wenn es irgendwann selbstverständlich wäre, Mentee zu sein und eine Ehre, sich als Mentorin oder Mentor zu betätigen.

Anhang

Serviceteil:
Adressen und Ansprechpartner

Im Folgenden finden Sie die Adressen der Organisatoren und Organisatorinnen der in Teil I beschriebenen Mentoring-Programme sowie von Beraterinnen und Trainerinnen, die Erfahrungen mit Mentoring haben. Zu Ihrer besseren Orientierung finden Sie die Adressen hier unter den gleichen Kapitelüberschriften wie in Teil I (in Klammern der Seitenverweis). Trainer und Berater finden Sie im Anschluss.

Mentoring für Führungskräftenachwuchs

mg technologies ag (S. 44 f.)
Katja Baldauf
Führungskräfte-Entwicklung
Bockenheimer Landstraße 73–77
E-Mail: katja.baldauf@mg-technologies.com

debitel AG (S. 45 f.)
Herr Kay Peters
Schelmenwasenstraße 37–39
70567 Stuttgart
E-Mail: kay.peters@de.debitel.com

Allianz AG (S. 50 f.)
Johanna Aichmüller
Abteilungsleiterin, Prokuristin
Bayerische Versicherungsbank AG
Allianz Versicherungs AG
Bildungs- und Qualifizierungszentrum
Dieselstraße 8
85774 Unterföhring

Niedersächsisches Innenministerium (S. 52 ff.)
Udo Winzek-Ohlsen
Lavesallee 6
30169 Hannover
E-Mail: udo.winzek-ohlsen@mi.niedersachsen.de

Dornier GmbH (S. 63 f.)
Michael Suchan
Leiter Personal- und Sozialwesen
88039 Friedrichshafen
Tel.: 0 75 45/8 99 57

Mentoring für Frauen als künftige Führungskräfte

Robert Bosch GmbH (S. 77 ff.)
Annette Rüde
Leitung Projekt Frauenförderung
Zentralabteilung Mitarbeiter
Postfach 10 60 50
70049 Stuttgart
E-Mail: ZMP-FF@de.bosch.com

Deutsche Telekom AG (S. 80 ff.)
Gunna Santjohanser
Gleichstellungsbeauftragte für Bayern
und Baden-Württemberg
Arnulfstraße 126
80634 München
E-Mail: gunna.santjohanser@telekom.de

Volkswagen AG (S. 90 ff.)
Zentrales Personalwesen/Frauenförderung
Martina Kreimeyer
Projektleiterin Mentoring in der Frauenförderung
Brieffach 18 67/0
38436 Wolfsburg
E-Mail: martina.kreimeyer@volkswagen.de

StepUpNOW (S. 98 ff.)
Heimvolkshochschule Stephansstift
Projektleitung Petra-Johanna Regner, Fachgruppe Mentoring
Kirchröder Straße 44
30625 Hannover
Tel.: 05 11/53 53 – 3 11
E-Mail: regner@hvhs.stephansstift.de

Kooperationspartner:
Niedersächsische Landeszentrale für politische Bildung
Monika Wolf
Hohenzollernstraße 46
30161 Hannover
Tel.: 05 11/39 01 – 2 76

Europabüro für Projektbegleitung GmbH
Kirsten Frohnert, Dr. Sybille Honnef
Endenicher Straße 125
53115 Bonn
Tel.: 02 28/9 85 99 – 11/-19
E-Mail: postmaster@efp-bonn.de
Homepage: www.efp-bonn.de

Deutsche Bank AG (S. 100 ff.)
Cordula Reimann
Diversity Deutschland
Bockenheimer Landstraße 42
60323 Frankfurt
E-Mail: cordula.reimann@db.com

Cross-Mentoring (S. 108 ff.)
Commerzbank AG, Projektleitung Chancengleichheit
Tel.: 0 69/13 62 90 04
Deutsche Bank AG, Pressestelle, Tel.: 0 69/91 03 31 34
Deutsche Lufthansa AG, Pressestelle, Tel.: 0 69/6 96 29 99
Deutsche Telekom AG, Pressestelle, Tel.: 02 28/1 81 49 49
Flughafen Frankfurt/Main AG, Frauenbeauftragte
Tel.: 0 69/69 06 60 01
Merck KgaA, Externe Kommunikation, Tel.: 0 61 51/72 25 79
Procter & Gamble GmbH, Pressestelle, Tel.: 0 61 96/ 89 42 64
Robert Bosch GmbH, Pressestelle, Tel.: 07 11/8 11 64 15

Offene Mentoring-Programme

KIM – Kompetenz im Management (S. 130 ff.)
Zentrum Frau in Beruf und Technik
Erinstraße 6
44575 Castrop-Rauxel
Tel.: 0 23 05/92 15 00
E-Mail: zfbt@zfbt.de
Homepage: www.kim.nrw.de

Expertinnen-Beratungsnetz München (S. 133 f.)
Dorothea Ritter
Auenstraße 31
80469 München
Tel.: 0 89/7 25 18 48
Fax: 0 89/7 21 38 30

Expertinnen-Beratungsnetz Hamburg
Brucknerstraße 1
22983 Hamburg
Tel.: 0 40/29 10 26

Preparing Women to Lead (S. 135 ff.)
Europäische Akademie für Frauen in Politik
und Wirtschaft e.V.
Professor Barbara Schaeffer-Hegel
Dr. Helga Lukoschat
Schumannstraße 5
10117 Berlin
Tel.: 0 30/31 50 – 82 85
Homepage: www.eaf-berlin.de

Technische Universität Berlin
Professor Barbara Schaeffer-Hegel
Dorothea Jansen
Projektbüro CR 8
Jebensstraße 1
10623 Berlin
Tel.: 0 30/31 42 69 20

EU-Mentoring-Network (S. 143 ff.)
Bildungswerk der Thüringer Wirtschaft e.V.
Katharina Philipp
Konrad-Zuse-Straße 5
99099 Erfurt
Tel.: 03 61/4 26 27 17
E-Mail: info@bwtw.de
Homepage: www.BWTW.de
www.eu-mentoring-network.com

Europäisches Zentrum für Medienkompetenz GmbH (ecmc)
(S. 145 ff.)
Dr. Barbara Gehrke
Bergstraße 8
45770 Marl
Tel.: 0 23 65/94 04 – 0
E-Mail: info@ecmc.de
Homepage: www.ecmc.de
Zugang zum Telementoring über: www.telementoring-nrw.de

»Mehr Frauen in die Politik. Politikerinnen fördern
den Nachwuchs« (S. 148 ff.)
Mentorinnen-Projekt des Ministeriums für Kultur, Jugend,
Familie und Frauen Rheinland-Pfalz
Karin Drach
Diether-von-Isenburg-Straße 9–11
55116 Mainz
E-Mail: karin.drach@mkjff.rlp.de

Infos zum Thema Gender-Mainstreaming:

Auf Ebene der Europäischen Union kommen Sie unter folgender Internet-Adresse an ein Suchsystem: Wenn Sie den Begriff
»Gender-Mainstreaming« eingeben, finden Sie entsprechende
Dokumente und Informationen:
www.europa.eu.int/geninfo/query_en.htm

Beim Bundesministerium für Frauen finden Sie Informationen
zum Thema Gender-Mainstreaming unter folgender Internet-
Adresse: www.bmfsfj.de/swpkt/inhalt10.htm

Mentoring-Plattform Tirol (S. 154 ff.)
Magister Christiana Weidel
Magister Gertrude Bader
Schloss Friedberg
A 6111 Volders
Tel.: 00 43/52 24/5 64 14
Fax: 00 43/52 24/5 64 12
E-Mail: Mailto:Mentoring_plattform@blackbox.at

Frauenreferat Tirol/JUFF
Michael-Gaismair-Straße 1
Tel.: 00 43/5 12/5 08 35 80
Fax: 00 43/5 12/5 08 36 05
E-Mail: E.STOEGERER-SCHWARZ@tirol.gv.at

CeiberWeiber: www.ceiberweiber.at/mentoring/tirol
Regionales Mentoring für Frauen in Niederösterreich
www.ceiberweiber.at/mentoring/noe

Mentoring für Mitglieder: Berufsverbände, Gewerkschaften, Parteien

Münchner Bücherfrauen e. V. (S. 159 ff.)
Nele Haasen
Friedrichstraße 21
80801 München
Tel.: 0 89/39 57 60
E-Mail: Nele.Haasen@planet-interkom.de

BPW e. V. (Business and Professional Women Germany e. V.)
(S. 164 ff.)
Zentrale Koordinierungsstelle Süddeutschland
Christine Heinze
Bettinastraße 34, 60325 Frankfurt
Tel./Fax: 0 69/7 43 28 64
E-Mail: 101.62362@germanynet.de

Zentrale Koordinierungsstelle Norddeutschland
Eva Maria Müller-Beuße
Calenbergstraße 4A
30974 Wennigsen
Tel.: 0 51 03/76 81
E-Mail: mueller.panama@t-online.de

Deutsche Angestellten Gewerkschaft (DAG) (S. 168 ff.)
Heike Werner
Hauptabteilung Weibliche Angestellte
Johannes-Brahms-Platz 1
20355 Hamburg
Tel.: 0 40/34 91 54 48
E-Mail: Heike.Werner@dag.de

Bündnis 90/Die Grünen (S. 171 ff.)
Marion Böker, Bundesfrauenreferentin
Bundesgeschäftsstelle
Platz vor dem Neuen Tor 1
10115 Berlin
Tel.: 0 30/2 84 42 – 1 52
E-Mail: frauen@gruene.de

Mentoring an Universitäten

Mentorenfirmenkonzept (S. 180 ff.)
Universität Witten-Herdecke
Wirtschaftswissenschaftliche Fakultät
Alfred-Herrhausen-Straße 50
58448 Witten
Tel.: 0 23 02/92 65 84
www.uni-wh.de/
Über das Mentorenfirmenkonzept:
Homepage: www.uni-wh.de/wiwi/projekte/index.htm

Münchner Mentoren Modell (S. 182 ff.)
Institut Student und Arbeitsmarkt
Ludwigstraße 27
80539 München
Tel.: 0 89/21 80 62 34
E-Mail: s-a@extern.lrz-muenchen.de

Meduse Mentorinnennetzwerk der Universität Essen
(S. 185 ff.)
Sabine Menzel
Gebäude R 12 R 05 A 19
Universität Essen
Universitätstraße 12
45141 Essen
Tel.: 02 01/1 83 – 42 86
E-Mail: sabine-menzel@uni-essen.de
Informationen im Internet unter: www.uni-essen.de/meduse/

MuT – Mentoring und Training (S. 186 ff.)
LaKoF Baden-Württemberg
Dr. Dagmar Höppel
Universität Freiburg
Werderring 8
79085 Freiburg
Tel.: 07 61/2 03 88 92
E-Mail: hoeppel@uni-freiburg.de

Dr. Agnes Speck, Universität Heidelberg
Tel.: 0 62 21/54 – 67 97
E-Mail: a65@urz.uni-heidelberg.de
Homepage: www.uni-freiburg.de/LaKoF/aktuell/mut/

Mellow (S. 192 ff.)
VHTO
Postbus 2557
1000 CN Amsterdam
Niederlande
Tel.: 00 31/20/6 52 12 95
E-Mail: vhto@vhto.nl
Homepage: www.vhto.nl

Ada-Lovelace-Projekt (S. 194 ff.)
Zentrale Koordination
Dr. Sylvia Neuhäuser-Metternich
Institut für Psychologie
Universität Koblenz-Landau, Abteilung Landau
Fachbereich 1: Erziehungswissenschaften,
Institut für Psychologie
Rheinau 1
56075 Koblenz
Tel.: 02 61/9 11 91 54
Fax: 02 61/9 11 91 93
E-Mail: alp@uni-koblenz.de
Und:
Wissenschaftliche Leitung des Projekts:
Professorin Dr. Elisabeth Sander
Universität Koblenz-Landau
Fachbereich 1: Erziehungswissenschaften,
Institut für Psychologie
Adresse wie oben
Tel.: 02 61/9 11 91 52
Informationen über das Projekt
über die Hotline 0 18 05/84 46 54

MentorinnenNetzwerk für Frauen in
naturwissenschaftlich-technischen Fächern
an hessischen Universitäten und Fachhochschulen (S. 197 ff.)
Linda Steger
c/o Studienberatung der FH FFM
Nibelungenplatz 1
60318 Frankfurt am Main
Tel.: 0 69/15 33 27 89
E-Mail: frauennetz@fb.fh-frankfurt.de
Und:
Hanne Schäfer
c/o Frauenbeauftragte der TU Darmstadt
Karolinenplatz 5
64289 Darmstadt
Tel.: 0 61 51/16 61 02
E-Mail: mentorin@hrz1.hrz.tu-darmstadt.de

Muffin (S. 200)
GMD – Forschungszentrum Informationstechnik GmbH
Ulrike Petersen
Beauftragte für Chancengleichheit
Schloss Birlinghoven
53754 St. Augustin
Tel.: 0 22 41/14 – 15 16
E-Mail: bfc@gmd.de
Homepage: www.gmd.de oder: http://borneo.gmd.de/MUFFIN/

Informatica Feminale
Universität Bremen, Fachbereich Mathematik und Informatik
Veronika Oechtering
Postfach 33 04 40
28334 Bremen
Tel.: 04 21/2 18 – 27 01
E-Mail: oechteri@informatik.uni-bremen.de
Homepage: www.informatik.uni-bremen.de/
grp/informatica_feminale/

Trainerinnen und Beraterinnen
für Mentoring-Projekte

(alphabetische Reihenfolge)

Sabine Asgodom
Asgodom Life
Stunzstraße 13
81677 München
Tel.: 0 89/91 07 64 14
Trainings im Rahmen von Mentoring-Programmen
(Selbst-PR)

Deutsches Jugendinstitut
Nockherstraße 2
81541 München
Tel.: 0 89/62 30 61 85
Homepage: www.dji.de/4_mentoringfrauen/
mentoringprojekte.htm
Information über Mentoring,
Wissenschaftliche Begleitung von Mentoring-Projekten,
Broschüre »Mentoring für Frauen«

Nele Haasen
Friedrichstraße 21
80801 München
Tel.: 0 89/39 57 60
E-Mail: nele.haasen@planet-interkom.de
Homepage: www.nelehaasen.de
Beratung bei der Einführung von Mentoring-Programmen.
Training für Mentees und Mentoren

Kontor 5
Konzepte und Beratung
Gabriele Hoffmeister-Schönfelder
Marienterrasse 12
22085 Hamburg
Tel.: 0 40/41 09 55 50

Managerinnen Kolleg Köln
Ilse Martin & Partnerinnen GmbH
Kattenbug 18–24
50667 Köln
Tel.: 02 21/9 13 03 39
Homepage: www.martin-mkk.de/
Beratung und Supervision von Mentoring-Programmen

Rubicon
Petra-Johanna Regner/Ute Gonser
Alte Herrenhäuser Straße 32
30419 Hannover
Tel.: 05 11/9 79 18 94
E-Mail: urbach@rubicon-online.de
Homepage: www.rubicon-online.de
Beratung von Mentoring-Programmen

Christiane Rumpeltes
Supervisorin DGSv
Supervision, Organisationsberatung, Training
Im Grünen Garten 4
31234 Abbensen
Tel.: 0 51 77/92 26 00
Training und Supervision für Mentoren

Simone Schönfeld
Wildmoosstraße 11k
82194 Gröbenzell
Tel.: 0 81 42/59 79 83
E-Mail: c.s.schoenfeld@t-online-de
Beratung bei der Einführung von Mentoring-Programmen

Nadja Tschirner
Frauenlobstraße 28
80337 München
Tel.: 0 89/5 38 97 03
E-Mail: n.tschirner@t-online.de
Beratung bei der Einführung von Mentoring-Programmen

Christa van Winsen
Prozessgestaltung
Reinsburgstraße 35b
70178 Stuttgart
Tel.: 07 11/61 70 33
Beratung bei der Einführung von Mentoring-Programmen

Literatur

Arhen, Gunilla: Mentoring in Unternehmen. Patenschaften zur erfolgreichen Weiterentwicklung. Landsberg am Lech 1992 (vergriffen).

Conway, Christopher: Mentoring Managers in Organizations. A Study of Mentoring and its Application to Organizations with Case Studies. Ashridge Management College, o. J.

Gührs, Manfred und *Nowak, Claus:* Das konstruktive Gespräch. Ein Leitfaden für Beratung, Unterricht und Mitarbeiterführung mit Konzepten der Transaktionsanalyse. 4. Auflage. Meetzen 1998.

Hilb, Martin: Management by Mentoring. Ein wiederentdecktes Konzept der Personalentwicklung. Neuwied, Kriftel, Berlin 1997.

Hofmann-Lun, Irene, Schönfeld, Simone, Tschirner, Nadja: Mentoring für Frauen in Europa. Eine Strategie zur beruflichen Förderung von Frauen. Deutsches Jugendinstitut, München o. J.

Hofmann-Lun, Irene, Schönfeld, Simone, Tschirner, Nadja: Mentoring für Frauen. Eine Evaluation verschiedener Mentoring Programme. Ergebnisbericht. Deutsches Jugendinstitut München, o. J.

Haasen, Nele, Schönfeld, Simone, Tschirner, Nadja: Erfolgsmodell Mentoring für Frauen. Zukunftsorientierte Personalentwicklung. Herausgegeben von der Landeshauptstadt München, Referat für Arbeit und Wirtschaft. München 2000.

Maresi, Nerad: »Mentoring« auf den zweiten Blick. In: Sigrid metz-Glöckel, Angelika Wetterer (Hg.): Vorausdenken, Querdenken, Nachdenken. Texte für Ayla Neusel. Frankfurt/Main, New York 1996.

Mellow – Good Practice Handbuch. Mentoring für Mädchen und Frauen in oder auf dem Weg zu technischen Berufen. Amsterdam, Delft 1998.

Mentoring für Frauen in der Politik. Informationsmaterialien zur niedersächsischen Kampagne »Mehr Frauen in die Kommunalpolitik«. Herausgegeben vom Niedersächsischen Ministerium für Frauen, Arbeit und Soziales. März 2000.

MentorinnenNetzwerk für Frauen. Aufbau eines Mentorinnen-Netzwerks für Frauen in naturwissenschaftlich-technischen Fächern an hessischen Universitäten und Fachhochschulen. Dokumentation einer Fachtagung am 14. Oktober 1997 an der Technischen Universität Darmstadt.

Nitzsche, Isabel: Erfolgreich durch Konflikte. Wie Frauen Krisen im Job managen. Reinbek bei Hamburg 2001.

Schöndorf, Marion: Münchner Mentorenmodell. Ergebnisse eines Pilotprojekts an der Ludwig-Maximilians-Universität München. Heft 3 der Schriftenreihe Student und Arbeitsmarkt. München 1999.

Schönfeld, Simone, Tschirner, Nadja: Mentoring für Frauen – Innovative Personalentwicklung mit Perspektive. Mering 2001.

Schulz von Thun, Friedemann: Miteinander reden. Band 1: Störungen und Klärungen. Reinbek bei Hamburg 1997.

Schulz von Thun, Friedemann: Miteinander reden. Band 2: Stile, Werte und Persönlichkeitsentwicklung. Reinbek bei Hamburg 1997.

Segerman-Peck, Lily M.: Frauen fördern Frauen. Netzwerke und Mentorinnen. Ein Leitfaden für den Weg nach oben. Frankfurt am Main, New York 1994.

Shea, Gordon F.: Mentoring. How to develop successful Mentor behaviors. Manlo Park 1997.

StepUpNOW – Personalentwicklung für den beruflichen Aufstieg von Frauen. Dokumentation der Bundesfachtagung Mentoring für Chancengleichheit vom 24.–25. Juni 1999 in der Heimvolkshochschule Stephansstift, Hannover 2000.

Van Winsen, Christa: High Potentials. Wie komme ich in die Führungsauswahl? Mentoring und Coaching. Regensburg, Düsseldorf 1999.

Walger, Gerd (Hg.): Das Mentorenfirmenkonzept. Unternehmenspraxis im Universitätsstudium – Konzeption und Erfahrungen. Bern, Stuttgart, Wien 1993.

Register

A

Abhängigkeit 54, 178, 221 f., 235

Abschlussveranstaltung 83, 93, 105, 119, 160, 162, 173, 202, 275 f., 293

Ada-Lovelace-Projekt 194–197

Allianz Gruppe 50 f.

Appellohr 261 f.

Aufgaben 11, 49, 92, 168, 216, 218 ff., 228, 234, 238 f., 281, 302

Auftaktveranstaltung 83, 105, 118, 132, 138, 160, 202, 275 f., 288 f.

Auswahl von Mentoren und Mentees 22, 48, 80, 82 f., 91 f., 96, 110, 132 f., 136, 184, 202, 208 f., 211, 217 f., 234, 274, 280 ff.

B

Befürchtungen 173, 228, 243, 244, 278, 280

Beratungsgespräch 33, 133 f., 195, 263 ff., 289

Berufseinsteiger 141, 178, 185

Berufsverband 10, 19, 22, 157–160, 166 ff., 276

Bewerbungsverfahren 136, 183, 284 f.

Beziehungsohr 261

Bezugsrahmen 259 ff.

Bildungswerk der Thüringer Wirtschaft 143 ff., 300

BPW e. V. 164 ff.

Bücherfrauen e. V. 12, 18, 159 ff.

Bündnis 90/Die Grünen 157, 171 ff., 175

Bundesfrauenministerin 137

C

CeiberWeiber   155 f.

Chancengleichheit   72 f., 75, 100, 109 f., 121,
    131, 155, 203 f., 271, 279, 299, 304 f.

Coaching   47, 54, 61, 84, 124, 189, 223, 239 ff.,
    266, 302 f., 305 ff.

Commerzbank AG   109 ff., 125, 296

Cosmopolitan   127 ff.

Cross-Mentoring   11, 22 f., 76, 81, 91, 102 f.,
    108 ff., 112, 114, 296

D

DaimlerChrysler AG   48, 125

debitel AG   45 f.

Deutsche Angestellten Gewerkschaft   168 ff.

Deutsche Bank AG   48, 100 ff., 106, 109 ff.,
    112 f., 296, 299

Deutsche Lufthansa AG   38, 109 ff., 112, 125

Deutsche Telekom AG   48 f., 81–85, 87, 147,
    254, 289

Deutsches Jugendinstitut   16 f., 72, 158, 171,
    230, 269, 294, 301

Diversity   75 f., 101 ff.

Dornier GmbH   63 f.

E

Ehrenamtliche Organisation   105, 158, 160, 166 ff.

Einführungs-Workshops   84, 161, 166, 170,
    172, 199, 276, 288 f., 301 ff.

Eltern-Ich   257 f.

Ende einer Mentoring-Beziehung   27, 125,
    225 ff., 247, 293

Entscheider   17, 269 ff., 275 f., 296, 304

Erwachsenen-Ich   257 f.

Erwartungen   55, 173, 200, 208, 210, 224,
    242 ff., 248, 254 ff., 295, 306

Europäische Akademie für Frauen in Politik
    und Wirtschaft   135 f., 139, 143, 300

Europäische Union (EU)   90, 98 ff., 116, 126,
   135, 143 ff., 153, 195, 276
Europäisches Zentrum für Medienkompetenz
   (ecmc)   135, 145 ff.
Evaluation   52, 55, 117, 276, 293 ff.
Expertinnen-Beratungsnetz   32–35, 133 f.
Externe Beratung   42, 63, 269 f., 305
Externes Mentoring   22, 221 f., 223, 236, 272,
   275 f., 300

F   Fachhochschule Frankfurt/Main   197 ff.
Fachmentor   43, 46
Flughafen Frankfurt/Main AG   111
Förderkreis   43, 46 ff.
Formelles Mentoring   21, 23
Frauenreferat Tirol   155
Friedrich-Ebert-Stiftung   139
Führungsrolle   54, 230, 252

G   Gender   117, 121, 303 ff.
Gender-Mainstreaming   153
Gesprächsthemen   132, 242, 248 ff., 255 f., 264
Gewerkschaft   10, 19, 157, 168 ff.
Gläserne Decke   23, 70
Gleichstellung   40, 69, 72, 75 f., 79, 91, 101,
   121 f., 153, 160, 271, 299
GMD – Forschungszentrum Informationstechnik
   GmbH   200 ff.
Grenzen   28, 84, 162 f., 211, 233, 241 f.

H   Hand in Hand   168 ff.
Heimvolkshochschule Stephansstift   58, 61,
   90 f., 97 f., 100, 116 f., 121, 124, 127, 142,
   299, 301
High Potentials   39, 48 ff., 273

I

IBM Global Services   51 f.
Informelles Mentoring   19 f., 27 ff., 221 f., 225,
    285, 308
Initiative   18, 27, 37, 88, 106, 108, 112, 127,
    167, 169, 209, 216, 246, 255, 284
Internes Mentoring   20 f., 41 ff., 76–79, 81,
    102 f., 222 f., 230
Internet   63, 66, 145 f., 155 f., 164, 201,
    280

J

Jugendliche   20, 126, 145 ff.

K

KIM – Kompetenz im Management   130 ff.
Kind-Ich   257 f.
Krise   163, 223, 231, 252

L

Liebesbeziehung   224
Ludwig-Maximilians-Universität München
    183 ff., 286

M

Managerinnenkolleg Köln   36, 305
Matching   45, 78, 92, 104, 110, 117, 136, 159,
    170, 183 f., 186, 198, 234, 285 ff., 296
Meduse   185 f.
Mellow   155, 192 ff.
Mentoring in der Praxis   29 ff., 56 ff., 58 ff., 85 f.,
    87 ff., 94 ff., 106 ff., 111 ff., 119 ff., 139 ff.,
    162 ff., 175 f., 199 f., 254 ff.
Mentoring-Plattform Tirol   154 ff.
Mentoring und Training (MuT)   186–189
MentorinnenNetzwerk   197–200
Merck KgaA   111
mg technologies ag   44 f.
Ministerium für Kultur, Jugend, Familie
    und Frauen Rheinland-Pfalz   148 ff., 195

Muffin   200–204
Münchner Mentorenmodell (MMM)
    182–185

N   Naturwissenschaftlicher Studiengang   179 f.,
    189 ff.
Neid   76, 113, 118, 121–124, 273, 283,
    298 f.
Netzwerk   8, 11, 16, 19, 23, 42, 56 f., 60, 64,
    68, 70, 73 ff., 89, 95, 97, 101, 103–108, 112,
    124, 126, 129, 131 ff., 135, 137, 140, 143 ff.,
    152–155, 161 f., 164, 171 ff., 185, 187 f.,
    192, 194, 197 f., 202 f., 207 f., 211, 214–217,
    229, 232, 237, 240, 245, 253, 256, 289,
    292, 308
Niedersächsische Landespolizei   52, 98, 114 ff.,
    124 f.
Niedersächsisches Innenministerium   52, 56,
    115 f., 119
NOW   99 f., s. auch StepUpNOW

O   Offene Mentoring-Programme   20, 126 ff.,
    280

P   Patenschaft   41, 62, 81, 93, 275 f.
Partei   10, 19, 149 f., 157, 171 ff.
Partnerschaft   24, 34, 185, 235
Personalentwicklung   9, 42 f., 46, 48, 80, 84, 92,
    100, 107, 119, 125, 174, 194, 229, 273, 275,
    277, 285, 295, 304
Pilotprojekt   42, 63, 76–79, 81 ff., 96, 109 ff.,
    116, 136, 145, 155, 169, 193, 269, 278, 280 f.,
    295, 297
Preparing Women to Lead   135 ff., 141 ff., 171
Procter & Gamble GmbH   111

Professor(in)   177 f., 186 ff., 195
Projektarbeit   45 ff., 50, 59 ff., 76, 90 f., 93 ff.,
    115, 118, 123 f., 141, 203, 251, 290 ff., 303

R   Rahmenprogramm   21 f., 138, 161 f., 172
Robert Bosch GmbH   64 ff., 77 ff., 111
Rolle   28, 40, 54 f., 71, 73, 79, 84, 92, 104, 106,
    118, 132, 167, 170, 175, 188, 199, 215, 218,
    228, 230, 234 ff., 238 ff., 254 f., 281, 295,
    297, 302, 306 f.

S   Sachohr   261
Schirmherr/frau   117, 160, 276
Schüler(in)   143, 149, 166, 191 ff., 198,
    203, 232
Selbstoffenbarungsohr   261
Shadowing   41, 91, 111, 143, 173
StepUpNOW   90, 97–100, 172, 301, 303
Steuerungsgruppe   277, 280, 283, 291, 295
Student(in)   10, 19, 128, 143, 149, 166, 177 ff.,
    189 ff., 193 ff., 200 ff., 232
Supervision   11, 84, 86, 88, 92 f., 98, 161, 202,
    222, 225, 227, 247, 266, 276, 292, 297,
    299–302, 305 ff.
Symbiose   282

T   Technische Universität Berlin   135 f., 141, 143
Technische Universität Darmstadt   197 ff.
Telementoring   145 ff., 186
Transaktionsanalyse   257, 259

U   Übertragung   262 f.
Universität Bremen   201
Universität Essen   185 f.
Universität Freiburg   187

Universität Koblenz-Landau   194 f.
Universität Witten-Herdecke   180 ff.
Unternehmenskultur   22, 108, 114, 270 f.

V   Vereinbarung   20, 27, 34, 54, 110, 168, 170,
216, 233, 238, 242, 246 ff.
Vertrag   165 f., 246 ff.
Verwaltung   19, 40, 55, 58, 60, 76, 114 ff., 154
VHTO   193 f.
Vier-Ohren-Modell   261 f.
Volkswagen AG   48, 90 ff., 96 ff., 290, 299, 301
Vorgesetzter   16, 21, 37 f., 53–57, 65, 74, 79,
83, 85, 89 f., 96, 100, 114, 117, 120, 122, 222,
251, 262, 271, 278 f., 281 f., 285, 290, 292,
295, 303 f., 307

W   Wissenstransfer   43, 99, 235 f.

Z   Zeit   60 f., 96, 107, 113 f., 166 f., 216, 225, 228,
233, 245, 282, 296
Ziele   18, 20 ff., 27, 45, 48, 62, 87, 91 f., 102,
115, 118, 120, 122, 207, 210 f., 216, 218 f.,
223, 232, 242, 244 ff., 252, 260, 269 f., 271 ff.,
283, 288
Zielklärung   200, 210–213

Training und Beratung mit Nele Haasen

Mentoring

Ich berate Sie bei der Einführung von internen und externen Mentoring-Programmen. Als Trainerin biete ich Einführungs-Workshops und begleitende Trainings im Rahmen von Mentoring-Programmen an. Als Referentin informiere ich Sie in Vorträgen oder Workshops über Mentoring.

Kommunikation

Als Trainerin bin ich auf Kommunikationsprozesse spezialisiert. Ich biete meinen Kunden Inhouse-Workshops oder individuelles Coaching zu den Bereichen Gesprächsführung, Konfliktgespräche und Gesprächsstrategien.

Beratung für Autoren

Ich berate Autoren bei der Konzepterstellung und dem Verfassen von Büchern und begleite sie als Coach während des Entstehungsprozesses.

Weitere Informationen gebe ich Ihnen gerne auf Ihre Anfrage:
Nele Haasen
Friedrichstraße 21
80801 München
Tel.: 0 89/39 57 60
E-Mail: nele.haasen@planet-interkom.de
Homepage: www.nelehaasen.de